CCTA

中国棉纺织工业协会

CHINA COTTON TEXTILE ASSOCIATION

中国棉纺织行业
2021年度发展研究报告

中国棉纺织行业协会　编著

中国纺织出版社有限公司

内 容 提 要

本书介绍了我国纺织工业"十四五"发展总体思路,并对纺织行业数字化建设、绿色低碳发展等方向进行了深入剖析。本书分析了2021年我国棉纺织行业发展运行情况和特点,并对棉纺织行业上游纤维产业,下游家纺、服装产业及纱线、织物贸易,再生纤维素纤维应用,技能人才培养等方面进行了专题研究。此外,本书对2021年棉纺织行业重大事件、协会会员风采及年度国内外相关统计资料等内容进行了整理汇编。

本书内容涵盖棉纺织行业发展的方方面面,是棉纺织企业经营管理者了解、掌握行业发展现状、趋势的一本重要读物,同时也可供国家宏观部门以及纺织院校有关人员阅读参考。

图书在版编目(CIP)数据

中国棉纺织行业 2021 年度发展研究报告 / 中国棉纺织行业协会编著. -- 北京 : 中国纺织出版社有限公司,2022.8

ISBN 978-7-5180-9710-4

Ⅰ. ①中… Ⅱ. ①中… Ⅲ. ①棉纺织工业-工业发展-研究报告-中国-2021 Ⅳ. ①F426.81

中国版本图书馆 CIP 数据核字(2022)第 129887 号

责任编辑:范雨昕   责任校对:江思飞   责任印制:王艳丽

中国纺织出版社有限公司出版发行
地址:北京市朝阳区百子湾东里 A407 号楼   邮政编码:100124
销售电话:010—67004422   传真:010—87155801
http://www.c-textilep.com
中国纺织出版社天猫旗舰店
官方微博 http://weibo.com/2119887771
廊坊市瀚源印刷有限公司印刷   各地新华书店经销
2022 年 8 月第 1 版第 1 次印刷
开本:787×1092   1/16   印张:22
字数:282 千字   定价:260.00 元
京朝工商广字第 8172 号

前　言

　　2021 年是"十四五"开局之年，面对复杂多变的国际政治局势和贸易环境，在新冠肺炎疫情防控常态化下，我国国民经济开启高质量发展新征程，并着力构建新发展格局，加快推进数字化转型，推动绿色发展。在国家一系列稳经济政策和举措的保障下，我国棉纺织行业克服了诸多不利因素的影响，实现了全年行业经济的稳步增长。

　　本书旨在梳理和归纳 2021 年我国棉纺织行业运行情况，尤其对行业发展热点、焦点问题进行剖析与解读，从而更准确地指导行业、企业高质量发展。

　　全书从以下五方面展开：

　　1. 专家论坛篇：首先，回顾 2021 年我国纺织工业经济运行形势，发现问题、找准方向、明晰重点；其次，对于"十四五"期间行业重点发展领域中的数字化和绿色化分别进行解读。此外，通过分析纱线和织物的进出口贸易形势，解读 2021 年我国棉纺织产品的贸易流通状况。最后，剖析棉纺织行业下游家纺、服装产业的全年运行情况。

　　2. 专题研究篇：梳理了 2021 年我国棉纺织行业运行情况与基本特点，并总结趋势。另外，对化学纤维在棉纺织领域的应用情况、产业技能人才建设等方面的发展特点进行了梳理和分析。

　　3. 政策篇：收录了 2021 年与棉纺织行业相关的重要政策文件，为企业把握宏观政策、制定发展战略提供指导和依据。

4. 统计篇：收录了国内外棉纺织行业有关重点统计数据，供读者查询。

5. 风采篇：对行业重大事件、优秀会员单位风采以及协会相关活动等内容进行汇总展示。

本书可供国家宏观部门、纺织院校以及棉纺织上下游企业相关人员阅读参考。

编著者

2022.4

编 委 会

编写顾问

孙瑞哲　端小平

编委会主任

朱北娜　董奎勇

编委会委员

郑洁雯　李　杰　王　耀　景慎全　叶戬春

执行编辑

欧阳夏子

编写人员（按姓氏笔画排序）

王　冉　王　耀　刘春芳　刘　静　齐元勋　李　杰　杨金纯
杨秋蕾　杨　娟　冷景钢　张子昕　欧阳夏子　和圆圆　侯　锋
贺文婷　徐潇源　阎　岩　盖丽轩　韩　啸　翟燕驹

目 录

专家论坛篇

专题研究篇

政策篇

统计篇

风采篇

棉纺

锭子

经编

摇架

罗拉

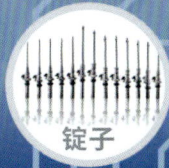

赋能纺织
精彩生活
Brilliant textile
Wonderful life

捻线

钢领

化纤

经纬纺织机械股份有限公司
JINGWEI TEXTILE MACHINERY CO.,LTD.

地址：中国北京市北京经济技术开发区永昌中路8号院2栋   传真：86-10-84534135
邮编：100176   网址：www.jwgf.com
电话：86-10-84534078/79/80

GERON | 蓝钻
BLUE DIAMOND

蓝钻针布 清梳联的心脏
Blue Diamond   Heart of Blowing-Carding

金轮针布（江苏）有限公司
GERON CARD CLOTHING(JIANGSU)CO.,LTD.
地址：江苏省南通市海门区四甲工业园区富强路86号
Add: No.86 Fuqiang Road, Sijia Industrial Park,
Haimen District, Nantong City, Jiangsu Province
Tel: (+86)513-82683301 Fax: (+86)513-81018555 82812686
网址：www.geron-card.com
Email:Sales@geron-china.com

全国质量奖
CHINA QUALITY AWARD

专家论坛篇

确定方向 笃行创新 稳中求进

中国纺织工业联合会 孙瑞哲

千秋伟业，百年风华。2021 年，党团结、带领全国各族人民实现第一个百年奋斗目标，踏上了实现第二个百年奋斗目标的新征程。在党的领导下，纺织行业也实现了"十四五"良好开局。在新的征程上，作为国民经济的重要组成，纺织行业如何以更高质量的发展，彰显历史担当与时代价值，需要我们从现实与趋势出发，寻找未来方向。

一、立足发展现状，问题导向，找到现实瓶颈

2021 年，面对需求收缩、供给冲击、预期转弱三重压力，纺织行业呈现良好发展态势，为稳经济、保民生、促就业、防风险作出了突出贡献。

稳定经济大盘，行业是国民经济与社会发展的支柱产业。2021 年行业规模以上企业工业增加值同比增长 4.4%，增速较 2020 年回升 7 个百分点。产业链超六成环节生产实现平稳增长。规模以上纺织企业实现营业收入 51749.4 亿元，同比增长 12.3%；实现利润总额 2676.8 亿元，同比增长 25.4%；营业收入利润率为 5.2%，为 2018 年以来最高水平。

推进共同富裕，行业是解决民生与美化生活的基础产业。2021 年全社会口径化纤产量同比增长 9.5%，纱增长 9.8%，布增长 9.3%。纺织产品为拉动内需增长、满足人民生活需要做出积极贡献。行业是小微民营主体创新创业的重要空间，中小微型企业占比达 99.8%，小微型企业占比达 98.3%。行业的平稳运行带动了全社会 2000 多万人口的就业。产业的梯度转移推进了区域协调发展。2021 年中部省份纺织业投资、西部地区化纤业投资增长亮眼。如湖北、湖南纺织业投资增速达 41.3%、62.5%，四川、贵州等地化纤业投资增速均超过 300%。行业的集群化发展也有力推进了乡村振兴和新型城镇化建设。

服务新发展格局，行业是国际合作与融合发展的优势产业。2021 年，全国限额以上服

装鞋帽、针纺织品类商品零售额同比增长 12.7%；全国网上穿类商品零售额同比增长 8.3%。从出口市场看，纺织品服装出口创历史新高，总额达 3154.6 亿美元，同比增长 8.3%。其中，服装出口 1702.6 亿美元，同比增长 24%，为 2015 年以来最好水平；纺织品出口 1452 亿美元。行业为外贸稳定和出口创汇做出重要贡献。产业结构持续优化，龙头企业的引领带动作用明显提升，中小企业"专精特新"发展成效显著。

整体看，行业态势可喜，但产业稳定恢复的基础尚不牢固，一些问题仍需重视。

产业生态稳定的问题。产业发展呈现明显分化态势。一方面，大中小企业分化加剧，中小微企业发展压力较大。调研显示，50 个重点集群内 3.7 万户企业中有 3.4 万户为规模以下企业，2021 年营业收入同比仅增长 1.6%，利润总额同比减少 3.2%，而同期集群内规上企业营业收入和利润总额同比分别增长 6.3%和 13.5%。另一方面，产业链各环节的分化也愈加明显。中下游由于市场需求低迷、价格传导机制不畅等原因，盈利水平显著低于产业链上游。环保政策约束加大，使印染等关键环节面临较大压力。行业需要平衡好产业链间、大中小企业间的关系。

市场需求不振的问题。需求不足是行业面临的现实压力。从国内看，受疫情影响，市场需求尚未完全恢复。2021 年我国人均衣着消费支出占人均消费支出的 5.9%，较 2019 年下降 0.3 个百分点。从供给端看，行业供给还不能充分满足消费升级需要。从国外看，受贸易保护主义等因素影响，我国对发达经济体纺织品服装出口存在不确定。2021 年我国向欧盟、日本出口纺织品服装金额同比分别减少 10.9%、7.2%。随着东南亚地区产能恢复，出口订单向我国集中回流的趋势有所减弱。如何激发市场活力、稳定外贸是行业面临的重要挑战。

产业要素供给的问题。纤维原料的供给安全面临压力。行业是石化产品的重要应用领域，我国原油对外依存度超过 70%。在棉花、羊毛、亚麻等一些天然纤维领域，我国也严重依赖进口。保障原料供给安全对于行业的健康发展意义重大，当前全球大宗商品价格的大幅波动成为行业平稳运行的重要挑战。融资渠道不畅、招工难用工贵等问题仍未得到根本改观。行业需要加快突破要素供给的堵点。

数字化转型不平衡、不充分的问题。数字经济在消费端已实现了高度应用，但在供给端仍处于探索与起步阶段。不同企业间存在着数字鸿沟逐渐扩大的情况。另外，资源建设存在不充分的问题。虽然大量行业数据在生产过程中积累，但对生产效率提升作用有待提升。如作为产业发展人工智能的基础，行业数据集非常缺乏。资源与平台建设空间巨大。

二、理清内外形势，顺应潮流，找到工作方向

百年变局与世纪疫情相互叠加，世界进入新的动荡变革期。

疫情仍是影响全球经济的重要变量。疫情的变异与反复、疫苗的短缺与不均，增加了全球经济复苏的脆弱性。不同国家在防控政策上的分歧与差距，也在形成新的不确定。比如全球大部分国家仍在强化疫情防控，而英国已经宣布解除现行新冠限制措施。

经济环境的不确定性显著增强。疫情期间的大规模财政刺激导致全球债务风险、信用风险等不断累积。全球已有近一半低收入国家陷入债务困境或面临高风险。面对通胀压力，主要经济体加息缩表预期不断加大。新兴市场资本外流、货币贬值等风险不断增强。这种传导机制将对全球供应链稳定、市场信心造成冲击。

地缘政治对产业的影响更加深刻。大国博弈正成为影响产业稳定发展的重要风险源。当前的俄乌冲突，正通过能源、贸易、金融三大传导渠道对全球经济产生重大影响。中美之间战略博弈仍在加剧，美国通过"涉疆法案"阻止"新疆制造"进入美国市场，正在严重损害产业的正当利益。

全球各种风险相互交织，整个外部环境的不确定显著增强。产业只有增强风险意识，把握好发展的窗口期，才能赢得未来的主动权。

（一）要把握文化自信树立的窗口期

中华民族伟大复兴的过程也是文化自信确立的过程。一方面表现为优秀传统文化的复兴与传承。比如汉服热、文博热、非遗热等，中华传统文化正以系统化方式汇聚起价值洪流。另一方面表现为当代中国文化的创新与发展。中国设计、中国产品、中国创新等当代实践，正在受到世界更多的关注与认可。特别是新经济、新平台的发展，让中国的生活方

式、文化创新在全球范围内得到传播与推广。新渠道成为新品牌崛起的加速器。

历史地看，每一次国家实力的调整都会带来文化中心、时尚中心的变迁。当前文化自信正加速转变为产品自信、品牌自信，构筑着中国时尚的影响力与话语权。新生代消费者也在拓宽中国时尚的价值区间。不论是投资逻辑下奢侈品的持续涨价，还是对 NFT、元宇宙等参与热情的高涨，一些市场的热闹与躁动之下，隐藏的是消费观念、价值观念的深刻改变。文化的金融属性、投资属性不断强化；新一代消费者更愿为体验经济、虚拟经济、创意经济买单。调研显示，90 后在奢侈品消费人群中的数量已占半数。作为在国家崛起中成长的一代，新消费群体具备高度的文化自觉和文化自信，文化赋能产品的价值空间正在打开。行业要把握文化自信确立的历史机遇，适应消费市场新的变化，充分释放传统文化与当代文化中蕴含的巨大价值。

（二）要把握共同富裕成为核心逻辑的窗口期

共同富裕是全体人民的富裕。2021 年我国人均 GDP 已超过世界人均水平。居民收入的增长、人民生活的改善正在形成产业发展的强大势能。但我国城乡区域间的发展差距仍然明显。2021 年，城镇居民人均可支配收入是农村的 2.5 倍；居民人均可支配收入超过全国平均水平的 8 个省份均在东部地区。

要缩小城乡差距，实现城市更新与乡村振兴的同频共振，根本途径是推动城乡的产业衔接与转换。2022 年中央一号文件明确指出要"支持大中城市疏解产业向县域延伸"。在政策引导下，优质要素资源开始从城市向农村加速汇聚。目前，中国纺联在全国试点的纺织产业集群有 210 个，企业总户数超过 20 万户，就业人数超过 800 万人。县域和乡镇是纺织产业集群的重要载体，将产业融入以县域经济为核心的新型城镇化建设，对于推进乡村市场的要素流通和产业结构完善作用显著。

从区域发展看，纺织行业与一、二、三产业深度关联，具有很强的就业带动效应和产业延展性，行业的发展对于弥合区域差距意义重大。目前，我国 70%的纺织非遗项目资源集中在西部少数民族和经济欠发达地区，非遗产业对于带动老少边穷地区的发展具有特殊价值。行业应融入共同富裕的大势，以民生产业服务民生改善，以产业特色带动特色区域。

（三）要把握全球产业格局重新调整的窗口期

尽管疫情下面临复苏压力与发展波折，但整体看新兴市场和发展中国家依然是产业发展的潜力所在。联合国数据显示，新兴经济体和发展中国家将在世界城镇化进程中占据主体地位，到 2050 年，全球超过 90%的城镇化增长都将来自亚洲和非洲，这将为行业带来巨大的消费潜力和投资需求。区域、双边贸易协定的签订在进一步激活市场空间，如《区域全面经济伙伴关系协定》（RCEP）中，各国对中国纺织品的自由化承诺超过 94%；《中非合作论坛—达喀尔行动计划（2022-2024）》也将有效推动中非纺织服装产业的全方位合作。数字经济的快速增长为跨境贸易带来了新的机遇，2021 年我国跨境电商进出口额达到 1.98 万亿元，增长了 15%。行业要充分利用全球供应链产业链调整的机遇，以更加开放的心态、更加多元化的思路，开拓新市场、拓展新渠道。

（四）要把握数字化与城镇化协同发展的窗口期

数字经济是畅通经济循环、激活发展动能、增强经济韧性的强劲引擎。数据显示，84%的县（市）明确提出将数字经济作为未来转型的主要方向。纺织产业集群主要分布在城镇，集聚了大量中小微企业。将集群发展融入区域数字化转型，有助于化解转型动力与能力不足的问题，具有更高效率。

要关注东数西算的政策机遇。集群发展、产业转移在与传统要素和市场需求变化相匹配的同时，也在与数据要素的汇聚、数据集群的发展相耦合。东数西算工程将有力带动中西部数字经济相关产业的发展和信息基础设施的完善。这使西部发展智能制造和数字经济的基础更加夯实，赋予了西部更好承接中小企业转移的能力和更高起点建设产业集群的可能。

要关注互联互通的价值潜力。数字经济具有网络效应，参与主体越多，产生价值越大。行业业态丰富、产业链长，企业间数字化差异巨大，数据兼容与集成是大问题，这极大阻碍了产业数字转型的质量与效率。推进数据的标准化与集约化，发展中立可信的平台经济，将有助于充分发挥海量数据与丰富场景的优势，实现更安全的发展。

要关注前瞻应用的发展趋势。 IDC 数据显示,2021 年全球大数据储量是 2017 年的 2.3 倍。从基础设施到产业规则,从商业模式到价值形态,数字创新呈现高速迭代态势。适度前瞻性布局将有助于行业捕获未来空间。比如零散数据在集成后能清晰展现成本、供需等行业敏感信息,工业互联网安全方面需要提前布局。

(五)要把握绿色发展模式快速形成的窗口期

随着绿色发展成为全球共识,绿色规则出台和制定更加活跃,并开始深刻影响产业的成本结构、竞争优势与价值逻辑,规则在多方博弈中逐步完善。

作为与消费者紧密联系的产业,纺织行业直接向社会传递着价值理念,是绿色与可持续发展的先导产业。行业企业在社会责任管理、清洁生产与绿色制造、绿色消费引领等方面走在时代前列,近期摩根士丹利就将波司登的 ESG 评级从"BB"级上调至"BBB"。整体看,行业企业特别是中小企业仍面临绿色发展意识与能力不强、金融工具使用不足等问题。而一些环评与能评指标、技改投资门槛设置太高,使纺织企业不能真正参与其中。化解这些问题需多方努力。

创新要素与市场资源正向绿色经济加速集聚,但绿色技术架构与消费市场仍不成熟。同一场景多种截然不同的技术路线并存,技术的稳定性、性价比尚待检验。消费者的绿色意识正在觉醒,但从意愿到行为仍有距离。绿色产品概念丛生,标准不清晰,也降低了消费意愿。实现绿色供给与需求的良性循环,行业要在供需两端同时发力。

(六)要把握创新驱动发展的窗口期

R&D 经费超过 GDP 比重 1%的 30 多个国家,以全球 40%的人口创造了 80%的 GDP 总量。创新已成为驱动经济发展的核心动力和价值源泉。

价值源自跨界融合。 科技与设计创新集成,工具与平台升级迭代,多元化、异质性的创新要素融合重构,成为产业实现指数型增长的驱动力。新材料产业的发展凝聚了基础科学、生物技术等多领域的智慧与创意;产品设计、染织设计与人工智能的融通并行,推动着纺织产品功能和内容提升。融合创新需要打破界限、集成资源。行业应加快协同创新平台建设,构建纵向加深、横向拓宽的创新体系。

价值源自市场需求。消费需求的发掘正成为产业发现创新信号、凝练创新问题的重要途径。应用场景的延展与细分催生新品类、新产品。比如在冬奥会场景下，涌现出了零碳排放火炬、特种"保密网"等一系列"冰雪黑科技"产品。万物可织，行业的市场边界正在不断延展。我们要从解决社会痛点和美好生活需要出发，以新场景驱动新供给。

价值源自基础能力。"从 0 到 1"的突破可以牵动全产业链的创新。目前，行业在基础材料、基础理论、基础软件、基础装备上存在短板。比如己二腈、生物基 PET 等纺丝原料助剂，对位芳纶等高性能纤维的高端产品及其生产装备高度依赖进口；在实现产品设计、视觉传达等领域的工业软件与基础平台依然与国外存在较大差距。基础能力的突破需要创新要素全方位、长期性的投入。而一些高精尖领域市场专业化程度高、市场窄，国外产品已占据了垄断地位。国内企业在追赶阶段单纯靠市场拉动很难形成有效循环，基础创新需要探索新型举国体制。

（七）要把握人口结构性变化的窗口期

人口的变化决定着劳动供给和市场需求，影响着创新能力和发展空间。当前，我国少子化、老龄化趋势加速，人口数量红利正在褪去。近 5 年，纺织服装等 18 个行业的工资薪酬增速快于净利润增速。行业需加快形成就业、消费、利润的良性循环。

适应人口流动状态的变化。一是产业间流动。受就业观念和收入分配影响，劳动力正加速从制造业流失。2021 年四季度"最缺工"的职业中，43%属于生产制造类。吸引力不足、高端人才缺口加大将制约行业未来发展。二是区域间流动。我国人力资源持续向中心城市和发达地区聚集。与此同时，产业集群集中的城镇和承接产业转移的中西部地区劳动力流失问题严峻。河南、安徽等劳动力大省近年也陷入"用工荒""招工难"的困境。我们要推动产业的高质量、集群化发展，实现人口流动与产业发展的协同。

适应人力资本结构的变化。我国人力资本不断丰富，人才红利逐步显现，预计我国2022 届高校毕业生规模将首次突破千万。2021 年中国人才竞争力排名已上升至世界第 37位，但制造业技能型人才缺口却呈扩大趋势。2010～2019 年，我国理学本科毕业生占比从10.4%降到 6.5%，而英、美分别增至 16.9%和 9.7%。收入分配不合理的现象，深刻影响着人们的预期与选择，2021 年只有 29.8%的理学毕业生与 39.5%的工学毕业生倾向技术岗位。这种趋势正在影响未来行业人才的接续。

三、确定工作重点，面向未来，找到发展抓手

中央经济工作会议指出，2022 年经济工作要稳字当头、稳中求进。保持行业平稳增长，不仅是经济问题，更是政治问题。纺织行业要坚持问题导向、价值导向，系统推进科技、时尚、绿色的高质量发展。

（一）完善生态与能力，保障产业稳健发展

要完善产业生态。形成"草灌乔"产业矩阵，营造大中小融通、上下游协同的产业生态。优化行业公共服务，不断提升企业的创新能力、发展活力和经营效益。推动产业集约化发展，支持园区建设，加快培育"链主"企业、龙头企业。引导优质要素资源向中小企业特别是"专精特新"企业集聚。深化产融合作，缓解企业融资难、融资贵问题。

要夯实制造基础。进一步加强与中央及地方政府部门的沟通，巩固制造环节的核心地位。不断强化产业规模优势、配套优势，做精、做实、做强制造。提升产业制造基础能力，强化全产业链精细化加工能力，提升纺织、非织造、复合等成型技术。加大对印染等关键领域技术改造的支持力度。引导帮助企业深耕细分市场。完善全产业链制造体系，提升产业链现代化水平。

要注重风险防范。围绕产业链关键领域和薄弱环节，补短板、锻长板。要把原料等初级产品保障作为行业战略性问题来对待，增强国内保障能力，优化全球资源配置。树立底线思维，把安全发展贯穿产业发展的各领域和全过程。要加强产业安全风险预警与研判，提升对地缘政治风险、经贸风险的防控能力。把新疆问题放在产业安全大局中考虑，扩大新疆棉及其制品国内消费。

（二）把握节奏与力度，实现产业创新引领

坚持基础创新与应用创新双轮驱动，巩固行业根基。在注重产业应用创新发展的同时，探索形成以基础创新驱动产业发展的新道路。强化基础研究和"从 0 到 1"的创

新，重点围绕高性能纤维等纤维新材料及装备、高端产业用纺织品等先进纺织制成品与装备、纺织智能化绿色化发展等领域开展技术创新。完善科技创新生态，强化产学研用创新合作，推动行业创新平台建设和发展。提升企业知识产权运用与保护能力。完善标准体系建设。

立足当前与长远发展，有序推进双碳工作。减碳是系统工程、复杂工程，不是齐步走，不能一刀切。行业要按照科学规律、市场规律稳步推进，特别是对印染等关键领域、重点高性能纤维等建设项目，应加大支持力度。完善绿色标准与认证体系，推动绿色共性关键技术和相关设施装备攻关与应用。强化公共服务和信息平台建设，提升对政府、企业的服务能力。引导企业参与碳交易及分配，用好绿色金融工具。

增强区域与产业发展的协调性，强化数字经济的系统支撑。强化顶层规划与全面统筹，以产业集群数字化建设为重点，促进产业数字转型与区域数字经济协同发展。利用东数西算等政策机遇，不断优化产业布局。推动设立国家数字化纺织服装产业集群创新发展中心，强化公共服务能力。建立完善行业信息基础设施建设，培育生态聚合型平台，引导企业"上云、用数、赋智"。强化工业大数据开发与应用，推动数据价值产品化、服务化。深耕产业场景，推进业态模式创新，发展服务型制造，打造柔性供应链。

（三）衔接国际与国内，延展产业发展空间

坚定实施好扩大内需战略。优化产品供给体系，加强数字技术在产品开发中的应用，更好满足人民消费升级需求。以高性能纤维材料、产业用纺织品为重点，延展产业市场空间，持续加强产业用纺织品行业标准化建设。强化本土品牌软实力和时尚话语权建设，培育"大师、大牌、大事"，加快发展自主品牌，以新方法推动传统品牌的焕新与再造，助力新品牌的衍生与崛起。推进企业渠道融合发展、新模式新业态规范发展，打造展览会、消费节，畅通 B 端与 C 端。加强投资预期引导和消费者教育。

进一步打造国际竞合新优势。主动对标高标准国际经贸规则，引导企业积极参与全球产业链供应链布局重构。在深化传统市场开发的同时，用好 RCEP、《中非合作论坛—达喀尔行动计划（2022-2024）》等协议带来的发展机遇，开拓新兴市场。加强国际展会的专

业性与影响力，规范化发展跨境电商，培育新的外贸增长点。主动扩大进口，引导外资更多投向高端制造领域，满足消费升级和产业升级需要。鼓励企业通过并购、控股等多种方式进行全球化布局。增强海外企业的社会责任建设，强化行业组织、企业间的国际合作。

（四）统一人权与发展，服务共同富裕大局

人民幸福生活是最大的人权。作为民生产业，行业要不断解放和发展社会生产力，以高质量发展满足人民基本生活需要和消费升级需求，不断增强广大人民群众的获得感、幸福感、安全感。

要着力稳市场主体保就业，将产业的生态多元性转化为对就业的更大容纳力。改变行业认知，提升产业对人才特别是年轻人的吸引力，形成人才资源与产业升级间的正反馈。完善劳动力供需双方信息发布和对接服务，推进大学生、农民工等重点群体就业。

要持续推动企业社会责任建设，保障劳动权益，改善工作环境，提升员工待遇。行业从业人员中女性占比超过 60%。要进一步促进企业的性别平等，更好保护女性员工权益。开展多层次职业技能培训，推动行业职业教育、继续教育、普通教育有机衔接。

要融入区域重大发展战略，不断优化产业布局。以现代化、数字化、低碳化的产业集群建设推动新型城镇化和全面乡村振兴，加快培育世界级纺织产业集群。充分发掘中西部和边疆地区的特色与优势，推动纺织非遗的传承发展。加强产业梯度转移和区域合作，提升区域发展的平衡性与协调性。

今年，我们将迎来党的第二十次全国代表大会，这是党和国家事业发展进程中十分重要的一年。勤而不辍，进则有为。在这个关键时点，让我们在一起，向前进，以行业的平稳健康发展，迎接党的二十大胜利召开，为实现中华民族伟大复兴的中国梦添锦绣！

我国纺织行业数字化发展现状与重点

近年来，国家高度重视发展数字经济，指出要加快数字化发展，推进数字产业化和产业数字化。不久前，国务院印发了《"十四五"数字经济发展规划》，工业和信息化部印发的《"十四五"信息化和工业化深度融合发展规划》，都对发展数字经济，特别是制造业数字化转型提出了发展要求。对于制造业而言，数字化转型是新一代信息技术与制造业融合的过程，是实现数据驱动的企业业务、组织、商业模式变革转型的过程。

2021 年 6 月，中国纺织工业联合会发布了《纺织行业"十四五"发展纲要》，明确了"十四五"期间纺织行业两化融合的发展目标，就是继续推进新一代信息技术与纺织工业的深度融合，加快行业数字化转型，行业两化融合发展水平评估指数超过 60，行业工业互联网平台体系基本建立，初步建成纺织行业大数据中心。这一目标的贯彻对加快纺织行业数字化转型，实现高质量发展具有重要意义。

本文将就当前我国纺织行业数字化暨两化融合的发展现状，以及今后的工作重点谈一些体会。

一、当前纺织行业两化融合总体发展水平

《"十四五"信息化与工业化深度融合发展规划》指出，当前我国两化深度融合发展仍处于"走深向实"的战略机遇期，正步入深化应用、加速创新、引领变革的快速发展轨道。同样，"十三五"以来，纺织行业两化融合也正逐步深化，取得较快发展。2021 年，我国纺织行业两化融合整体发展水平达到 56.6，较十三五初期的 47.8 提升了 18.4%，两化融合的发展对促进纺织强国建设和行业高质量发展发挥了重要作用。根据国家标准《工业企业信息化和工业化融合评估规范》（GB/T 23020—2013），当前纺织行业两化融合的

发展从总体上看，不同规模的企业所处的发展阶段有所不同，对于大型纺织企业来说，目前两化融合基本处于集成提升发展阶段，一些龙头企业已经到了集成提升到创新突破发展阶段，而对于中型企业来说目前总体大致处于单项应用到集成提升阶段，而对于小微企业，则多数处于起步建设到单项应用阶段。

近年来，国家工业信息安全发展研究中心和中国纺织工业联合会信息化部在纺织行业两化融合数据地图方面开展合作研究，根据研究成果，纺织企业 2018 年以来，数字化研发工具普及率从 64.7%提升到 70.8%，生产设备数字化率从 46.7%提升到 53.6%，数字化生产设备联网率从 38.6%提升到 46.1%，关键工序数控化率从 43.2%提升到 51.7%， MES 普及率从 18.6%提升到 24.6%，ERP 普及率从 54.1%提升到 62.6%，开展个性化定制的企业比例从 9.3%提升为 12.7%，开展服务型制造的企业比例从 20.8%提升到 27.1%，智能制造就绪率从 6.4%提升到 11.3%。以上数据一方面反映了近几年我国纺织行业两化融合的整体水平一直在稳步提升，为"十四五"期间向更高水平迈进奠定了良好基础，另一方面通过几项重要指标数据也反映了行业两化融合的现状特征：①经营管理数字化普及率和数字化研发工具普及率已经达到较高水平；②设备互联、MES 应用以及集成互联等方面还需进一步增强；③新模式新业态的培育应用取得了积极成效，未来有较大发展潜力。

二、近年来纺织行业数字化发展取得的主要成果

近年来，随着新一代信息技术与纺织行业的融合逐步深化，行业数字化发展取得显著的成果。

（一）纺织行业工业互联网平台快速发展

纺织行业工业互联网平台建设与应用正在加快，经过探索实践，行业工业互联网平台体系正在打造形成中。归纳来看，当前纺织行业工业互联网平台主要应用在如下方面。

一是服务中小企业业务上云，满足企业数字化转型需求。近年来，行业涌现了一批面向纺织服装企业数字化服务的工业互联网平台，主要围绕企业的经营管理、生产制造、设

备管理、市场营销、研发设计等领域提供服务。如：环思智脑纺织服装工业互联网平台，为中小企业提供生产经营等业务的上云服务，帮助企业提高生产效率，降低运营成本。

二是服务大型集团企业的运营管控。大型企业集团通过工业互联网平台，可以实现集团及各下属子公司跨地域跨领域的一体化管控。

三是服务龙头企业实现供应链协同管控。龙头企业通过工业互联网平台，构建更加高效、协同的生态体系，提升供应链协同与资源优化配置能力。

四是为产业集群、园区产业企业发展提供服务。面向区域纺织企业服务的平台，针对产业集群、园区等产业特点鲜明、共性需求突出等特征，为当地企业特别是中小企业提供有特色的平台化服务，提升公共服务能力。如：长乐区纺织工业互联网平台面向长乐区纺织产业集群，以工业通信协议解析、工业互联网标识解析、工业基础支撑平台等能力为基础底座，输出行业通用工业 APP 和行业解决方案，截至目前，平台已接入企业近 500 家，占长乐区纺织企业比重近 40%；连接纺织设备 7000 余台，覆盖全区设备数量约 50%；接入标识解析二级节点企业共 490 家，累计解析量超 1 亿条。

五是发展服务型制造。通过工业互联网平台来实现企业服务的延伸，如纺织设备制造商通过建设工业互联网平台提供设备的远程运维服务和设备的全生命周期管理。

六是开展个性化定制。纺织服装行业是个性化定制应用较多的行业，当前一批开展服装个性化定制的龙头企业建设了相应的工业互联网平台。如：报喜鸟公司的云翼互联平台，开启了一体两翼全品类个性化定制云模式，即以智能制造透明云工厂为一体，互联网定制云平台和分享大数据云平台为两翼，实现一人一版、一衣一款的全品类自主设计和快速生产。

（二）新一代信息技术加速在纺织产业应用

1. "5G+工业互联网"

2021 年 11 月，工信部发布了第二批"5G+工业互联网"的十个典型应用场景和五个重点行业实践，纺织行业为开展重点行业实践的五个行业之一，其中雅戈尔集团、艾莱依集团、恒申集团、新凤鸣集团等企业利用 5G 技术，开展了生产单元模拟、工艺合规校验、生产过程溯源、企业协同合作等典型场景的实践，极大提高了行业的数字化水平。

比如雅戈尔服装制造有限公司与中国联通合作，开展了"5G+数字孪生"项目建设，实现了生产单元模拟场景的应用；艾莱依时尚股份有限公司与中国电信合作，开展"艾莱依 5G+工业互联网云平台"项目建设，实现了工艺合规校验场景的应用；恒申集团化纤板块河南基地与中国移动合作，开展了"锦纶长丝 5G+工业互联网平台"项目建设，实现了生产过程溯源场景的应用；新凤鸣集团股份有限公司与中国移动合作，搭建化纤产业 5G+工业互联网平台"凤平台"，实现了企业协同合作场景的应用。

2. 人工智能

人工智能技术在纺织行业有了越来越多的应用场景，效果也越来越明显。基于机器视觉和深度学习的纺织品质量外观检测技术，在坯布疵点检测、化纤外观质量检测等场景等到良好应用，有助于企业加强质量管控，提高生产效率，如新凤鸣集团利用 5G 超高清机器视觉巡检机器人，结合云端人工智能算法，学习和判断飘丝飘杂问题，破解飘丝飘杂检测难题，提高了产品质量。人工智能技术也应用于纺织绿色生产中，广州工业智能研究院研发的基于机器学习的环保关键参数预测技术，在印染废水处理智能管控中得到较好的应用，有效降低药耗能耗，降低成本。

（三）企业数字化新成果

近年来纺织企业数字化新成果、新应用也不断涌现。透过 2021 年纺织行业信息化成果奖获奖项目，可以看到一批新的项目成果得到较好应用，在生产关键环节、场景的数字化、智能化，在工业互联网平台建设与服务等方面又有新的提升，如：山东路德新材料股份有限公司应用智能传感装置和工业互联网等技术，建设了年产 500 万平方米高性能复合材料智能化生产线，大幅提升劳动生产率与人均产值；桐昆集团股份有限公司搭建了化纤行业工业互联网平台，支持企业从研发设计、生产制造、经营管理到仓储物流、售后服务等关键环节的数字化管理与运营需求，已为集团内外 60 余家企业提供服务；华纺股份有限公司通过研发应用印染工艺精准执行及自优化技术、染化料助剂精准配送技术、生产优化排程技术等，提升印染生产的数字化智能化水平，对印染企业提质增效发挥较大作用；青岛宏大纺织机械有限责任公司建设了设备远程运维云平台，通过建立算法模型和运用大数据分析等技术，为用户提供远程故障诊断、故障智能预测、生产业务分析等增值服务。

（四）两化融合管理体系贯标取得显著成果

国家标准《信息化和工业化融合管理体系》是指导企业通过围绕数据、技术、业务流程与组织结构四要素来建立两化融合管理机制，使企业形成信息化环境下的新型能力和可持续竞争优势。近年来众多纺织企业积极开展两化融合管理体系贯标活动，构建了与企业发展相匹配的新型能力，促进了企业可持续竞争力的提升，截至目前，纺织行业已有 1000 余家企业通过了两化融合管理体系贯标，获得相应证书。

三、下一阶段纺织行业数字化发展的重点

未来纺织行业将进一步加快数字化转型的步伐，通过深化数字技术在生产、运营、管理和营销等诸多环节的应用，实现企业以及产业层面的数字化、网络化、智能化发展，在企业数字化、工业互联网平台建设、行业数字化公共服务、行业大数据服务等方面重点加以推进。

（一）推进企业数字化转型

企业数字化能力提升，重点在基础能力、关键环节与场景数字化、综合集成能力等方面开展。在数字化基础能力方面，需加强数字化网络化改造与应用，进一步提升数字化设备联网率、关键工序数控化率等水平；在关键环节、场景数字化方面，需进一步提升产品研发、生产调度、仓储配送、质量管控、绿色环保、供应链协同、市场营销、售后服务等环节的应用覆盖；在综合集成能力方面，需加强企业各业务系统、各生产要素的集成互联，加快数字化、智能化车间或工厂的建设。

（二）建设发展纺织行业工业互联网平台

加快纺织行业工业互联网平台的建设与应用，不断增强平台赋能行业数字化转型的作用。大型企业集团通过工业互联网平台实现企业一体化管理，实现上下游企业的协同与服务；产业集群（园区）工业互联网平台为区域内企业提供针对性强、具有区域特色的服务；细分子行业、特定领域平台深耕行业应用，提升精准服务能力，在研发设计、设备管理、绿色节能、共享制造等领域深化应用和服务。

（三）开展行业数字化公共服务

加强行业数字化转型公共服务有助于解决企业在建设与应用中所面临的问题，未来重点在数字化转型诊断咨询、标准宣贯、培训体验、供需对接、解决方案宣传推广等方面提升公共服务能力；积极建设行业数字化转型公共服务平台，使相关服务更好地满足行业需求；在行业持续开展两化融合管理体系贯标，组织并积极开展《数据管理能力成熟度评估模型》（简称 DCMM）国家标准宣贯。

（四）创新突破一批行业数字化关键技术

针对纺织企业生产经营过程中的关键环节和重要场景，依托服务商、骨干企业、科研机构等加快创新突破一批行业数字化转型关键技术，在面料、纱线、化纤长丝等纺织产品外观质量监测，企业生产计划优化与车间智能排产，染料助剂配方等参数优化，设备故障诊断与运行维护，仓储与物料配送，等一些关键环节或场景，通过人工智能、5G、大数据、工业互联网等新一代信息技术的融合应用，创新突破一批关键技术。

（五）提升行业数字化转型服务的供给能力

加大对数字化转型服务商的培育力度，不断提升行业核心数字化技术及第三方服务的供给能力，采用多种形式宣传推广优秀的行业数字化转型解决方案，更好地满足行业数字化转型需求。

四、中国纺织工业联合会推进行业数字化发展的工作措施

2022 年，中国纺织工业联合会在推进行业两化融合暨数字化发展重点方面，重点采取

的工作措施主要有以下方面。

（一）编制《纺织行业数字化转型三年行动计划（2022-2024 年）》

《纺织行业数字化转型三年行动计划（2022-2024 年）》立足纺织行业发展需求和数字化转型现状，把握未来三年纺织行业数字化发展的方向，促进纺织工业与新一代信息技术在更广范围、更深程度和更高水平上实现融合发展，以此提出纺织行业数字化转型发展的目标、任务、保障措施，推动行业加快数字化转型。

（二）组织行业加强数字化转型公共服务能力建设

在工信部的指导下，组织行业开展《数据管理能力成熟度评估模型》国家标准宣贯、两化融合管理体系贯标等工作；实施工业互联网创新发展工程项目《纺织服装行业数字化转型解决方案应用推广公共服务平台》，汇聚行业数字化转型相关资源，积极为纺织企业数字化转型提供诊断咨询、供需对接、精准支撑等数字化转型公共服务。

（三）宣传推广数字化转型典型解决方案、优秀案例

组织遴选一批数字化转型优秀解决方案编入行业重点推广目录，编制数字化转型优秀案例集，通过中国纺织工业联合会组织的相关行业活动以及主流行业媒体等向全行业进行宣传、发布，促进行业形成更多优质的数字化转型系统解决方案和应用案例，促进加快培育系统解决方案服务商。

（四）深化纺织行业工业互联网建设与应用

针对纺织行业产业集聚特征明显、中小企业众多的状况，推进工业互联网平台在产业集群、园区的落地应用，增强工业互联网平台服务中小企业的能力，使更多中小企业通过上云上平台提升数字化经营管理能力。

（五）加强行业数字化转型研究工作

开展对纺织行业数字化转型的现状、趋势、重点推进领域的研究工作，组织编写纺织行业数字化转型白皮书等研究报告。

中国纺织服装行业应对气候变化的现状及路径建议

中国纺织工业联合会社会责任办公室　阎岩

一、行业应对气候变化的意义

加强应对气候变化行动是产业承担国际责任、助推人类命运共同体建设的必然要求。工业是能源消费的重要领域，实现工业低碳减排对减缓气候变化至关重要。权威研究显示，全球工业部门温室气体排放量占全球总排放的 29.4%，其中时尚产业温室气体排放量约占全球总排放的 4%。作为全球制造大国，中国工业是推进全球气候治理进程的重要力量。以纺织为例，2020 年，中国纤维加工量超过全球 50%，化纤产量约占全球 70%，出口总额约占全球三分之一，生产能力与贸易规模连续多年稳居全球首位。在当前能源供给格局下，超大的产业规模也意味着巨大的减排责任。2019 年中国纺织工业温室气体排放总量约为 2.23 亿吨二氧化碳当量，占世界纺织产业总排放量比重超过 10%。中国纺织工业实现碳达峰碳中和，对加快全球纺织产业实现净零排放的历史进程，构建人类命运共同体、共建清洁美丽世界的现实意义重大。

加强应对气候变化行动是产业顺应全球大势、提升国际地位的必然要求。当前，应对气候变化的紧迫性凸显，气候治理正在深刻影响国际经济发展及全球产业体系。IPCC 第六次评估报告指出，当前气候变化趋势如未得到有效遏制，将对生态系统带来不可逆转的气候冲击。为应对气候变化问题，推动绿色增长、实施绿色新政是世界主要经济体的共同选择。为此，发达经济体正在加快谋划和实施碳边境调节机制、碳交易市场、碳金融等绿色规则，绿色发展将成为产业国际竞争力和话语权的重要来源。2022 年 3 月 15 日，欧盟碳边境调节机制获得通过，将于 2023 年 1 月 1 日起正式施行，过渡期三年。《协调气候变化与贸易政策》显示，发达国家碳关税可能严重侵蚀我国产业利润，导致我国制造业出口规模大幅削减。行业要顺应大势加快绿色低碳转型，也要做好应对绿色规则异化为新型贸易壁垒的准备。

加强应对气候变化行动是产业实现高质量发展的必然要求。"十三五"以来，中国纺织工业取得了举世瞩目的伟大成就，原设定的纺织强国主要指标已经基本完成，纺织强国目标基本实现。当前，行业进入高质量发展新阶段，产业调结构、转方式任务艰巨繁重，产业发展与资源环境约束的矛盾更加突出，推动产业增长的传统动力渐显乏力而新动能产业还未成势，产业向价值链中高端跃进仍然任重道远。加强行业应对气候变化行动，提升行业绿色低碳科技创新能力，推动行业绿色低碳发展，加快形成绿色经济动能和可持续增长极，显著提升产业发展质量和效益，将为全面建成纺织强国注入强大动力。

二、行业应对气候变化的现状

（一）行业应对气候变化取得积极进展

"十三五"期间，行业坚持以习近平生态文明思想为指导，把控制温室气体排放作为生态文明建设的重要途径和可持续发展的重要抓手，坚持减缓与治理并举、发展与减排共进，行业应对气候变化发生历史性变化。

1.减缓气候变化行动成效明显

能源消费趋向低碳清洁化。行业持续深化煤改电、煤改气工作，推广清洁能源技术应用，能源结构持续优化，能效水平不断提升。2020 年，行业二次能源消耗占比提升至72.5%，万元产值综合能耗下降 25.5%。

减污降碳协同增效显著。行业积极推行全生命周期管理，推进污染防治从末端治理向全过程控制转变，行业清洁生产水平不断提升。"十三五"以来，纺织行业废水排放量、化学需氧量和氨氮排放量累计下降超 10%，废气治理和污泥无害化处置水平进一步提高。

循环经济发展取得积极成效。喷水织造废水回用、印染废水分质处理、膜法水处理等废水资源化技术和印染废水热能回收、定形机尾气热能回收等热能回收技术在行业应用更加普遍，行业万元产值取水量累计下降 11.9%，其中，印染行业单位产品水耗下降 17%，水重复利用率从 30%提高到 40%。循环再利用化学纤维供给能力明显提升，废旧纺织品资源化利用水平进一步提高。

2. 应对气候变化基础能力持续提升

绿色低碳科技支撑能力不断增强。"十三五"期间，莱赛尔（Lyocell）纤维、生物基聚酰胺纤维、聚乳酸纤维、壳聚糖纤维等生物基纤维材料制备技术获得突破，原液着色纤维的制备规模和水平大幅提升；无聚乙烯醇（PVA）上浆技术得到进一步发展；连续式针织物成套印染装备取得积极进展；循环再利用纤维产业化技术及成套装备实现重大突破并进入商业化应用阶段。

绿色制造体系建设稳步推进。绿色制造体系是行业减缓气候变化的重要支撑。2016 年以来，纺织行业共有 251 种绿色设计产品、91 家绿色工厂、10 家绿色供应链企业被国家列入绿色制造体系建设名录；纺织行业制修订的绿色制造团体及行业标准共计 40 余项；一批纺织产业循环经济园区试点落地落实。

行业应对气候变化公共服务体系正在形成。立足产业发展实际需求，增加气候人才培养、绿色技术推广、绿色产品评价、碳资产管理和交易等方面的专业服务供给，取得积极进展和成效。截至目前，已服务指导晨风集团、太平鸟集团、新乡化纤股份有限公司、盛泰服装集团、魏桥纺织股份有限公司等 11 家企业制定双碳规划，发布碳中和目标、路线图和时间表；创建了行业气候训练营培训体系和线上平台，已为 500 余位来自行业领军企业的高管开展了培训，进一步壮大行业绿色低碳发展的人才队伍；开发了纺织品全生命周期绿色评价系统与行业基础数据库，并在行业推广应用，已完成 40 个产品全生命周期碳足迹测算和宣传，产品覆盖 12 种品类，涉及七类纤维，促进了绿色供应链建设、绿色品牌培育和绿色消费扩大；构建了绿色技术应用交互平台，已筛选出 100 多项先进适用绿色低碳技术在平台上进行推广。

3. 应对气候变化工作体系逐步完善

行业应对气候变化行动的组织保障不断增强。中国纺联社会责任办（以下简称社责办）承担了行业应对气候变化的相关职能，扎实开展一系列卓有成效的工作。从"碳管理创新 2020 行动"到"气候创新 2030 行动"，再到"中国时尚品牌气候创新碳中和加速计划"，行业应对气候变化工作不断深化。成立了纺织供应链"绿色制造"产业创新联盟，提升制造管理和供应链可持续发展的透明度。组建了中国纺织服装行业全生命周期评价工作组，积极指导企业开展纺织品全生命周期评价和产品环境信息披露工作。

行业气候变化国际交流与合作务实推进。推动建立全球时尚产业气候治理的协同工作机制。2016 年以来，中国纺联作为缔约方发起并签署了《联合国气候变化框架公约时尚产业气候行动宪章》，组建了联合国时尚产业气候行动宪章中国政策工作小组，制定并推进行业碳中和路线图落实；参加了在马拉喀什举办的《联合国气候变化框架公约》第 22 次缔约方会议（COP22）等国际会议；举办了"时尚爱自然气候公众活动""衣再造竞赛 COP秀""气候变化·时尚峰会"等活动。

（二）行业应对气候变化进入新阶段

双碳背景下，行业应对气候变化行动的基础条件和发展环境均已发生重大变化，推进行业气候变化相关工作要正确判断所处方位。

1. 更好的基础

"十三五"以来，我国纺织工业取得了显著成就，基本实现《2020 建设纺织强国纲要》相关目标，建立了全世界最为完备的现代纺织制造产业体系，生产制造能力与国际贸易规模长期居于世界首位，绿色低碳发展水平达到历史新高。行业应对气候变化行动所依赖的物质基础更加坚实，所站立的历史起点更高。

2. 更艰巨的任务

《纺织行业"十四五"发展纲要》和《纺织行业"十四五"绿色发展指导意见》明确了行业绿色发展重点任务和减排目标。这要求行业要统筹谋划碳达峰、碳中和工作，积极探索产业发展与减污降碳协同推进的新模式、新路径，为全面实现行业"十四五"阶段性减排目标和 2035 年远景目标保驾护航。

3.更高的要求

进入"十四五"时期，应对气候变化被摆在我国现代化建设战略全局中的核心地位。国家从努力建设人与自然和谐共生的现代化全局出发，实施积极应对气候变化国家战略，统筹有序推进碳达峰碳中和，并把降低二氧化碳排放在现代化建设全局中更加优先的位置。这要求行业以应对气候变化行动为引领，推动行业实现更高质量、更可持续发展。

三、行业应对气候变化面临的形势

（一）发展机遇

合作共赢的气候治理新局面为全球产业合作带来新机遇。气候变化是各国面对的共同挑战。合力应对气候变化，保护我们赖以生存的地球家园，关系人类未来命运。近年来，落实《巴黎协定》，加强协作、共同推进全球气候多边合作进程，实现共赢共进，已成为各国气候治理的新常态。2021 年 11 月，第 26 届联合国气候变化大会成功在格拉斯哥召开，大会围绕《巴黎协定》实施细则相关议题展开详细谈判，在气候变化减缓、适应、支持方面达成一揽子协议，开启全球气候治理新阶段。产业是减缓和应对气候变化的重要领域，产业合作将是各国应对气候变化的重要路径。公平合理、合作共赢的全球气候治理新格局，将为产业合作提供良好的国际环境和更多机遇。

碳达峰、碳中和的气候治理新目标，为工业绿色发展带来新机遇。实现碳达峰、碳中和，是党中央统筹国内国际两个大局作出的重大战略决策，是着力解决资源环境约束突出问题、实现中华民族永续发展的必然选择，对推动经济高质量发展、建设人与自然和谐共生的现代化具有重大战略意义。我国是制造大国，来自工业的温室气体排放量占全国总排放量的 60%以上，推进工业领域碳达峰碳中和至关重要。目前我国已将碳达峰、碳中和目标要求全面融入经济社会发展中长期规划，推进碳达峰碳中和的"1+N"政策体系加快落实。

工业绿色发展正迎来前所未有的战略机遇和政策机遇。新科技革命的深入发展，为产业绿色转型带来新机遇。绿色低碳发展是当今时代科技革命和产业变革的方向，绿色技术创新正成为全球新一轮工业革命和科技竞争的重要领域。为应对全球气候变化问题，世界主要国家纷纷选择经济绿色复苏和宣布碳中和目标，加快绿色技术创新战略布局。权威机构研究显示，2015 年以来全球绿色技术专利呈现快速增长趋势，主要国家的绿色技术专利申请分布正在从环境治理、能源领域向工业、农业、交通、建筑等领域快速延展。中国高度重视科技创新，正在加快制定科技支撑碳达峰碳中和行动方案和技术路线图。在全球碳中和目标的推动下，绿色技术创新将迎来新一轮增长，引领和支撑产业绿色低碳发展。

（二）面临挑战

从产业发展阶段看，做好减排与发展协同是"十四五"时期行业应对气候变化的关键。"十三五"以来，我国纺织工业取得了显著成就，基本实现《2020 建设纺织强国纲要》相关目标，产业绝大部分指标已达到甚至领先于世界先进水平，建立了全世界最为完备的现代纺织制造产业体系，生产制造能力与国际贸易规模长期居于世界首位。但行业在技术、装备、管理、人才等方面与发达国家相比差距依然较大，整体处于价值链中低端位置的局面未发生根本性转变，未来一段时期在保持规模优势的基础上努力实现高质量发展仍将是产业发展的主要方向。这意味着行业温室气体排放仍将在一段较长时期内保持持续增长，推动产业发展与强化减排，同等重要、一样艰巨。与此同时，作为推动全球纺织产业减碳进程和气候治理的主要力量，行业还需承担应有的国际责任，积极应对气候变化风险带来的诸多挑战。

从排放结构看，行业结构性减排空间大幅缩小，未来减排行动更为艰难。我国纺织工业不属于高排放行业，且温室气体主要来源于能源消耗。2019 年全国纺织行业温室气体排放总量约为 2.23 亿吨二氧化碳当量，占全国工业行业温室气体排放总量的约 3.1%。从能源结构看，行业主要能源消费包括煤炭、天然气、电力和热力等四种，且以电力和热力为主。2019 年四大能源品种占行业终端能源消费量的 97%。其中，电力和热力等消费占比超过 70%，是行业排放的主要来源。2019 年电力排放和热力排放分别占总排放量的 62%、22%，而煤炭和天然气排放占比分别为 7%和 6%。行业能源消费结构的转变，使得行业获取更大减排空间不再依赖化石能源消费的缩减，而是更多依赖国家电力系统的低碳清洁化发展。从产业结构看，行业温室气体排放主要来源纺织业和化学纤维制造业，但纺织业占主体地位。2019 年，纺织业和化学纤维制造业的排放分别占总排放量的 69%、23%，总和达到 92%。与化纤制造业和服装服饰业不同，纺织业包含了纺纱、织造、染整等多个不同领域。目前行业煤改电、煤改气工作基本完成，推动纺织业减排则更多依赖于技术创新和管理创新。

从工作基础看，行业应对气候变化的工作基础依然薄弱。近年来，行业在绿色制造、节能减排、污染防治、资源综合利用等方面取得积极进展和成效，为行业开展应对气候变化工作奠定坚实基础。但行业绿色制造体系建设步伐缓慢、支撑作用有限，覆盖废旧纺织品分类回收、科学分拣、高效利用等全过程的产业链体系和商业机制有待建立，建设行业绿色低碳循环产业体系仍处于起步阶段，生产过程减碳降碳任务艰巨。另外，推动和支撑行业绿色低碳发展的工作体系还不健全，服务支撑能力亟待提升。主要存在应对气候变化领域的相关法律法规、政策体系、标准体系等支撑不足，温室气体统计核算等能力不足，气候友好技术研发和推广能力不足，绿色金融支撑力度不足，专业人才队伍建设滞后，认识水平比较低下等问题。

四、行业应对气候变化的路径建议

（一）控制和减少产业温室气体排放

1. 开展行业二氧化碳达峰行动

完善行业碳达峰、碳中和顶层设计。围绕国家碳达峰、碳中和目标，科学编制纺织行业二氧化碳排放达峰行动方案，明确达峰目标、路线图、实施路径。加强行业非二氧化碳温室气体排放控制和路径研究。积极开展重点领域、重点区域达峰专项行动，鼓励有条件的地区和领域率先达到碳排放峰值。

加强行业应对气候变化试点示范建设。充分发挥不同层面的主动性和创造性，全方位高标准谋划推进应对气候变化试点示范，探索行业绿色低碳发展新路径。积极创新纺织双碳先行示范区、示范园、示范企业、示范项目等各级各类应对气候变化试点，形成一批可复制推广的行业经验和先进做法。发挥行业品牌企业引领带动作用，推动供应链上下游协同实现碳达峰、碳中和。全面推进全生命周期绿色评价，丰富绿色低碳产品供给，畅通绿色产品价值实现机制。

2. 推动能源消费低碳清洁化

持续优化用能结构。全面盘查全产业链、全领域的能源消耗种类，深化煤改气、煤改电工作，扩大二次能源消费比重。鼓励工厂、园区开展工业绿色低碳微电网建设，发展屋顶光伏、分散式风电、多元储能、高效热泵等，推进多能高效互补利用。强化节约和高效利用导向，鼓励支持企业通过节能培训、技术升级、装备改造、管理创新等举措，挖掘节能潜力，降低能耗强度。开展能效领跑者引领行动，树立能源高效利用企业示范样板。加大力度淘汰落后产能，坚决遏制行业"两高"项目盲目发展。

3. 深化产业绿色低碳转型

一是生产过程清洁化。全方位全过程推行绿色纺织产品设计，推动产业链、供应链绿色协同提升。完善绿色设计平台建设，强化设计与制造协同关键技术供给，加大绿色设计应用。加强纤维材料、印染加工等重点环节的清洁化改造，减少污染物排放。引导和推动企业加强环境友好化学品的开发和应用，降低或替代使用有害物质。二是生产方式数字化。鼓励支持企业加强数字信息技术应用提升能源、资源、环境管理水平，赋能绿色制造。打造面向产品全生命周期的数字孪生系统，以数据为驱动提升行业绿色低碳技术创新、绿色制造和运维服务水平。三是资源利用循环化。推动废旧纺织品再利用企业集聚化、园区化、区域协同化布局，壮大循环经济规模。鼓励企业探索"工业互联网+再生资源回收利用"新模式，完善废旧纺织品产业体系。

（二）提高产业应对气候变化基础能力

1. 增强应对气候变化的技术支撑力

要发挥科技创新的关键支撑作用，推动从源头到末端全过程中温室气体的减排与治理。行业制定纺织科技支撑碳达峰、碳中和行动方案，编制纺织行业碳中和技术发展路线图。立足全球纺织产业发展，开展应对气候变化基础研究、技术研发和战略政策研究，布局一批前瞻性、战略性、颠覆性绿色低碳技术攻关项目。围绕产业发展需求，针对纤维材料、节能技术与纺织装备、环保化学品、污染防治及资源利用等重点领域，强化先进绿色低碳技术集成推广应用。推进成果转化应用，建立完善绿色低碳技术评估、交易体系和科技创新服务。着力提升绿色创新能力，鼓励企业整合各类创新力量，搭建科创平台，解决行业绿色低碳关键共性技术问题。

2. 增强应对气候变化的人才支撑力

加强人才培养与产业需求协同，提升行业应对气候变化的人才支撑力。大力推动产学研用协同创新，加快行业应对气候变化基础研究、技术创新、成果转化、应用推广等各类创新人才培养。加快温室气体排放核算与评价、绿色资产管理、绿色金融等支撑服务人才培养。鼓励支持纺织领域院校推进气候变化与专业学科体系建设相融合，完善复合型人才培养体系。充分发挥企业、科研机构、高校、行业协会、培训机构等各方作用，建立完善多层次人才合作培养模式。

3. 增强应对气候变化的公共服务能力

完善行业公共服务体系建设，提升行业气候治理能力。行业应对气候变化智库建设，广泛组织科技工作者为推进行业应对气候变化工作出谋划策。完善行业现有公共服务平台功能，增强温室气体核算与评估、生态产品设计、气候友好技术、能源管理、绿色金融、人才培养、品牌培育等专业服务能力。建立纺织行业绿色低碳基础数据平台，推动数据汇聚、共享和应用，促进企业绿色低碳发展。健全应对气候变化标准体系。发挥计量、标准的基础性、引领性作用，加快行业在气候变化领域的基础通用标准、新兴领域标准、共性关键技术标准建设，做好标准国际衔接。建立健全行业标准采信机制，畅通迭代优化渠道。

（三）加强气候变化国际交流与合作

健全国际交流与合作机制。鼓励行业高校、科研机构、纺织企业、行业协会与国际组织、国际机构等多边机构建立长期性、机制性合作关系，全方位开展产业气候治理领域的交流与合作。积极举办气候变化会议等重大活动，强化国际合作平台建设，务实开展产业合作。统筹做好《联合国时尚产业气候行动宪章》的谈判与履约工作。

拓展国际交流与合作领域。围绕材料、技术、标准、人才、金融等领域，深化交流与合作。广泛参与各类适用行业的减缓气候变化前沿技术的研发合作，积极引进先进技术、工艺和装备。积极主导或参与纺织领域气候变化国际标准的制修订。善用各类国际平台和渠道，建立紧密的人才培养合作机制，夯实绿色低碳发展的人才保障。

加强区域产业气候治理合作。行业要顺应区域经贸合作绿色化趋势，重点围绕 RCEP 和"一带一路"，加强区域产业气候治理的对话合作。要全面提升行业企业在国际化发展过程中的社会责任履行能力，大力推动行业绿色产品、绿色产能、绿色资本、绿色品牌走出去，引导和促进区域绿色低碳化发展。

价格带动出口强势复苏 中间品区域化属性进一步增强

——2021 年全国纱线面料进出口贸易概况

中国纺织品进出口商会 韩啸

2021 年，中国纺织品服装出口额创历史新高，实现"超预期"增长。纱线面料在纺织服装大类产品出口中表现尤为突出，2021 年，纱线面料累计出口 812.2 亿美元，增长 36%，高于整体出口 27.6 个百分点；与 2019 年相比也保持增长 10.9% 的增速。

后疫情时代下，全球贸易表现出新特点，也面临新挑战。一是疫情影响仍未消除，世界经济复苏的基础不牢，发达经济体和发展中经济体发展不均衡。二是单边主义、保护主义抬头，全球化正遭遇逆流。三是全球通胀上升，沿产业链从上游向下游传导。四是国际产业链、供应链加速重构，区域化、近岸化、本土化、短链化趋势明显。

本文将从纱线面料这一中间产品入手，结合 2021 年贸易领域呈现出的新特点，分析供应链产业链变化趋势，并对未来发展趋势进行预判。

一、纱线面料等中间品出口增长，占比大幅提升

2021 年以来，随着国际疫情的常态化和国际供应链的逐步修复，出口商品结构也在向疫情前常态回归。具体如下：

（一）纱线面料等中间品出口强势复苏

从出口情况看，2021 年纱线面料出口大幅增长，出口额 812 亿美元，增幅达 36%，无论是增幅还是出口额，均为近十年最高。纱线、面料作为中间品出口增速较制成品更为突出，两类产品增幅均高于 30%，合计拉动纺织服装整体出口增长 7.2 个百分点。见图 1。

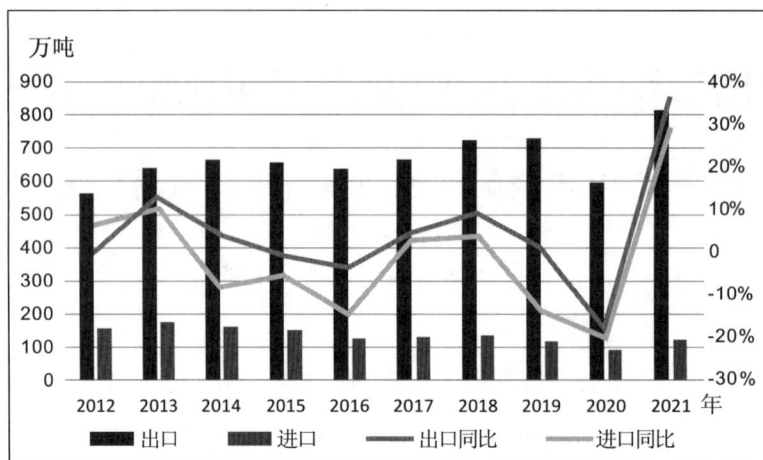

图 1　2012～2021 年纱线面料进出口及同比变化图

数据来源：中国海关总署。

（二）中间品贸易占比大幅提升

从出口占比看，中间产品出口逐步回归并超越疫情前水平。纱线面料作为中间品，贸易占比逐年上升，2020 年纱线面料出口占纺织服装总出口的比重为 20.2%，2021 年这一比重提高至 25.2%，增长了 5 个百分点。剔除防疫品波动影响，纱线面料近十年间在出口中比重累计提高了 3 个百分点。

（三）价格上涨支撑出口增速，出口数量增长相对平缓

2021 年，原材料、能源和海运价格均大幅上涨，推高了出口成本，出口价格涨势明显。2021 年纱线面料出口是由量、价共同带动的，累计出口量增幅在 6%～10%之间，出口均价增幅在 30%～40%之间。

从纱线出口看，作为上游产品，2021 年全年，纱线数量出口增长 17%，单价增长 22.4%，出口金额累计增长 43.6%。

从面料出口看，面料数量和单价共同推高了出口增速。2021 年全年，面料出口增长 20.7%，单价增长 11.5%，出口金额累计增长 34.4%。与纱线相比，面料需求弹性相对较大，产品单价增长不及纱线，上游的成本压力传导的速度较慢，传导的效率不高，致使面料企业，尤其是小企业的利润受到挤压，许多企业反映"增收不增利"。

二、国际产业链加速重构，供应链区域化趋势明显

商务部副部长任鸿斌曾指出，后疫情时代，全球价值链的短链化、区域化的分工会更加明显。贸易区域化有利于减少物流成本、降低碳排放，使生产和消费更加集中，同时也一定程度上缓解安全问题。纺织服装贸易领域，这一特点显现的尤为突出。2021 年，区域贸易蓬勃发展，生产、分工、合作开始更多的区域化转变。目前全球范围内形成了东亚、北美、欧洲三大制造中心。欧盟内部贸易已占其贸易总额的 70%以上，亚洲内部贸易占比也达到 58%，比 2000 年提高 7 个百分点以上。

为适应这一新的趋势，2020 年底，中国签署《区域全面经济伙伴协定》（RCEP），2021 年包括中国、东盟、日本、韩国、澳大利亚、新加坡在内的 15 个成员形成了全球最大的自由贸易区，对于稳定区域产业链供应链具有重要意义。

从出口数据看，2021 年，中国对 RCEP 国家出口纺织服装产品累计 884.9 亿美元，增幅高达 14%，高于对全球出口 6 个百分点，占总出口比重达 27.4%；出口纱线面料累计 275.4 亿美元，增长 28.1%，占比 34%。RCEP 的签署，深化了中国与东南亚周边国家的纺织服装区域供应链协作网络，预计未来也将进一步带动纱线面料等中间品贸易的增长。

（一）东盟仍是纱线面料最主要的市场之一，但受疫情和政局等因素影响，出口有所下降

东盟国家与中国地理相邻，已经形成了高度融合的供应链网络。从市场份额看，东盟是我国纱线面料最大的出口地区，在全球出口中占比高达 30%。与自贸区建成时相比，中国对东盟出口纱线面料从 2010 年的 79.6 亿美元增至 2021 年的 249.5 亿美元，累计增长 2.1 倍，占比从 17.5%提升至 30.7%，提高了 13.2 个百分点。

2021 年，受疫情反复和政局变动等因素冲击，中国与周边国家供应链紊乱，能源价格、集装箱物流价格持续高涨，导致贸易不畅，一定程度上也影响了纱线面料等中间品对东盟国家的出口。

2021 年，我国对东盟出口 249.5 亿美元，增长 28.3%，低于对全球出口 7.7 个百

分点。

从国别情况看，纱线面料出口前 10 位的国家及地区中，除尼日利亚（位列第六）外，全部为亚洲国家，其中东盟国家占据 4 席。越南（第一位）、柬埔寨（第三位）、印度尼西亚（第五位）和菲律宾（第九位），合计占比达 25.4%。作为我国对东盟纱线面料出口第一大市场，2021 年我国对越南出口 117.9 亿美元，增长 27.3%。但三季度受疫情影响，该国服装加工业一度停摆，导致纺织中间产品出口大幅下降，9 月单月对越出口增速仅为 0.7%，远低于前期。缅甸作为我国企业"走出去"重要的投资市场，其中缅甸因国内政治原因，导致对该国服装出口下降，对中间品需求降低。叠加 7～8 月疫情反复，本地工厂关停，导致我国对缅甸出口连续两个月下降 20%，排名也从 2020 年排名第 10 跌落至第 13 位。

从纱线出口看，2021 年，对东盟国家合计出口 27.3 亿美元，同比增长 32.6%，占对全球纱线出口的 18.4%，较 2020 年下降 1.6 个百分点。其中越南在市场排名中位列第一，出口额为 13.8 亿美元，增长 35.1%，占出口额的比重较 2020 年下降 0.6 个百分点。

从面料出口看，2021 年，对东盟国家合计出口 222.2 亿美元，同比下降 27.8%，占对全球面料出口的 33.5%，较去年下降 1.7 个百分点。排名前 10 位的国家及地区中，东盟占半数。其中越南是我国对东盟第一大面料出口市场，2021 年对越出口 104.1 亿美元，增长 26.3%。其余四国分别为：柬埔寨（第三位）、印度尼西亚（第五位）、菲律宾（第六位）、缅甸（第十位），出口额分别为 32.5 亿美元、27 亿美元、21.2 亿美元和 17.7 亿美元，增幅分别为 44.5%、51.7%、26.3%和 3.6%。

（二）纱线面料对"一带一路"国家保持稳定增长

在国家政策的推动下，"一带一路"国家逐步成为外贸热点，64 个国家合计占我国纱线面料出口的 64.6%。"一带一路"涉及的 64 个国家分属六个不同地区，其因地缘位置、产业结构以及与中国贸易便利化程度的不同，对中国纺织服装产业依存度也存在较大差异。2021 年整体而言，六大区域市场中，防疫效果较好、经济活动相对宽松的国家和地区，出口降幅较小。此外，与中国经贸依存度较高，供应链网络连接紧密的国家和地区出口相对稳定。

从纱线面料贸易情况看，2021 年对"一带一路"64 国出口额为 524.7 亿美元，同比增长 35.8%，与对全球出口增幅持平。作为中间产品，纱线面料出口增长因各地区疫情防控情况、经贸恢复程度和参与中国区域供应链的紧密程度有差异。

除东盟外，南亚是仅次于对东盟的第二大纱线面料出口区域市场，2021 年对其出口表现抢眼。我国对南亚八国累计出口 145.5 亿美元，增长 61%，增速是全球出口平均增速的一倍。主要是由于部分欧美日品牌商为避免采购新疆棉，加大对孟加拉国、印度和巴基斯坦等国纺织服装制成品采购，也带动了三国对我国纱线面料的需求。从出口情况看，孟加拉国、印度和巴基斯坦三国在我国纱线面料出口中分列第二、第四和第六位。南亚三国纺织服装加工能力较强，但因基础化工相对薄弱，纱线、面料、印染等上游环节生产能力不足，对中国出口的中间品依赖程度较高。2021 年，三国政局稳定，也未因疫情实施封闭管制措施，自中国进口纱线面料在其纺织服装产品进口结构中占比均超过 80%。2021 年对孟加拉国、印度、巴基斯坦出口纱线面料金额分别为 75.6 亿美元、31.4 亿美元和 26.6 亿美元，分别增长 61.5%、88.5%和 51.2%。

我国对独联体七国累计出口纱线面料 17.8 亿美元，增长 31%。这主要得益于俄罗斯等独联体国家在疫情防控取得较好成效，经济活动相对宽松。特别是中国与俄罗斯、白俄罗斯等国双边经贸关系良好，中欧班列为企业出口提供便利条件，独联体国家联通欧洲的地理位置使其正逐步成为我国外贸物流重要的伙伴国。

我国对中亚五国累计出口纱线面料合计出口 19.7 亿美元，增长 18.7%，出口占比 3.8%，基本回到 2019 年水平。其中对哈萨克斯坦出口较为亮眼，2021 年对哈出口纱线面料累计 7.5 亿美元，增长 55.3%。哈萨克斯坦与我国新疆伊犁州接壤，是"一带一路"沿线的重要一站。2021 年，中欧班列增开多趟线路，其中包括苏州的中亚市场直采班列和南宁到努尔苏丹联通中西部的班列，提升了出口外运通道的便捷性，也增加了我国对哈半成品的出口。

中东欧 16 国与欧盟在地缘位置毗邻，区域供应链在疫情后迅速发展，随着欧盟各国消费的逐渐复苏，2021 年，东欧 16 国对欧盟出口纺织服装 285.2 亿美元，增长 10.7%，与 2019 年疫情前水平相比增幅也超过 10%。但中东欧 16 国与中国地理相距较远，海运和空运成本较高，中欧班列运力有限，也导致我国对该地区出口纱线面料等半成品在六大地区中恢复最慢，2021 年出口额 11 亿美元，仅增长 6.7%，低于对全球出口平均水平。

（三）对主要市场出口有所恢复

2021 年，新冠疫苗推广为需求复苏奠定基础，全球至少接种一剂新冠疫苗人数超过 44.5 亿人，占比超过 56%；其中，中国、美国、欧盟、日本等主要发达经济体完全接种比例均超过 60%。疫苗的保护显著降低了死亡率与重症率，也降低了经济活动的冲击。发达经济体复苏较为显著，需求也随之增长。从三大传统贸易伙伴情况看，2021 年纱线面料出口保持增长，也主要得益于后疫情时代需求的修复。从两年平均增速来看，中国对美国和欧盟出口增速均加快，对日本两年平均出口增速有所回升。

1. 欧盟（27 国）

欧盟（27 国）是除东盟外的第二大纱线面料出口市场，占我国纱线面料出口的比重为 6.1%。从海关统计数据看，我国对欧盟出口纱线面料 50.2 亿美元，同比增长 37.4%。其中纱线出口 12.7 亿美元，增长 38.4%；面料出口 37.5 亿美元，同比增长 37%。

新冠疫情下严重的供应链瓶颈问题，使发达国家开始倾向于将供应链向内收敛，纱线面料作为中间品，其出口与欧盟本地下游产业的复苏关联度较强。2021 年，欧盟内部率先实施疫苗通行证，其盟内人员流动和贸易有所恢复，2021 年，欧盟盟内纺织服装出口增长 11.9%，对盟外出口 13.1%。特别是三季度后复苏加快，服装等产品出口有所提升。因此，2021 年 8 月后，中国对欧盟出口纱线面料等中间品增幅逐月扩大，截至 12 月底，出口增速已经高达 67%。

欧盟 27 国中出口排名前五的国家分别为意大利、德国、希腊、波兰和西班牙，合计占比达 65.9%。其中对希腊出口增速突出，达 148.2%。得益于疫情管控得力，希腊在 2021 年经历了经济的强劲复苏，货物贸易出口增长 100%。

2. 美国

美国是我国纺织服装最大的单一出口市场，中国对美国纺织品服装出口以成品为主，美国在我国纱线面料出口市场中排名第 12 位，较上年度下降一位。2021 年对美国出口纱线面料 18.4 亿美元，占对美纺织服装出口额的 3.2%，较上年度提高 0.4 个百分点，其中出口面料占 2.4%，出口纱线占 0.7%。

2018 年，美方对中国产纺织品普遍加征关税，迄今尚未结束。自 2019 年起，我国纱线面料对美出口呈明显下降趋势，且市场占有率明显下滑。根据美国海关统计，美国自中国进口纱线面料从 2018 年的 21.1 亿美元降至 2021 年的 11.8 亿美元，我国在美国市场份额从 31.9%降至 18.5%，3 年间下降 13.4 个百分点。我国纱线面料对美出口大幅下降，市场份额被印度、韩国、墨西哥、越南等竞争对手瓜分，上述四国市场份额分别增长 4.8 个、1.5 个、1.1 个和 1.5 个百分点。

从企业层面看，出口利润空间严重压缩，我国纱线面料出口企业利润点平均为 10%～12%，加征关税后生产企业难以获利，也逐步向其他可替代市场转移。预计未来，我国对美出口纱线面料产品中，除附加值较高的居室、浴室用家纺面料和部分特种面料具备一定议价能力，美周边国家可替代性不强，尚能保持一定出口规模外，其余相关纱线面料产品对美出口还将进一步下滑。

3. 日本

日本整体经济产出在疫情之前就已经放缓，受疫情影响，日本经济持续低迷，2021 年 GDP 跌破 5 万亿美元大关。日本人均 GDP 3.92 万美元，从历史情况看，日本人口 1.26 亿，1994 年人均 GDP 就达到了 3.99 万美元，可见日本经济多年来停滞严重。2021 年，美联储大规模放水，主要货币中多数货币均对美元升值，而日元进一步贬值了，这也充分说明日本经济的疲软。

从我国对日纱线面料出口情况看，2021 年中国对日本出口 7.4 亿美元，增长 22%，但仍未回到 2019 年水平。对日本出口在纱线面料总出口中占比 0.9%，排名 26，较去年下降 2 位。其中纱线出口 3.8 亿美元，增长 33%；面料出口 4 亿美元，增长 14.2%。

三、纱线面料进口大幅增长

我国纺织服装进口以纱线面料为主，占纺织服装总进口的 43%。2021 年纱线面料进口总额为 123.2 亿美元，占比较去年回升了 4 个百分点，同比增长 28.9%，高于全国纺织服装进口 8.4 个百分点。其中纱线进口 83.1 亿美元，同比增长 35.7%；面料进口 40 亿美元，同比增长 16.6%。

（一）自东南亚进口占比持续提高

2021 年 7～8 月，服装等制成品订单大量回流中国，也带动了对上游纱线面料等需求的增长，自东南亚周边国家进口大幅增长，其中自东盟进口占比 34.4%，较 2019 年提升 2.2 个百分点；自南亚三国进口提高了 5.4 个百分点。

从纱线进口看，越南、印度、巴基斯坦、乌兹别克斯坦和中国台湾是我国进口的前五大国家（地区），累计占比超过 71%。由于 2021 年原材料和运费均大幅上涨，成本上扬带动进口价格和金额整体上涨。值得一提的是，我国自印度和乌兹别克斯坦进口增速突出，两国均达到 75%，超过平均增速一倍。

从面料进口看，一方面，我国对日本、韩国、台湾地区和意大利等国家高端面料仍有需求；另一方面，近年来，大量中资企业在越南等东南亚国家投资设厂，产品线从服装加工，逐步向面辅料配套发展。双边产业链的高度嵌合带动了自东南亚国家进口面料辅料大幅增长。特别是自越南进口增长迅速，该国从 2010 年进口来源地排名第 15 位，升至 2021 年的第 5 位，较 2019 年排位持续提升 1 位，进口占比从 0.5%增至 9.5%。2021 年我国自越南进口 3.8 亿美元，同比增长 20.7%，是前五大进口来源地中唯一的发展中国家。

（二）棉价走高、棉纱价格上涨

2021年，国内外棉花价格均持续高位。棉花价格的高企也带动了棉纱价格上涨。2021年，我国累计进口棉纱211.8万吨，同比增长11.4%；进口额为59.5亿美元，同比增长40%。价格上涨25%，拉动了棉纱进口。

从国别进口情况看，越南、印度、巴基斯坦分别位列棉纱线进口来源国前三。越南一直位居我国棉纱线进口来源地首位，2021年，我国自越南进口棉纱线94.8万吨，同比增7.5%，占棉纱线进口总量44.5%。我国自印度、巴基斯坦进口棉纱线数量快速增长，进口数量分别为31.8万吨和27.8万吨，增长15%和13%。根据企业反馈，2021年由于新疆棉花价格始终居高不下，进口棉花供应不足，且下游企业订单充足增长带动了棉纱进口增长。见图2。

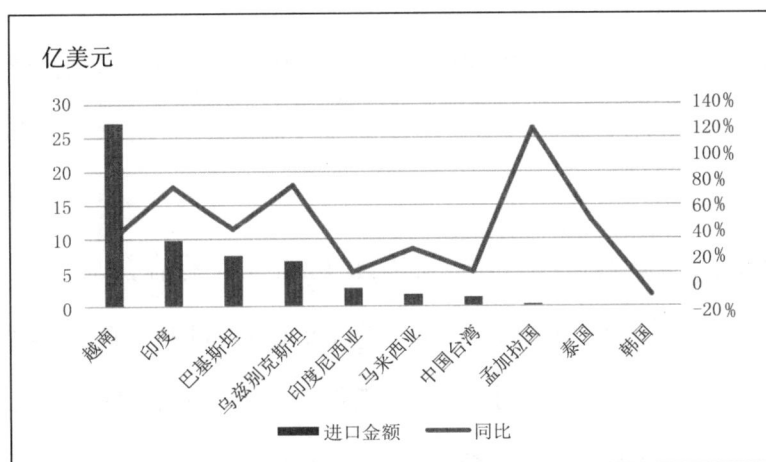

图2　前十大棉纱进口国家及地区棉纱进口情况

数据来源：中国海关总署。

四、纱线、面料贸易发展趋势及行业发展面临的问题

（一）区域化将成为未来贸易发展趋势

后疫情时代，国际采购趋势逐渐向近岸化及区域化发展。以中国、欧盟和美国为中心的三大纺织服装供应链格局逐步明晰。2022年初，俄乌军事冲突爆发，各国出于战略考

虑，将进一步打破全球纺织服装贸易的分工体系，未来多中心和多区域的供应链协同将取代"泛全球化"的传统格局。中国未来或与周边国家加强合作与经贸联系，促成更大规模的区域协同，将有助于应对全球通胀和发展等问题。

（二）能源转型和贸易保护主义将持续推高通胀，抬升成本挤压企业利润

新冠肺炎疫情反复、能源转型、供应链瓶颈与贸易保护等共同形成供给约束，将持续推高通胀，也对我国企业利润造成严重挤压。①受疫情及国际政治形势影响，多数国家将更大规模投入自身供应链和产业链的建设。一旦国际分工合作减少，全球商品生产成本与价格或被迫上升。②全球能源转型加速引发能源紧缺。2021 年，国际油价涨幅超过 60%，以及大幅提高了下游化纤等产品的成本。未来随着"碳达峰""碳中和"目标的实现以及欧洲碳关税的推行，还将进一步提高能源使用成本。③供应链瓶颈阻碍商品供给。2021 年全球贸易与物流成本急剧上升，集装箱运价的货运指数（FBX）已分别上涨 230%以上。2021 年面料企业反映成本平均上涨超过 70%，因为下游需求不旺，难以转移成本，企业利润大幅下滑。

（三）贸易摩擦负面影响持续发酵，棉纺供应链安全存在隐患

2021 年 12 月美国总统已经正式签署所谓《防止强迫维吾尔族人劳动法》，挑起事端，拟对中国涉疆企业和产品实施制裁。由于新疆棉问题，部分输美产品已经受到美暂扣令影响，企业对中美纺织服装贸易前景信心不足。目前，美国海关对自中国进口的棉制品监管方式以抽检、提交证明材料为主，技术溯源手段仍不成熟，尚未出现大面积卡关现象。不排除美方下一步加严执法，或把通过跨境电商平台进口的个人邮包纳入监管的可能性，若此，我国对美出口将雪上加霜。此外，其他国家实施涉疆限制的可能性增大。德国联邦议院于 2021 年 6 月 11 日表决通过了《供应链尽职调查法案》，将于 2023 年 1 月 1 日起生效。欧盟 7 月 12 日发布《关于欧盟企业解决经营和供应链中强迫劳动风险的尽职调查指南》。如此趋势蔓延，那么国际市场的"去中国化"趋势将加速。

（四）疫情期间部分企业仍在加速产业转移

当前的疫情暂缓了部分企业在外考察建厂的步伐，但对于大企业来说，依然顶着国外政局不稳定和疫情的双重压力下加快海外布局。不少大型纺织服装企业的中长期规划是保持现有国内的产业规模不变，持续加大海外投入，国外和国内的产能将各占一半。此外，疫情期间纺织服装企业仍然不断考察各个国家的投资环境，今年 7 月开始在柬埔寨和越南投资。

（五）棉花价格持续高位，对外贸企业生产造成较大影响

棉花作为最重要的上游原材料，国内一直存在 200 万吨的缺口。2021 年，棉价从 13000 元/吨，最高涨至 22000 万元/吨，无论是家纺、服装等制成品出口企业，均反映国内棉花价格过高，远超外贸企业承受能力。尽管 10 月抛售部分储备棉，用以平抑市场价格，但是由于国储棉花存放年份较久，品质受损，在实际使用过程中，很难满足实际外贸需要。企业用棉成本大幅提高，且配棉可选择范围大幅缩小，对企业生产和出口造成较大影响。

目前，外贸企业普遍使用外棉和进口棉纱，仅在配棉过程中使用部分新疆棉作为补充。甚至部分企业调整产品结构，大幅削减棉纺产品的出口，将重心向化纤产品倾斜。

（六）常态化竞争压力仍存

染整、织造是产业链中重要的一环。面料印染环节的环保监管措施日趋严格，大量中小企业关停、订单难以按期完成，推高下游企业生产成本。

再者，由于中小企业融资问题长期难以解决，直接影响企业盈利和转型升级资金的投入，影响纺织生产企业在技术改造速度和产品附加值提高速度。

综上所述，尽管疫情带来了负面影响，但仅就纱线面料出口而言，依然存在机遇。中国产品对市场供需缺口的补位作用凸显，与新兴国家的产业内贸易逐年增长、市场结构持续优化，周边市场对我国纱线面料依赖度逐步提升。

后疫情时代，如何把握机会扩大中国产品的影响力和话语权，将成为新课题、新形势，继续支持纺织服装企业参与国际合作、培育竞争新优势，共同迎接党的二十大顺利召开。

2021 年我国服装行业发展特点以及当前消费需求趋势分析

中国服装协会　刘静　齐元勋　杨金纯

2021 年，我国服装行业经济持续恢复发展，数字化转型全面深入推进，在智能制造、模式创新、品牌升级、产业集约发展等多个领域取得了积极进展，"十四五"实现了良好开局，为稳经济、惠民生、促就业、增活力做出了突出贡献。当前，我国服装行业正处于战略机遇期和转型适应期，面对外部经济变化更趋复杂严峻和不确定，行业将立足双循环新发展格局，贯彻"稳字当头、稳中求进"的工作总基调，努力巩固经济运行平稳向好基础，为全面落实"十四五"规划、建设现代化国家凝聚强大力量。

一、2021 年我国服装行业经济运行情况

2021 年，面对错综复杂的外部发展环境，我国服装行业克服了新冠肺炎疫情冲击、综合成本上涨、能源供应紧张、国际物流不畅等叠加交织的困难和压力，展现出强大韧性和良好的高质量发展潜力。全年服装生产持续回升，内销稳步改善，出口保持较快增长，企业效益逐步好转，盈利能力小幅提升，行业经济运行总体保持恢复发展态势。

（一）服装生产持续恢复

在国内外市场需求复苏向好、海外订单回流等积极因素的有力推进下，我国服装行业生产稳定恢复，产量基本恢复至疫情前规模。根据国家统计局数据，2021 年，我国服装行业规模以上企业工业增加值同比增长 8.5%，增速比上年同期提高 17.5 个百分点，两年平均下降 0.6%（以 2019 年相应同期数为基数，采用几何平均的方法计算，下同）；规模以上企业完成服装产量 235.41 亿件，同比增长 8.38%，增速比上年同期提高 16.03 个百分点，两年平均微增 0.04%，如图 1 所示。

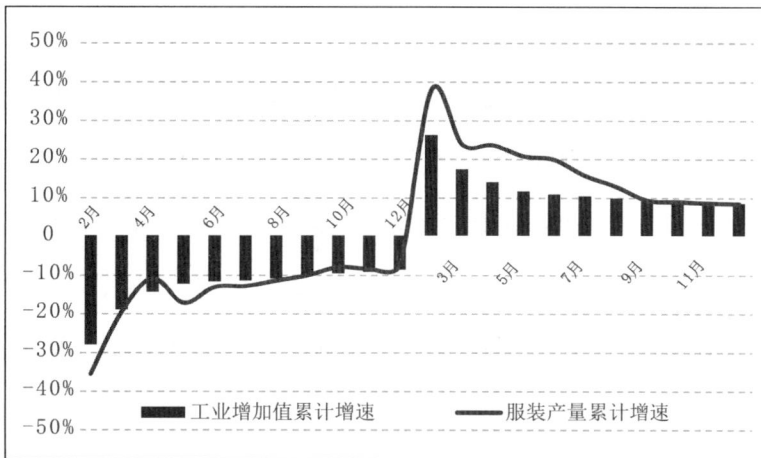

图 1　2021 年服装行业生产增速情况

数据来源：国家统计局。

（二）内销市场逐渐改善

随着疫情防控更加精准有效，在宏观经济稳步恢复、促消费政策持续发力以及网络购物节等因素的带动下，消费潜力持续释放，我国服装市场销售明显改善，线上消费对内需市场拉动作用持续凸显。根据国家统计局数据，2021 年，我国限额以上单位服装类商品零售额累计 9975 亿元，同比增长 14.2%，两年平均增长 2.4%，仍低于 2019 年增速 0.2 个百分点，如图 2 所示。线上服装零售保持较快增长。2021 年，穿类商品网上零售额同比增长 8.3%，增速比 2019 年提高 2.5 个百分点，两年平均增长 7.0%，低于 2019 年增速 8.4 个百分点，如图 2 所示。

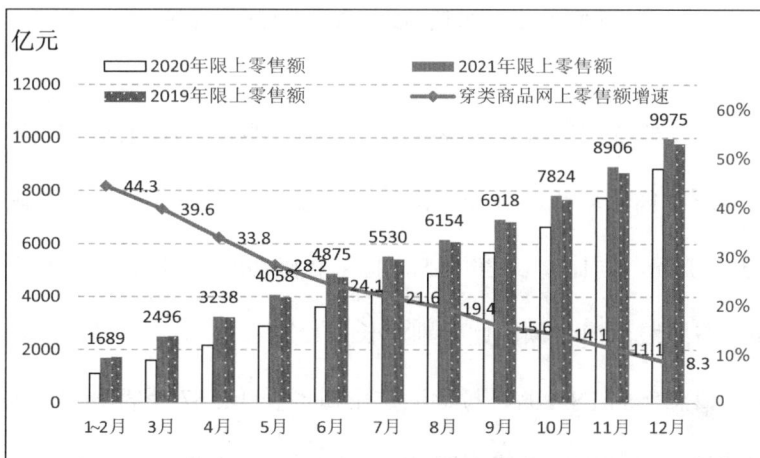

图 2　2021 年国内市场服装销售情况

数据来源：国家统计局。

（三）出口保持较快增长

2021 年，我国服装出口企业克服了物流不畅、运费飙升、原材料价格上涨等诸多困难，表现出强大的发展韧性，服装出口保持较快增长，创 2016 年以来同期服装出口规模的最高纪录。根据中国海关数据，2021 年，我国累计完成服装及衣着附件出口 1702.63 亿美元，同比增长 24%，两年平均增长 7.7%，见图3。其中，针织服装及衣着附件出口增势强劲，出口金额为 864.72 亿美元，同比增长 38.96%，两年平均增长 10.09%；机织服装及衣着附件出口保持稳定增长，出口金额为 701.15 亿美元，同比增长 12.59%，两年平均增长 2.56%。

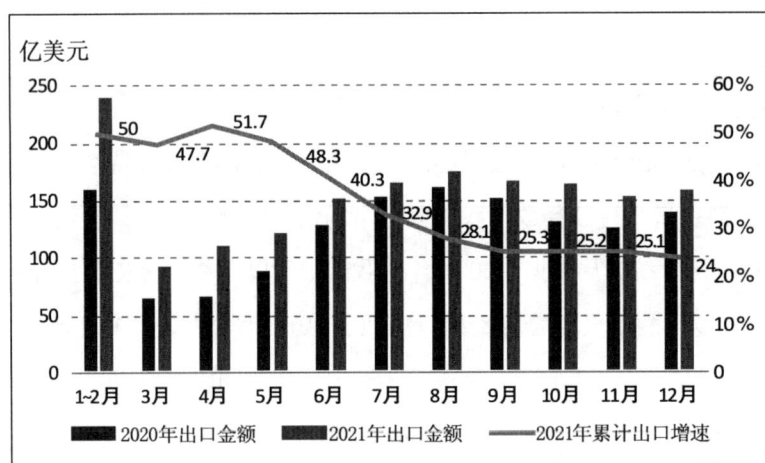

图 3　2021 年我国服装及衣着附件出口情况

数据来源：中国海关总署。

从出口市场来看，传统市场对我国服装出口起到主要拉动作用。2021 年，由于美国经济政策刺激市场需求补偿性增长，叠加越南等国家疫情对出口的冲击，我国对美国服装出口金额为 395.55 亿美元，同比增长 36.22%，拉动我国服装出口增长 7.66 个百分点；我国对欧盟、日本和东盟服装出口金额同比分别增长 21.32%、6.31% 和 27.29%，以上四大市场合计占我国服装出口总额的 58.89%，拉动服装出口增长 14.57 个百分点。另外，我国对一带一路沿线国家和地区服装出口占我国服装出口总额的 24.33%，同比增长 28.46%，拉动服装出口增长 6.68 个百分点。

（四）运行质效逐步好转

2021 年以来，在国内疫情防控形势总体平稳、国内外市场需求复苏向好的支撑下，我国服装行业经济效益持续恢复，产业循环畅通稳定。根据国家统计局数据，2021 年，我国服装行业规模以上（年主营业务收入 2000 万元及以上）企业 12653 家，实现营业收入14823.36 亿元，同比增长 6.51%，增速比上年同期提高约 17.85 个百分点；利润总额767.82 亿元，同比增长 14.41%，增速比上年同期提高约 35.7 个百分点；营业收入利润率为 5.18%，比上年同期提高 0.36 个百分点，见表 1。与 2019 年相比，服装行业营业收入和利润总额两年平均降幅约为 2.8% 和 5.1%，分别比一季度收窄 2.7 个和 4.9 个百分点，行业仍处于恢复阶段。

表1　2021 年规模以上服装企业主要经济指标情况

指标名称	本年累计	上年同期累计	同比变化
营业收入	14823.36 亿元	13917.83 亿元	6.51%
利润总额	767.82 亿元	671.14 亿元	14.41%
营业成本	12597.13 亿元	11841.90 亿元	6.38%
营业收入利润率	5.18%	4.82%	+0.36 个百分点
亏损企业亏损总额	109.89 亿元	98.99 亿元	11.01%
三费比例	9.15%	9.14%	+0.01 个百分点
产成品周转率	12.95 次/年	13.25 次/年	-2.28%
应收票据及应收账款周转率	8.08 次/年	7.85 次/年	3.01%
总资产周转率	1.29 次/年	1.25 次/年	3.04%

数据来源：国家统计局。

（五）投资规模小幅回升

随着企业效益逐步好转以及国家"稳投资"相关政策显效，我国服装行业固定资产投资恢复正增长，但由于受疫情影响，服装企业资金周转压力依然较大，投资意愿和投资能力受限，加之上年基数逐渐抬升，服装行业投资增速呈现持续放缓态势。根据国家统计局数据，2021 年，我国服装行业固定资产投资完成额同比增长 4.1%，增速比上年同期提高

36 个百分点，仍低于纺织业和制造业整体水平 7.8 个和 9.4 个百分点，见图 4。与 2019 年相比，服装行业固定资产投资完成额两年平均下降 15.8%，尚未恢复至疫情前水平。

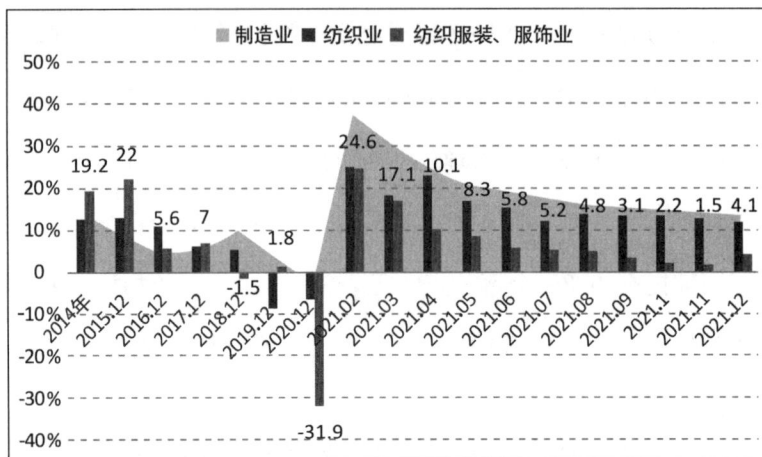

图 4　2021 年服装行业固定资产投资增速情况

数据来源：国家统计局。

二、2021 年我国服装行业发展特点

2021 年，在世界百年未有之大变局和疫情全球大流行交织的影响下，我国服装行业凭借完整的产业体系和强韧的供给能力，从组织、品牌、渠道、消费者运营及供应链快速反应等方面全力深入推进数字化转型，在智能制造、模式创新、品牌升级、产业集约发展等多个领域取得积极进展，为行业实现更高质量发展筑牢坚实基础。

（一）数字化转型加速深化

随着国内市场消费复苏和以数字技术为支撑的新型消费快速发展，我国服装行业抓住宝贵的时间窗口期，持续深化转型创新，积极推进产业数字化变革，设计智能化、生产自动化、管理精益化水平逐步提高，通过数字技术赋能链接设计研发、生产销售、物流仓储等各环节资源，线上线下多渠道协同融合发展，以全域触点和内容营销赋能零售，推动企业组织方式与市场连接方式的数字化转型，大力发展互联制造、大规模个性化定制等智能制造新模式，进一步提升行业快速反应能力和产业链安全可控能力。

（二）智能制造全面推进

随着新一代信息技术与先进制造技术深度融合，服装行业的智能制造已经进入深度应用、全面推广的新阶段，数字化转型和智能化改造正在从消费端向制造环节快速渗透，在智能化装备、智能化生产线、智能化管理和智能化服务等方面加速推进。信息技术的广泛应用为服装企业提供了日益丰富的解决方案，包括工业互联网平台、智能化物流系统、协同设计系统等应用领域，服装行业两化深度融合水平大幅提升，工业互联网平台建设逐步进入实质性阶段，推动服装制造的生产模式和产业组织方式发生根本性转变。

（三）新零售新模式加速演进

新一代数字技术的深入应用持续促进传统电商向线上线下一体化的全渠道数字化运营模式加速演进。服装企业积极优化线下布局，通过打造超级体验店、智慧门店，为用户提供购买前的沉浸式体验的同时，加快拓展多元化的社交媒体、快闪店、直播电商等新零售渠道，打通消费者在公域、私域电商及线下门店的客户权益，实现全域会员通、货通、信息通，满足消费者全方位、全天候的购买需求。另外，服装跨境电商快速发展，出口企业通过入驻跨境电商平台、开设独立站、布局直播+视频营销平台、社交电商等方式开展海外营销，成为服装出口增长的新动能和企业转型升级的新渠道。

（四）国货崛起助推品牌升级

随着年轻一代消费群体对传统文化和本土品牌的认同感不断加强，国产品牌消费强势崛起，国风文化为品牌升级赋能。服装企业持续强化品牌建设、零售运营、供应链能力和数字化改造，通过差异化、高端化和国际化的产品以及线上线下一体化营销模式助推国货崛起，持续放大产品优势、累积品牌势能。尤其是内涵东方传统文化和中国特色的国风品牌、原创设计品牌、休闲运动品牌，以及融入了传统元素、国潮元素、跨界元素的潮流单品，通过跨界合作、IP联名、与先锋设计师合作等方式挖掘时尚元素，使服装产品和品牌年轻化、时尚化，内涵更加丰富，市场认可度和关注度持续提升。

（五）产业集群创新发展

服装产业集群在提升集约化水平和区域品牌影响力的同时，也在不断推动数字经济与集群的融合创新，产业集群数字化转型进程持续加快。基于新技术、新业态的快速发展，各产业集群通过对产业公共服务平台的数字化、智能化改造，提升产业带的数据流、信息流、交易流反应效能，带动产业全链条企业"上云赋能"，助推龙头企业与产业链上下游中小微企业深度互联、协同转型。同时，积极推广智能工厂、数字车间示范应用，高标准建设服装智能制造产业园，通过个性化定制、服务型制造等新模式带动产业从生产制造向销售、研发的两端延伸，提升产业集群和企业的核心竞争力。

三、2022 年我国服装行业重点发展方向

在全球产业变革的大趋势中，中国服装行业将不断强化实体经济与硬核创新，持续推动文化自信与绿色发展，努力打造更加完善的创新体系、更高质量的制造体系、更加融通的市场体系、更负责任的生态体系，助推中国服装行业迈向全球产业链价值链新高度。

（一）深化数字技术融合，引领产业转型升级

物联网、云服务、大数据、人工智能、数字孪生、区块链等新一代信息技术加速融合发展，将在服装行业的各个领域发挥创新引领作用，驱动服装智能制造朝着数字化、网络化、智能化方向并行推进。行业将继续以智能制造作为主攻方向，大规模推广智能制造技术和装备，持续增强研发设计、生产制造、组织管理、售后服务等产业各环节的升级改造，同时将进一步加快 5G、工业互联网、大数据中心等新型信息基础设施建设，积极推广基于工业互联网的网络化协同、个性化定制、服务化延伸、数字化管理等新模式、新业态。

（二）强化文化赋能，提升品牌核心竞争力

数字文化已经成为产业时尚的重要来源，虚拟偶像、NFT 时尚产品、数字时装的涌现使时尚生态更为丰富。面对新一代消费主力的时尚趋势，服装行业将持续加强消费升级的

研究和消费者洞察，融合优秀中华传统文化、当代美学和流行趋势以及前沿科技进行产品创新，聚力提升品牌的产品开发设计能力、时尚创意能力和品牌营销策划水平，进一步深入推动渠道创新和商业模式升级，借助数字化赋能做到对客户可连接、可识别、可触达、可运营，全方位提升品牌的用户黏性，从而推动中国服装产业价值创造力提升。

（三）建设现代智慧供应链，促进产业跨界协同发展

随着信息技术的发展，服装行业将进一步完善从研发设计、生产制造到售后服务的全链条供应链体系，推动精益管理、感知技术、智能交互、智能工厂、智慧物流等数字技术和智能装备在供应链关键节点的应用，促进全链条与互联网、物联网深度融合，提高供应链信息实时共享能力和敏捷制造能力；产业集群跨界协同将进一步融入区域发展战略，加快构建优势互补、错位发展的区域产业发展新格局；企业将加快向上、下游拓展协同研发、仓储物流、金融信贷等服务性项目，推动产业制造供应链向协同化、服务化、智能化转型。

（四）践行绿色理念，推动产业可持续发展

更好适应消费市场的变化，推动产品全生命周期的绿色转型，成为新发展阶段服装企业赢得未来的关键。服装行业将积极强化绿色制造，加快绿色工厂和绿色园区建设，积极发展绿色产品和绿色供应链，把绿色技术深度融入从原材料、能源、制造到循环回收等产业价值链的各个环节，深入推进企业社会责任和产品全生命周期绿色管理，加速构建绿色材料、绿色工艺、绿色生产、循环发展的全产业链绿色制造体系。

四、当前服装消费需求趋势分析

（一）服装消费市场将回归平稳高质量增长态势

2022 年，尽管面临需求收缩、供给冲击、预期转弱三重压力，但国内宏观经济将进一步加大稳增长力度，继续保持复苏向好态势。随着我国向共同富裕挺进，居民收入水平、消费水平将持续提升，国内消费市场的高质量发展成为构建新发展格局的重要支撑。我国

将进一步坚定实施扩大内需战略部署，有效采取提振大众消费、培育新型消费、扩大城市消费、畅通农村消费等一系列政策措施，促进物联网、人工智能、大数据、虚拟现实等新技术在制造领域、零售终端的深度应用，持续推动新业态、新场景、新产品、新品牌蓬勃发展，从供需两端助力国内服装市场呈现产品创新、品质提升、品牌升级的高质量发展态势，冬奥会的举办也将进一步激发冰雪运动服装、户外装备用品的消费潜力。由于上年基数升高，宏观经济环境更趋复杂，网络渠道渡过疫情带来的红利集中释放期，服装内销市场将继续保持恢复性增长，但增长速度将呈现边际放缓态势。

（二）新消费主张崛起，加速服装市场细分

Z 世代接替 80、90 后成为主导消费市场的中坚力量，具有更强的自我表达意识、个性化需求以及愿意为喜好和品质付费的消费主张深刻影响着服装消费市场，消费不再仅是满足日常生活需要、追求高性价比，也是追求个性、表达时尚的方式以及产品颜值、文化内涵和功能性等深层次的身心体验，感觉价值已经成为影响品牌销售的重要价值。伴随各种新技术、新理念在消费领域快速渗透，消费形式正在由单纯的商品购买发展成为体验式、沉浸式、互动式的消费新场景。新兴消费群体催生出日益多元化的消费诉求，将进一步加剧市场细分与品牌竞争。面对消费业态和消费场景的新变化，服装行业将继续深入推进新零售业态和品牌样式蓬勃发展，通过时装周发布、跨界合作、社交电商拓展与私域流量开发等方式加强品牌文化和价值理念的传播，推动企业和品牌向个性化、年轻化、高端化转型。汉服等国风服饰、无性别服饰、老年服饰以及内衣、瑜伽服等功能性服饰将成为服装消费市场增长的新力量。

（三）国货品牌迅速发展，助力消费需求持续释放

国内疫情防控及时有效、"新疆棉"事件爆发等一系列事件进一步激起年轻消费者的文化自信和民族自信，提升了消费者对国货品牌的关注和消费热情。新消费群体对国货产品的好感度不断攀升，驱动国内服装品牌持续聚焦产品创新和品质升级，构建高效协同的供应链体系，借助互联网时代渠道红利下的电商优势迅速发展，文化自信、国潮崛起、定

制爆发助力国货品牌持续成为消费增长点。服装品牌通过对中国传统元素的挖掘与创新，并将其与当下时尚潮流结合融入产品中，通过创意营销、跨界合作、热点事件发声等方式塑造并传播鲜活、年轻、时尚的品牌形象和价值理念，从展现中国传统元素深入解读东方时尚文化，促进消费者与产品和品牌产生情感共鸣，完成从提升品牌文化内涵到刺激消费需求释放的闭环，推动企业在品牌建设的过程中实现销售的快速增长。

（四）新模式蓬勃发展对消费的驱动能力将持续显现

伴随万物互联时代的来临，借助京东、天猫、抖音、快手、小红书等内容和直播电商平台，在小程序、公众号、微信商城等私域流量加持下，视频直播、粉丝经济、社群营销等新模式充分发挥即时性、精准性和高效性的优势，深度挖掘不同群体多样化的消费需求，成为服装消费保持稳定增长的重要引擎。同时，区块链、数字货币等数字技术在服装产业应用不断加深，虚拟偶像逐渐渗透，部分服装品牌已经开始借助虚拟偶像直播，着力通过跨界 IP、虚拟模特、3D 时装等新技术与新消费群体建立起更紧密的联系，进一步助力市场潜力的释放。元宇宙也将成为 2022 年乃至今后很长时间里的一个重要关键词，从互联网的"扁平化"时代到"立体式"的新生数字宇宙世界，为消费者打开了全感官的、沉浸式的开放网络，可以随时随地连接虚拟与现实的未来想象，元宇宙多元化的发展前景将为服装产业、服装消费创造更多的价值提升。

2021 年我国家用纺织品行业运行分析与 2022 年趋势展望

中国家用纺织品行业协会　王冉

2021 年，经过上年国家统筹防控工作及行业积极恢复，国内经济稳中加固、稳中向好，为家纺行业经济运行提供有利宏观环境。行业内外销市场总体保持稳定，行业生产稳定有序。与此同时，国际贸易环境不确定性风险犹存，行业成本压力高企，国内外疫情反复持续挑战着行业、企业的抗压应变能力。在党和国家对实体产业高度重视、各级政府对家纺产业的政策扶持与行业企业勇于探索的共同努力下，家纺行业继续以高质量发展为主要目标，继续深挖行业潜力，践行以"科技、时尚、绿色"为发展理念，严格把控行业产品质量与行业标准，在保证行业健康有序发展的同时，继续深耕行业品牌化发展道路并积极拓展跨界合作新模式，使家纺行业在 2021 年综合实力持续提高，总体实现了行业"十四五"良好开局。

一、家纺行业整体运行状况

2021 年，我国家纺行业运行总体平稳，基于 2020 年疫情原因导致的产业基数变动，行业增速逐月放缓，全年仍然保持在合理的增长区间。据国家统计局数据测算，2021 年全国规模以上家纺企业营业收入同比增长 6.45%，利润总额同比下降 6.85%。出口增势迅猛，出口额同比增长 29.36%，且量价齐增；内销市场总体稳定，行业全年实现平稳运行。

（一）行业增速由高趋缓

2021 年，我家纺行业运行总体平稳，经过 2020 年行业积极应对及消解疫情冲击的影响，产业链上下游均已逐渐恢复，生产衔接顺畅。大部分企业营业额已经恢复至疫情前水平。由于 2020 年疫情影响行业基数较低，一度拉高了 2021 年上半年的增速，随着国内疫情防控形势良好，行业消费、生产恢复态势不断巩固，逐渐摆脱疫情的负面影响，形成前高后低态势，总体保持了稳中有进的增长局面。据国家统计局数据测算的全国规模以上家纺企业的两年平均营业收入增速为 2.87%。见图 1。

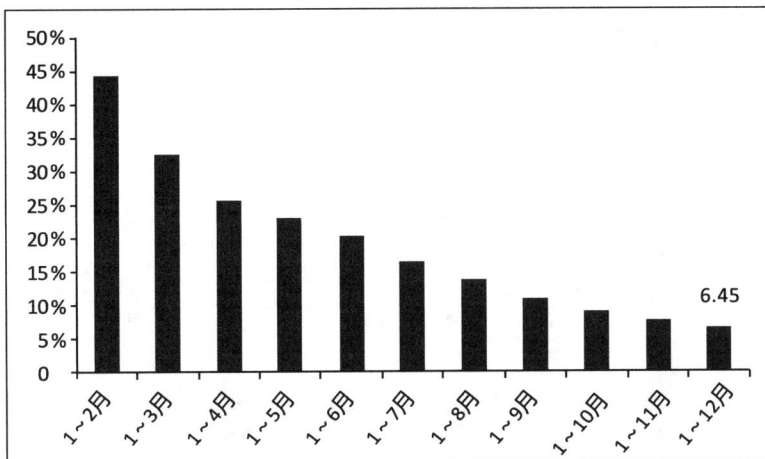

图 1　2021 年全国规模以上家纺企业累计营业收入增幅

数据来源：国家统计局。

（二）出口增势明显

2021 年，我国家纺产品出口规模达到历史高位。据海关数据统计，我国全年累计出口家纺产品 479.25 亿美元，同比增长 29.38%，较 2019 年增长 22.69%，两年平均增长 10.77%，实现飞跃式增长。其中出口数量同比增长 19.29%，出口单价同比增长 8.44%。但随着世界贸易秩序的恢复，低基数效应和订单回流红利的消失，我国家纺产品出口规模或将恢复正常区间。见图 2。

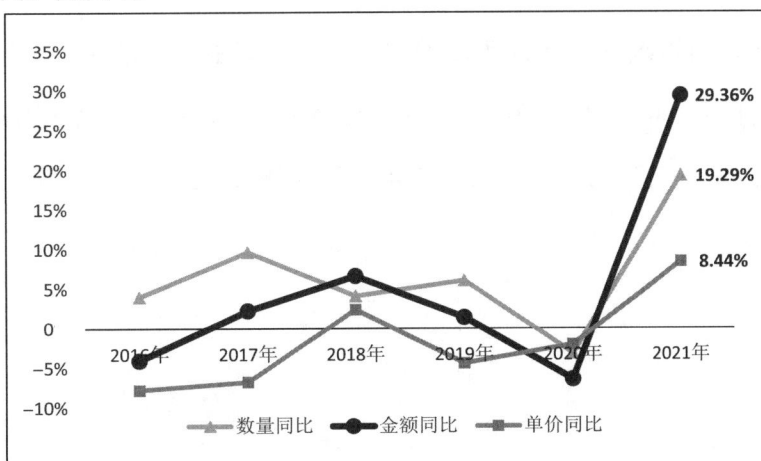

图 2　2016～2021 年我国家纺产品出口金额、数量、单价同比变化

数据来源：中国海关总署。

行业大类产品均实现显著增长。2021 年，床品、布艺、毛巾、地毯、毯子和餐厨用纺织品六大类家纺产品出口额均实现显著增长，除毛巾产品外，出口规模均达到历史最高值。见图3。

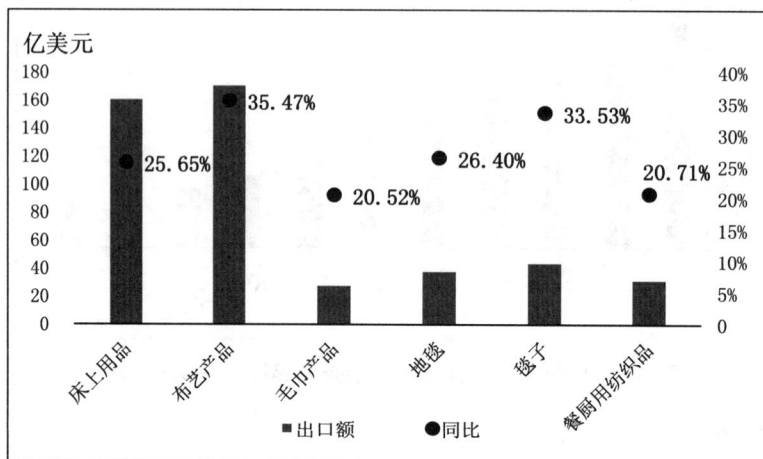

图3　2021 年我国家纺大类产品出口额及同比变化

数据来源：中国海关总署。

家纺产品出口以化纤制品为主，其次为棉制品。2021 年出口化纤类家纺产品 340.09 亿美元，占出口总量的 71%，同比增长 31.57%，高于棉类家纺产品 4.03 个百分点；出口棉类家纺产品 57.68 亿美元。

六大洲家纺出口市场均有不同程度的增长，其中以亚洲、北美洲、欧洲为主要市场，占我国总出口的 80%以上，同时出口额同比增速显著，极大带动我国家纺产品整体出口形势。另外，拉丁美洲在 2021 年得到飞速恢复发展，出口额同比增长高达73.61%。见图4。

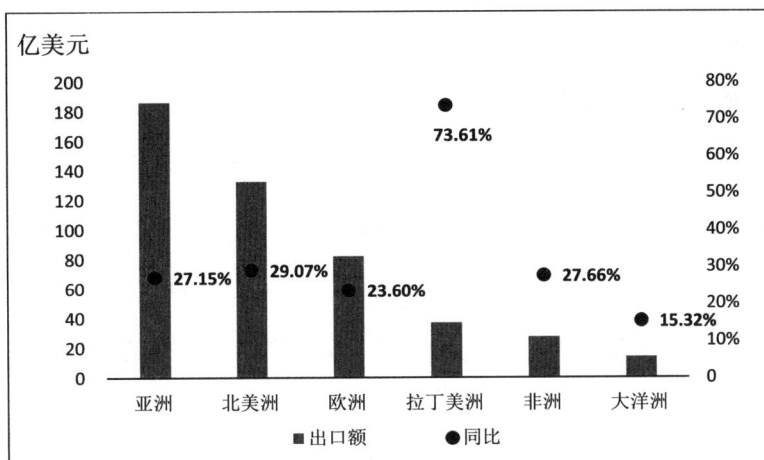

图4 2021年我国对六大洲家纺市场出口情况

数据来源：中国海关总署。

（三）内销缓中趋稳

内销情况来看，家纺三大子行业总体保持缓中趋稳的运行态势。床上用品行业全年运行质量相对较好，规模以上企业各月内销产值均保持正增长。布艺行业近年来一直处于高速增长区间，至2021年三季度出现回调，进入11月以后由于上游化纤原料价格回落，规模以上企业内销产值降幅逐渐收窄，全年内销产值同比下降4.91%。毛巾行业今年来规模略有收缩，规模以上企业内销与上年基本保持持平且有小幅增长，可见毛巾企业在下行压力下及时调整，在转型升级方面取得一定成效。见图5。

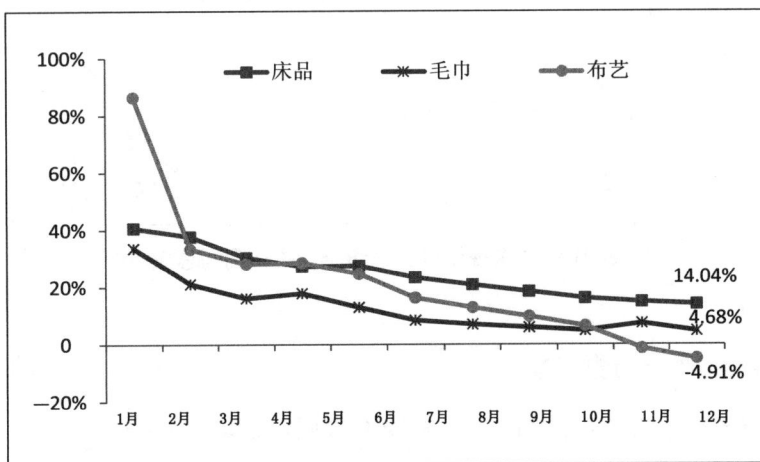

图5 2021年床品、毛巾、布艺三大子行业内销产值增长趋势

数据来源：国家统计局。

另外，收入增长带动消费支出，增强市场活力。2021 年全国居民人均可支配收入增长，其中衣着消费支出一季度同比增长 18.4%；上半年同比增长 21.4%，在很大程度上带动了消费市场。一季度国内线上线下消费市场销售良好，网络渠道消费大幅增长。2021 年 3 月，天猫及淘宝平台家纺销售 30.9 亿元，同比增长 36.4%。不断涌现的新商业模式加速激活消费市场，拉动行业生产扩张，行业市场需求处于增长区间。

整体来看，2021 年国际国内环境复杂趋好，家纺行业全年产销运行总体保持平稳有序的增长态势。

（四）行业成本压力加大

2021 年，家纺行业成本大幅上涨，据国家统计局数据测算，全年规模以上家纺企业营业成本增幅为 6.94%，略高于营业收入增幅，行业利润受到较大影响。见图 6。其原因一方面由于行业上游主要原料价格均处于历年高位，给终端家纺企业带来压力；另一方面，受国际形势复杂、汇率波动及国际海运受阻等因素影响，行业成本压力普遍增大。

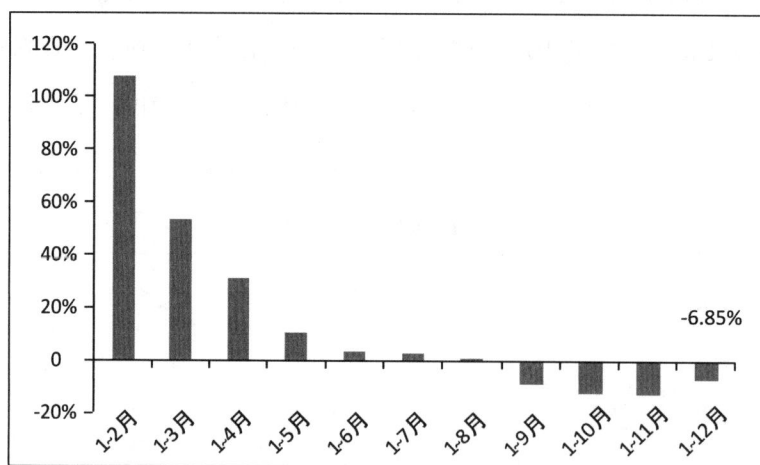

图 6　2021 年全国规模以上家纺企业累计利润总额增幅

数据来源：国家统计局。

1. 上游原料价格处于历史高位

棉花及棉纱价格处于近几年的高位，延续上年原料价格上涨趋势，其主要原因是植棉意向减少抬高棉花价格。受用工多，投入多，收益低，内地棉花补贴政策落实慢，农资和化肥价格、土地价格、水费普遍上涨等因素影响，2021 年以来国内植棉意愿有所下降。中国棉花协会对全国 12 个省市和新疆维吾尔自治区相关农户进行的全国植棉意向调查结果显示：全国植棉意向面积同比下降 4.99%。国内棉花供给规模紧缩，导致棉花市场价格快速上涨。

上游原料价格持续高位抬高了化纤价格。2021 年以来，由于国际原油价格以及 PTA、MEG 等主要化纤原料价格持续上涨，见表 1，致使家纺行业的主要化纤原料涤纶短纤和粘胶短纤的价格始终维持高位，增加了家纺企业的原料成本。见图 7。

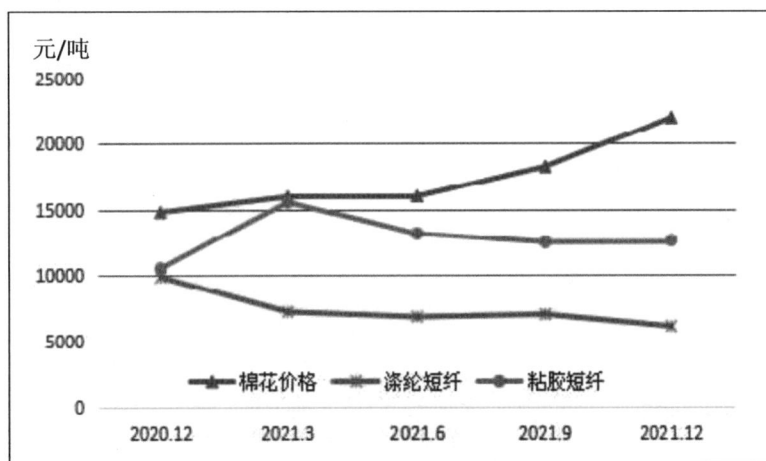

图 7　2021 年家纺主要原料价格走势图

数据来源：中国纺织工业联合会。

表 1　2021 年化纤主要原料价格

项目	国际 WTI 原油（美元/桶）	PTA（元/吨）	MEG（元/吨）
3 月	62.3	4835	5210
6 月	70.9	5150	4995
9 月	70.7	4862	5418
12 月	71.4	4632	4870

数据来源：中国纺织工业联合会。

2. 产业链需求传导刺激原料价格

由于处于产业链终端的家纺产品需求上涨，导致家纺企业备货积极性提高，对上游原料的需求相应增加，短期内出现原料供应紧张，一定程度上刺激了原料价格上涨。2020 年四季度以来，家纺市场需求大幅提升，据《纺织服装企业经营管理者调查问卷》结果测算，2021 年各季度家纺行业的新订单指数一直保持较高水平，对原材料的购进数量也处于扩张区间。见图 8 和表 2。

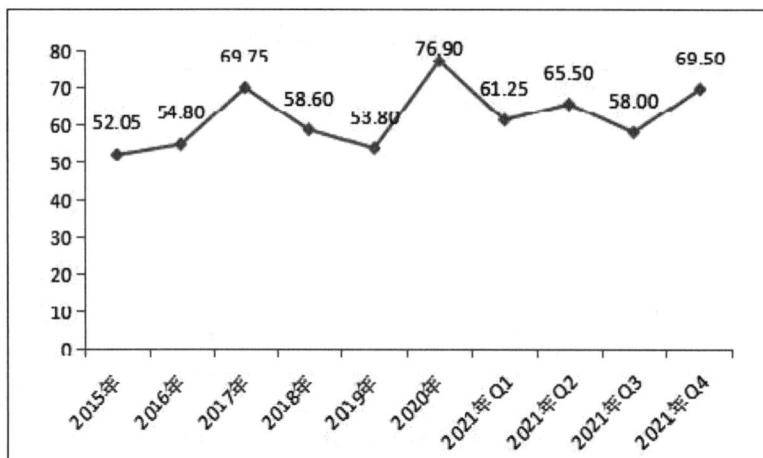

图 8 近几年家纺企业新订单指数走势

数据来源：纺织服装企业经营管理调查问卷。

表 2 2021 年各季度家纺企业原材料购进数量比上期

项目	增加	持平	减少
一季度	37.5%	45.0%	17.5%
二季度	46.5%	44.2%	9.3%
三季度	44.0%	40.0%	16.0%
四季度	40.0%	48.9%	11.1%

数据来源：纺织服装企业经营管理调查问卷。

3. 外贸风险增加企业压力

2021 年，由于疫情仍在全球传播蔓延，国际经济复苏步伐缓慢，国际贸易不确定因素增加。同时，受海外航运事故连锁反应影响导致的货仓紧张，货柜价格陡增，给出口企业带来风险压力。加之汇率波动，中美贸易摩擦升级等因素影响，致使原有的外贸格局产生了极大的变化，尤其对于中小型企业来说，除了新冠肺炎疫情影响和原材料等制造成本的压力之外，国际市场需求不足成为其关注的重点。

（五）四季度运行质量有所回升

下半年我国经济运行延续了恢复态势，但受国际环境复杂严峻、国内疫情、汛情冲击，以及原材料价格持续上涨、能源动力紧张等影响，家纺行业运行压力仍然较大。三季度由于国内疫情多源多点发生，居民出行和消费减少；国际市场需求疲软，运输成本上涨；订单不足成为企业最关注的问题。加上 2020 年同期基数升高，影响了新订单增长趋势。三季度行业景气指数有所回落，但主要原因之一与 2020 年前低后高的基数影响有关，总体看生产仍保持平稳增长。

进入四季度以后，随着国内疫情控制较好，我国经济继续保持恢复态势，国内生产总值增长 4.0%，全年 GDP 增长 8.1%。国庆假期、"双十一"电商促销、过年商品大促等积极因素带动消费市场持续恢复，规模以上家纺企业当月利润总额降幅持续收窄，至 12 月增速恢复正增长；两年平均增速为 7.08%。见图 9。

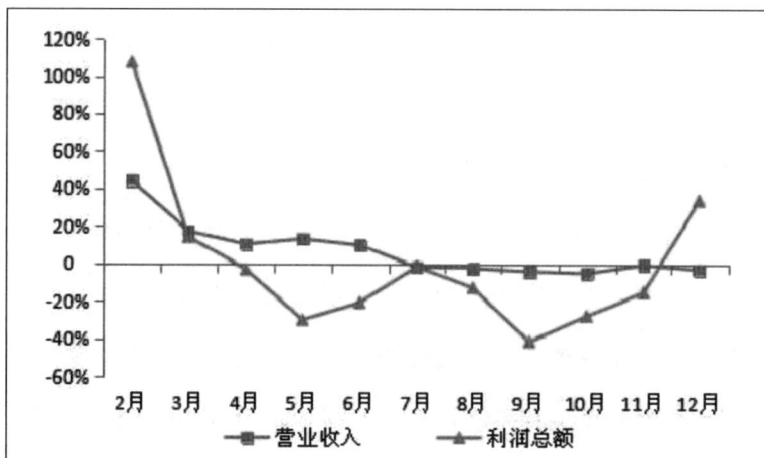

图 9　2021 年规模以上家纺企业主要经济指标走势

数据来源：国家统计局。

二、行业全面践行高质量发展取得突出成果

（一）以科技创新打造行业内生动力

坚持科技创新驱动发展，打造产业内生动力，是行业保持旺盛生命力和市场活力的必选项。2021 年，家纺行业高度重视科技发展，众多家纺企业斩获多项行业科技荣誉，是行业科技进步、产业技术升级的重要体现。华纺、梦洁、愉悦及东方地毯 4 家家纺企业获评工信部国家级工业设计中心；万斯、梦洁、博洋等家纺企业的 39 件产品获评"2021 年度十大类纺织创新产品"；孚日、华纺、红柳、罗莱生活、愉悦等企业获评"纺织行业创新示范科技型企业"；魏桥、华纺、孚日及亚光 4 家企业获评"中国纺联优秀专利奖"；愉悦、悦达和水星 3 家企业获评"中国纺联科技进步奖"，其中愉悦获一等奖，博洋、魏桥嘉嘉及水星 3 家企业获评中国纺联"产品开发贡献奖"，水星家纺获评中国纺联"纺织行业创新平台"。

在行业科技创新的背后，离不开生产装备的加速发展。近年来，家纺行业在技术装备、智能制造方面发展也非常快。行业在芯被自动化生产线、套件自动化生产线、毛巾自动化生产线以及窗帘连续化生产线方面，都有不同程度的探索。家纺行业在智能化、自动化生产方面已取得较大进步。

（二）注重时尚研发提升行业软实力

2021 年，在中国家纺流行趋势基础之上，中国家纺床品流行趋势、中国家纺布艺流行趋势首次发布，展现多维突破，领航时尚。三大家纺赛事"震泽丝绸杯""海宁家纺杯""张謇杯"鼎足而立，创新变革。大量的优秀作品为家纺产业的时尚文化内涵源源不断地注入新鲜血液。纤维艺术的发展和推动，非遗的现代价值逐步体现，首届"中国南通国际家纺时尚周"在业内炫动时尚风潮。中国家纺时尚话语权得到显著提升。

（三）践行行业绿色可持续发展

2021 年，家纺行业全面聚焦"双碳"目标，构建"绿色低碳循环"产业体系。水星、

金太阳、瑞爱福等企业秉持"零碳"概念，打造低碳环保的优质面料产品。愉悦家纺立足纺织全生态链，整合内外资源，实现了从"纺织"到"纺织+健康"产业结构转型。行业共同推动家纺产业绿色升级，将可持续发展理念做深做实。

（四）质量、标准体系建设取得新成果

2021 年，行业加快标准化进程，围绕产品质量提升，发布了《中国家纺质量白皮书（2017—2020 年）》以及多项行业团体标准，见表 3，用"标准化+家纺"打造行业高质量发展新引擎，为实现行业高标准、高质量发展"补短板""填空白"。

表3　2021年中家纺团标项目一览表

序号	项目名称
1	学生宿舍/公寓配套床上用品
2	养老机构用床上用品
3	被子舒适度使用温度测定方法
4	再生涤纶缝纫线
5	户外家具用纺织品
6	运动巾
7	压缩巾

资料来源：中国家用纺织品行业协会。

（五）品牌化与跨界合作取得新进展

1. 继续深耕品牌化道路

2021 年，随着真爱美家、玉马两家家纺企业成功上市，家纺行业已集孚日、罗莱生活、富安娜、水星家纺、梦洁股份、梦百合、众望布艺、西大门十家上市公司，更多制造品牌进入资本市场。

行业品牌建设以及研发能力的提升，为推动行业出口做出了较大贡献。据中国家纺协会对"外贸企业的问卷调查"结果显示：从行业分布来看，床上用品外贸企业研发创新能力比较突出，拥有自主品牌和 ODM 营销模式所占比重较高，且跨境电商模式占比相对较高。中小型外贸企业拥有自主品牌销售模式的占比最高，其中 2000 万元规模以下的企业

中自主品牌占比高达 57%。

与此同时，行业借助中国国际家纺展等优质平台进一步提高品牌影响力。通过以品牌爆款运营实战攻略为出发点开设跨境电商论坛，助推品牌打通跨境电商路径；开启家纺购物节活动，把企业特色产品推向终端，扩大企业品牌在终端消费者中的影响力。品牌化建设极大提高了行业软实力。

2. 渠道拓展与开放合作是因应之策

2021 年，受疫情等因素影响，国际形势依然不断变化，机遇与挑战并存。家纺行业通过中国国际家纺展平台等的渠道优势、客户优势、资源整合优势，利用线上小程序、线上推介会、直播带货等云端渠道的开放，打破了展会的空间和时间限制，在数字技术、媒介的推动下，助力家纺企业通过新渠道"走出去"。

另外，家纺行业积极开展不同领域的跨界合作。通过家具&家纺 TOP 品牌直洽会、软装设计师带你云逛展直播等活动，与家居企业平台跨界融合；加强与地方省市装饰协会、家具协会、专业市场等的合作，开展展会互动、实地调研、研讨交流等活动，实现跨界合作共赢。

三、2022 年家纺行业预判与趋势展望

新的一年，在我国经济发展面临的需求收缩、供给冲击、预期转弱三重压力下，世界疫情持续，百年变局加速演进，外部环境更趋复杂严峻和不确定。家纺行业预期保持平稳运行，积极探索稳中求进，按照高质量发展的总体方向，围绕科技、时尚、绿色的新定位，推进行业标准化与品牌化建设，促进行业逐步实现转型升级。

（一）行业运行稳字当头

2022 年，在我国宏观环境总体向好，国内国际"双循环"协同发展的新格局下，内需市场还将拥有广阔的发展空间和丰富的创新源动力。国际环境方面，随着《区域全面经济伙伴关系协定》（RCEP）生效及高标准自由贸易区网络建设持续推进，家纺行业在进一步

挖掘区域市场潜力和构建跨国资源配置体系中将拥有更多有利条件。行业总体预期将保持平稳发展，同时还应积极探索，推动稳中求进。

（二）全面推进行业高质量发展

增强科技含量。围绕新型纤维材料、功能性面料和产品、智能家纺加工技术和产品、节能减排和资源循环再利用技术等展开创新突破。重点通过科技创新推动家纺制造产业数字化、智能化转型发展，把科技创新作为应变局、开新局的发力点和突破口。

提升行业软实力。得益于家纺原创设计力量的崛起，依托于强劲的设计创新动力，家纺行业将加速营造区域时尚生态，树立家纺文化自信。

践行绿色发展责任。继续推进家纺产业绿色发展新模式，推行生态设计，开发绿色家纺产品，提高产品能效环保低碳水平。致力建设绿色工厂、绿色园区，构建从原料、生产、营销、消费到回收再利用的高端家纺产业循环体系。

标准化工作提出更高要求。一是要加强标准宣贯力度，多举措促进团体标准有效实施；二是要加强标准调研工作，提高团体标准制修订水平；三是团标要不断开拓新领域，在养老、户外、交通、宠物用等领域布局，进一步加大消费引导的研究，为完善行标、国标体系打好基础，为实现人们对美好生活的新期待做出家纺人的贡献。

（三）继续优化产业布局

深入构建多层次的品牌建设立体格局。强化品牌基础能力的提升，壮大做强一批制造品牌；强化软实力建设与国际化运营，壮大做强一批终端消费品牌；强化内部协同与特色构建，壮大做强一批区域品牌；强化品牌国际化发展，力争我国自主品牌国际影响力取得重大突破。

继续优化产业布局，在"双循环"的发展格局下不断激活国内潜在市场，优化建设多元化国际市场。发展共享经济，推进共享制造、共享资源、跨界融合发展。以高质量发展作为建设现代化家纺产业的基本路径，推进产业转型升级和供给侧结构性改革，系统性构建高质量发展的新格局。

四、结语

2021 年是家纺行业"十四五"开局之年，行业在保持平稳运行的良好基础上，在提质增效、加快产业结构调整等各领域都取得了一定进展。新的一年，行业既要正视困难，又要坚定信心。强韧性，稳增长，开创行业高质量发展新局面。要继续保持"稳字当头"，努力化解各种风险矛盾，实现行业经济在合理区间保持平稳运行。在科技创新、品牌建设、质量标准及绿色发展各方面全面推进，逐步推进落实行业在"十四五"期间的主要任务，深入贯彻供给侧改革，坚持以高质量发展为基础，加强结构调整，促进区域平衡，坚持"科技、时尚、绿色"的产业提升发展理念，深度实施转型升级。在"双循环"的时代背景下，拓宽产业发展空间，开创国际化新局面。促进产业融合发展、创新发展、高端化发展和国际化发展，向世界产业链中高端迈进。

专题研究篇

以史为鉴 坚定思想 提升基层党组织战斗力

中国棉纺织行业协会党支部委员会

2021 年中国棉纺织行业协会（以下简称中棉行协）党支部坚持认真学习习近平新时代中国特色社会主义思想和党的十九届五中、六中全会精神，在做好疫情防控工作的同时，充分发挥党政干部核心作用，以党建促业务，加强基层党组织建设，扎实支部标准化、规范化建设，努力把本支部党建工作做到位、做到深入人心。

一、强化理论武装

支部始终将党员的思想教育作为党建工作的首要任务，通过学习党的理论、党史国史知识，充分认识习近平新时代中国特色社会主义思想的重大意义，努力提高支部全体党员政治思想理论水平。全年组织党员集中学习习近平总书记"七一"重要讲话精神、党史学习教育宣讲报告、十九届六中全会精神国资国企系统宣讲报告会系列文件和视频资料累计 4 次，参加中国纺联党委组织的中心组学习 11 次。全体党员通过自学国资委"学习贯彻党的十九届六中全会精神"网络培训班课程、《党的十九届六中全会〈决议〉学习辅导百问》、《中共中央关于党的百年奋斗重大成就和历史经验的决议》等视频、教辅资料、书籍与文件，树牢"四个意识"，坚定"四个自信"，坚决做到"两个维护"。

支部组织完成国资委党史教育专题网络培训班的学习，全体党员均获得结业证书；支部主要领导干部参加了中国纺联党委组织的党史学习教育专题学习第三期轮训班。支部组织"跟着总书记学党史""读原著学原文知党史""看纪录片忆党史""党员讲党史"

"向英雄与榜样学党史""联系行业工作学党史""集中观影学党史""唱红歌学党史"等内容的学习活动。

全体党员参加学习的出勤率为 100%，确保党支部以习近平新时代中国特色社会主义思想为指导，推动新时代基层党的建设质量不断提升，为行业协会发展发挥作用，提供坚强保证。

二、夯实党建基础

（一）认真落实"三会一课"制度

支部委员坚决贯彻落实《关于新形势下党内政治生活的若干准则》的要求，进一步保证党的组织履行职能、发挥核心作用，提高基层党组织的战斗力。

全年累计召开 12 次支部委员会议，讨论并确定全年党建工作计划，根据党委布置的工作，每月商议党建重点工作和学习内容。全年累计组织召开 14 次全体党员大会，传达、学习党的路线方针政策和上级党组织的决议、指示，制定本单位贯彻落实的计划和措施。听取、讨论支部委员会的工作报告，对支部委员会的工作进行审查和监督。组织开展"党史学习教育"专题组织生活会 1 次，主题党日活动 5 次，组织生活会 1 次；此外部分党员参加了专题培训班 2 次，累计研讨 12 次。保证每次党员会议、活动突出政治学习和教育，突出党性锻炼，坚决防止表面化、形式化、娱乐化；保证党员领导干部忠诚干净、有担当，发挥表率作用；保证党员以身作则、发挥民主集中作用。支部四个党小组全年累计开展 48 次党小组会议，党小组按要求每月组织一次小组会议，按要求完成支委布置的党建学习任务，同时交流感想、体会，并将党建与业务相结合，探索如何应对工作中的难题以及如何创新行业服务新模式，做到有会议记录及活动总结。

支部全年组织党员讲党课 6 次，其中支部书记及党员领导干部分别以《建党百年功勋，缅怀先进人物》《百年变局与中美关系》为主题讲党课 4 次；此外，组织协会全体党员、群众聆听了中国纺织工业联合会原会长王天凯讲授的《永远跟党走》和工信部规划师司长王伟讲授的《如何编制规划》党课 2 次。党课内容丰富、事例鲜活、数据翔实、论述充分，让大家开阔视野、增长见识，受到教育和启发。

（二）推进党风廉政工作

支部重点加强干部队伍作风建设，不断提升纪检监察工作的影响力，落实党风廉政建设主体责任。

严格遵守"三重一大"制度。中棉行协根据中国纺联党委的要求，依法、依规认真贯彻民主集中制原则，深入讨论，广泛听取意见，做到集思广益。凡属重大决策、重要干部任免、重要项目安排和大额度资金的使用，经集体讨论作出决定。积极推动行业协会重大问题民主决策、科学决策。

定期完成协会内部廉政监督和审查工作。全年按照中国纺联纪委要求，本支部定期完成协会内部廉政监督和审查工作，全体党员干部无违反八项规定情况、及时向党办报送《关于中国棉纺织行业协会紧盯"四风"问题情况的报告》。

认真执行领导干部报告个人有关事项报告制度。对党忠诚，坚持党要管党、从严治党的重要决定，对照中国纺联党委《关于领导干部报告个人有关事项的规定》（以下简称《规定》），认真做好协会领导班子成员个人事项申报工作，加强对领导干部的管理和监督，保证《规定》得到贯彻落实，促进领导干部将廉洁自律转化为道德自觉和行动自觉。

严格把牢干部选拔廉政考察规范化。根据党委要求，从遵守党章党规党纪、自身修养、自觉接受监督等多个方面，完成对协会新任副秘书长以上领导干部廉政考察的工作，广泛征求意见，将廉政考察规范化，推动支部党风廉政建设不断取得新成效。

严格遵守规范领导干部参加活动取酬。按照《关于规范中纺联领导干部参加各种活动取酬的规定》，及时填写《领导干部参加活动备案表》，防止滋生腐败，建设干净廉洁的干部队伍，营造风清气正的政治环境。

落实协会专项审计制度。根据《关于进一步规范行业协会商会收费的通知》的精神，坚持非营利性原则，在符合社会组织章程规定的宗旨和业务范围内开展工作，阶段性开展评比表彰活动和自查工作。同时，自主委托审计事务所参照国家相关规定，对协会的资金、资产、专项收支进行专项审计。进一步规范和提高社会组织的财务管理和会计工作水平，并及时在信用中国网站公示会费、经营服务费等项目，做到协会依法合规运行，促进协会高质量发展。

（三）加强党员队伍建设

支部进一步重视党员教育管理，引导党员坚定共产主义远大理想和中国特色社会主义共同理想，增强党性，提高素质，认真履行义务，正确行使权力，清正廉洁。2021年，本支部转入一名党员，接收两名同志为预备党员，确定三名同志为入党发展对象，截至目前，中棉行协内党员（含预备党员、发展对象）占比达到80%。

组织召开2020年度组织生活会，支部书记及主要党员领导干部对照《中国共产党章程》《中国共产党支部工作条例（试行）》等规定，对照合格党员标准、入党誓词、身边先进典型，联系实际进行党性剖析，查找在政治、思想、学习、工作、能力、作风等方面的问题，同时提出了改进措施。在批评与自我批评环节，党员均能够总结自身问题，同时也能够大胆直接地提出其他党员的问题，帮助大家更好地改进和提高。通过广泛征求党员意见，支部委员将查摆出的问题列出整改清单，支部书记在会上进行通报，听取意见，并确保整改落实到位、落实到党员。会上，全体党员进行了民主测评，推荐了支部优秀共产党员和优秀党务工作者。

（四）强化理想信念教育

2021年正值中国共产党建党100周年，本支部思想理论学习教育紧紧围绕"学史明理、学史增信、学史崇德、学史力行",通过书记及领导干部讲党课等形式,重温党的历史,"不忘初心、牢记使命";切实提高政治站位,立足工作实际,将党史学习的感悟收获融入日常工作,推动行业服务工作的有效开展,不断提高马克思主义思想觉悟和理论水平。

(五)规范支部"两化"建设

本支部按照中国纺联党委要求,认真落实基层党支部"两化"建设,并制定了实施方案,查漏补缺,形成符合本支部特点的"两化"模式。

严格落实支部工作条例要求。推进"两学一做"学习教育常态化、制度化,精心组织和策划"三会一课"主题、党的主题教育活动,内容丰富、形式新颖,党日活动更加具有"仪式感",学习效果显著。

全方位覆盖党员学习。根据工作需要支部设立了四个党小组,以支委为核心,充分发挥党小组组长的能动性,将部分党建学习、活动下沉至党小组中,确保每一位党员在党的学习生活中保持"活跃"。

多平台宣传党建工作。本支部设有党员活动室、资料文件柜,依托协会官网、微信公众号和 QQ 群等平台学习党的知识和文件精神,宣传支部党建工作,通过视频打卡、党史知识自测等途径学习党史。

8 月,支部接受了中国纺联"两化"检查组的检查,在交流和指导过程中,梳理了本支部"两化"建设的特点和特色;在检查过程中,也发现了一些问题,如档案的整理、文字记录等不够系统规范等,为进一步做好支部"两化"工作收获许多宝贵意见。通过此次检查,本支部荣获"第一批'两化'建设优秀党支部"荣誉称号。

三、学习教育重点工作

（一）党史学习

党史教育作为 2021 年党建工作的重点，支部根据《中国纺织工业联合会党委关于开展党史学习教育的实施方案》精神，制定了详细的工作方案，并认真落实每一项工作。

参加了党史学习教育宣讲报告分会场的直播会议。宣讲报告上学习了中央党史和文献研究院院长曲青山的辅导报告，学习党史守初心，汲取力量勇担当。发放党史学习资料、书籍等，领导干部坚持以上率下，以更高的标准、更高的要求学习党史，在学习党史中，发挥示范带动作用。

支部全体党员观看庆祝中国共产党成立 100 周年"七一勋章"颁授仪式现场直播，听取习近平在表彰仪式上的重要讲话。以"庆祝建党百年"为主题，开展党史知识竞答主题党日活动。全年累计发布 19 次党史教育微视频，要求党员、入党积极分子观看微视频。通过这种方式重温党的伟大历史时刻，讴歌党的丰功伟绩，展示各级党组织和广大共产党员不忘初心、牢记使命、砥砺前行的精神风貌。

支部与中国纺联第六联合党支部开展了"继承百年路、启航新征程"主题党日活动，同时组织党建交流活动，把党史学习与推动业务交流相融合，拓宽思路，创新方法，凝聚力量推动中华民族伟大复兴的中国梦；组织开展"学党史、悟思想、办实事、开新局"支部主题党日活动，支部全体员工参观中国人民抗日战争纪念馆，亲临宛平城；中棉行协全体员工参加中国纺联党委组织的"健步走/跑"活动。

组织召开党史专题组织生活会，会前学习习近平总书记在庆祝建党 100 周年大会上的讲话，学习《论中国共产党历史》《毛泽东邓小平江泽民胡锦涛关于中国共产党历史论述摘编》《习近平新时代中国特色社会主义思想学习问答》《中国共产党简史》等多部著作，并在党小组内交流学习心得；在专题组织生活会上，党员领导干部对照党史学习教育目标检视自身差距和不足,深刻自我剖析,开展严肃认真的批评与自我批评,充分将党史学习融入工作生活中,时刻保持自醒自警。

(二)学习贯彻党的十九届六中全会精神

根据中国纺织工业联合会党委工作安排,支部全体党员、预备党员、发展对象集中收看《学习贯彻党的十九届六中全会精神国资国企系统宣讲报告会》,中央宣讲团成员、中央政策研究室主任江金权应邀做宣讲报告。通过学习,全体党员深刻认识到党的十九届六中全会是在重要历史关头召开的一次具有重大历史意义的会议。全会审议通过的《中共中央关于党的百年奋斗重大成就和历史经验的决议》是一篇马克思主义纲领性文献,是新时代中国共产党人牢记初心使命、坚持和发展中国特色社会主义的政治宣言,是以史为鉴、开创未来,实现中华民族伟大复兴的行动指南,对于推动全党统一思想、统一意志、统一行动,团结带领全国各族人民在新时代更好地坚持和发展中国特色社会主义,必将产生重大而深远的影响。

支部组织党员及全体职工认真学习领会辅导报告精神,切实把思想认识统一到习近平总书记重要讲话和全会精神上来,把力量汇聚到全会确定的各项任务上来,切实增强"四个意识"、坚定"四个自信"、做到"两个维护",认真学习深刻领会全会精神,坚定信心,增强斗志,进一步推动行业改革发展和党的建设取得新成效,克服各种困难,切实做好各项年底工作,以优异成绩迎接党的二十大胜利召开。

组织全体党员及预备党员通过集中线上学习国资委《中共中央关于党的百年奋斗重大成就和历史经验的决议》,学习党的百年奋斗重大成就和历史经验,进一步统一思想、统一意志、统一行动,保证思想上、政治上、行动上与党中央保持高度一致。

(三)开展"我为群众办实事"实践活动

第一,加大统计研究,为行业办实事。协会定期进行线上市场调研,向行业内发布月度分析报告、景气报告和市场大调查,为国家相关部门、行业和企业提供决策参考和市场研判;为保障棉纺织行业健康稳定发展及满足企业诉求等方面考虑,通过在行业内广泛征求意见，向国家相关部门提出建议，呼吁足量增发棉花进口配额，取消或降低棉花进口滑准税率，促进行业健康发展。

第二，增强服务意识，为企业办实事。在行业内发布预警，提醒棉纺织企业，要根据实际产能和需求，理性购买棉花，高度关注棉花短期快速上涨的风险，多予以关注化学纤维的使用；向咨询企业详细介绍相关标准化制修订流程，提供证明材料与标准化技术文本，解释标准文本具体条款等，对企业进行标准宣贯，充分发挥了棉纺织品标准化平台作用；走访调研棉纺织产业集群地区及棉纺织企业，召开座谈交流会，了解企业发展需要，协助对接有关需求，就发展中问题提出相关建议、探讨解决方案；组织棉纺织科技大会、对行业的最新动态和前沿技术进行宣讲，以政策引导，科技传导，产业协同，内化赋能，助推棉纺织企业转型升级。

第三，承担社会责任，为社会办实事。在国家"双碳"目标的指引下，协会组织召开了以"碳达峰·棉织造"为主题的中国棉织产业发展大会，推动行业环保浆纱绿色制造；组织编制《棉纺织行业绿色工厂评价要求》等绿色标准，发布第九批《中国棉纺织行业绿色制造技术暨创新应用目录》和"绿色制造创新型棉纺织企业"，强化行业绿色标准支撑，促进行业绿色低碳可持续发展；宣贯国家宏观政策、纺织行业"十四五"发展纲要等，重点推进绿色发展，引导集群地建设绿色园区、企业建设绿色工厂等。

中棉行协党支部始终响应党中央号召，不忘回报社会，履行社会责任，2021 年与第六联合党支部共同开展对口帮扶活动。支部 20 名同志，为山西省吕梁市社科乡中小学捐款 6200 元，用于资助困难群众，10 个家庭、10 名学生受益。践行社会责任和公益捐赠，为社会民生和经济发展贡献力量。

第四，关心群众生活，为职工办实事。为群众办实事，党支部积极关心群众身心健康，在疫情防控方面，党支部上传下达，及时通报各地疫情和北京市防控要求，提醒员工接种疫苗，发放口罩。生活方面，支部不定期采购发放劳保用品，一定程度上确保了员工的基本生活保障；并鼓励单身青年拓展社交圈，早日解决个人问题。

2021 年，在中国纺联党委的指导下，以及党小组组长、全体党员、群众的大力支持和配合，支部委员会较好地完成了党建的各项工作计划，取得了较好的成绩。相信在大家严肃认真的态度和饱满的热情状况下，勠力同心，一定会开启支部工作新篇章！

2021 年中国棉纺织行业经济运行分析及展望

盖丽轩

摘要： 2021 年，国际国内形势纷繁复杂，风险挑战增多。在党中央领导下，我国经济发展保持全球领先，疫情防控成果显著。国民经济的稳步复苏为棉纺织行业发展提供了有力支撑，主要运行指标保持了恢复态势，展现出强大的发展韧性和活力，实现"十四五"良好开局。随着世界经济形势愈趋复杂严峻，棉纺织行业仍需积极应对，提高风险预见预判能力，严密防范各种风险挑战，努力保持平稳运行，谱写行业高质量发展新篇章。

一、行业运行情况

2021 年，我国棉纺织行业努力克服原料价格及海运费暴涨、人民币升值、部分地区限电限产等困难，生产持续恢复，市场有序复苏，行业主要经济指标稳定回升，行业经济运行进一步改善。

（一）生产稳定恢复，纱布产量回升

2021 年，随着新冠肺炎疫苗的推广，在国内外市场需求持续回升、海外订单回流等积极因素的推动下，市场信心回升，我国棉纺织行业生产稳定恢复，产能利用率维持较高水平。全年纺纱设备利用率基本维持在 93% 以上，织造设备利用率维持在 89% 以上。根据中国棉纺织行业协会（以下简称中棉行协）跟踪的 260 余户棉纺织企业（以下简称跟踪企业）数据，截至 12 月底，纺纱、织造设备利用率高于 85% 的企业占比分别为 90%、86%，分别较上年同期提高 2 个和 5 个百分点。

产能利用率提高拉动产品产量增长，全年纱布产量维持较高水平增速，尤其一季度，纱布产量增速维持在 10% 以上，之后增速虽有所下降，但仍保持在 5% 以上，见图 1。根据中棉行协数据，2021 年全行业纱产量为 1895 万吨，布产量为 498 亿米，同比分别增长 15.5% 和 8.3%。

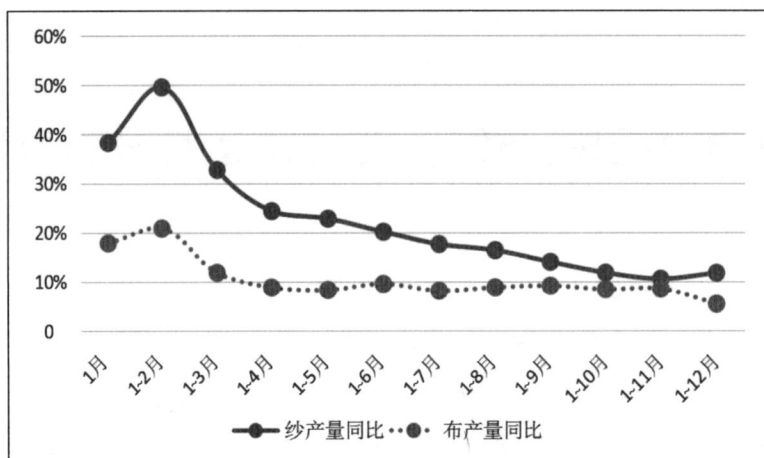

图 1　2021 年跟踪企业纱、布产量同比变化

数据来源：中国棉纺织行业协会。

（二）市场持续复苏，产品库存下降

随着疫情防控形势不断好转以及"双循环"发展战略的推进，国内外消费市场回暖态势明显，纺织服装市场消费持续回升。根据国家统计局数据，2021 年，全国限额以上单位服装鞋帽、针纺织品零售额同比增长 12.7%，增速较 2020 年回升 19.3 个百分点。下游消费市场的回暖带动上游棉纺织企业销售回升，全年纱、布销售保持较高增速，尤其前三季度，纱布销售量同比增速在 13% 以上水平，第四季度增速回落至 10% 以下，见图 2。

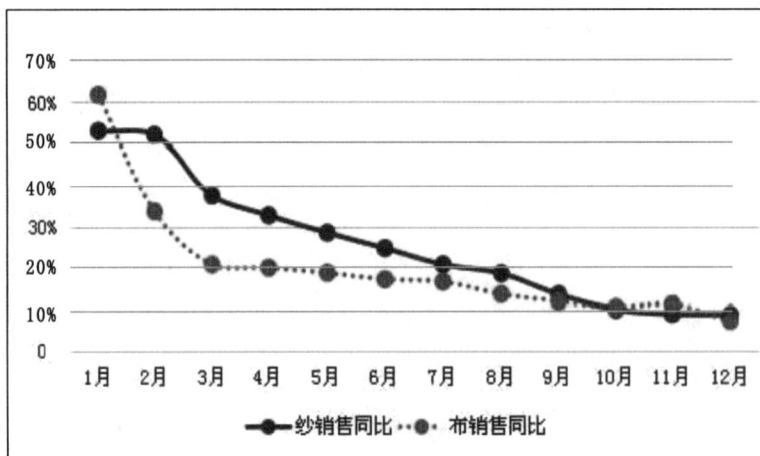

图 2　2021 年跟踪企业纱、布销售同比变化

数据来源：中国棉纺织行业协会。

随着下游需求持续恢复，棉纺织企业产品库存不断下降，全年行业纱布库存维持较低水平，尤其前三季度，纱线库存多在半个月之内，坯布库存多在一个月以内。第四季度开始，原料市场价格持续高位，下游企业备货谨慎，市场交投气氛有所下降，企业新增订单不足，产品销售较前期放缓，库存有所增加，坯布库存增加较为明显。

（三）棉花价格不断攀升，上下游传导不畅

1. 棉价大幅上涨，内外棉价差扩大

2021 年，棉花期现货价格大幅上涨。从走势看，上半年，国内棉价（3128 级）维持小幅波动，价格在 15000～17000 元/吨区间振荡，内外棉价差保持在 2000 元/吨以内；下半年开始，全球资本市场波动加剧，在大宗商品价格大幅上涨、籽棉收购价格持续攀升等因素的共同推动下，国内棉价一度涨至 23000 元/吨以上，内外棉价差最大为 4437 元/吨，达近十年来最高，见图 3。

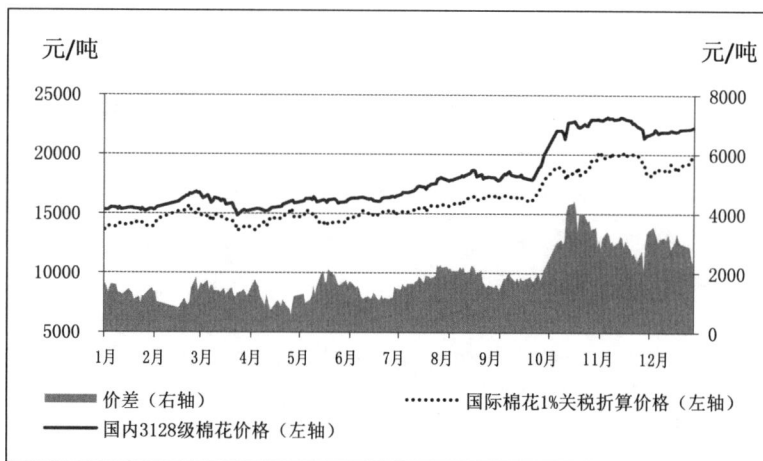

图 3　2021 年国内外棉花价格走势

数据来源：中国棉纺织行业协会。

全年棉花价格平均值 18011 元/吨，较上年上涨 5031 元/吨，涨幅 38.8%；内外棉价差平均值 1938 元/吨，较上年上涨 1185 元/吨，涨幅达 157.4%。

2.粘胶短纤涨幅高于涤纶短纤

2021 年初始，粘胶短纤价格上扬，从月初的 11800 元/吨上涨至 3 月初的 15600 元/吨，累计上涨 3800 元/吨，涨幅 32.2%，高于同期的棉花价格，导致棉粘价差四年来首次出现倒挂。之后，受下游需求不足影响，厂商报价下调。9 月下旬，限电引发粘胶厂开机下滑，同时煤炭价格高企导致用气、用电价格上涨，粘胶短纤价格再度上涨至 14500 元/吨左右。与粘胶短纤相比，涤纶短纤价格波动幅度相对较小，全年出现两次较大幅度上涨。一次是春节过后受石油价格上涨以及下游备货增加等因素出现价格较大幅度上涨，另一次是 9 月下旬，在"双控"政策及大宗商品价格上涨影响下，涤纶短纤价格涨至年内高点 8300 元/吨左右，见图 4。

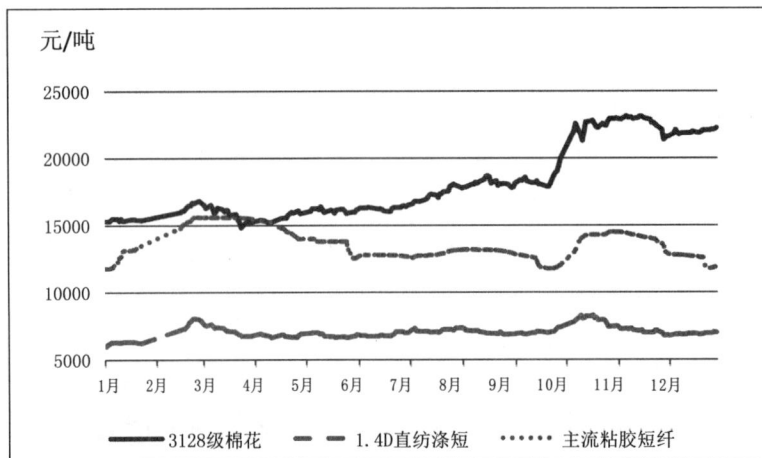

图 4　2021 年化纤短纤价格走势

数据来源：中国棉纺织行业协会。

全年粘胶短纤价格平均值 13573 元/吨，较上年上涨 4197 元/吨，涨幅 44.8%；涤纶短纤价格平均值 7052 元/吨，较上年上涨 1229 元/吨，涨幅 21.1%。

3.价格传导滞后，纱布价格涨幅不及原料

纱布价格涨势与棉花价格基本一致。3 月初在上游原料价格上涨、下游需求增加等因素共同推动下，纱布价格出现小高峰。国庆节后，全球通胀压力加剧，国际能源供求较为紧张，大宗商品价格快速上涨，纱布价格跟随棉纺织原料价格大幅上升，涨至年度最高点。随着下游采购需求放缓，纱布成交重心缓步下移，价格出现下调，见图 5。

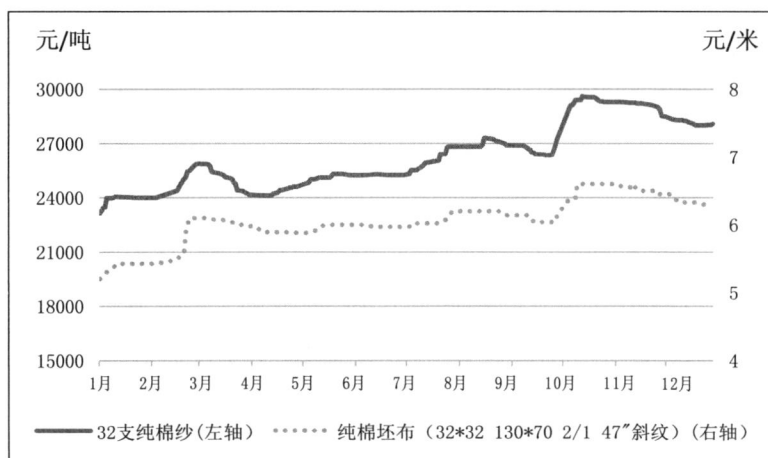

图5 2021年纱布价格走势

数据来源：中国棉纺织行业协会。

全年 32 英支纯棉普梳纱价格平均值 26365 元/吨，较上年上涨 6599 元/吨，涨幅 33.4%；纯棉坯布（32×32 130×70 2/1 47″斜纹）价格平均值 6.1 元/米，较上年上涨 1.4 元/米，涨幅 29.7%。纱布价格涨幅不及棉花，可以看出上下游价格传导不畅。

（四）经营有所改善，景气维持在合理区间

1. 主要指标反弹，企业效益改善

根据跟踪企业数据，2021 年，企业营业务收入累计同比增长 18.43%，增速较上年加快 27.05 个百分点，利润较上年增加 0.88 个百分点。企业利润率的增长，为企业盈利改善奠定坚实基础。跟踪数据显示，企业利润总额累计同比增长 44.23%，增速较上年加快 58.06 个百分点，尤其第一季度，增长明显，见图 6。主要原因，一是上年基数较低，二是行业运行持续恢复。同时，行业亏损现象好转，2021 年跟踪企业亏损面 14.49%，较上年同期减少 13 个百分点。由于东南亚纺织企业未完全恢复生产，部分纺织订单回流至国内，因此，虽然海外疫情形势依然严峻，海运费用暴涨，但企业出口交货值依然保持较高增速。数据显示，2021 年企业出口交货值同比增长 14.73%，增速较上年加快 34.32 个百分点。

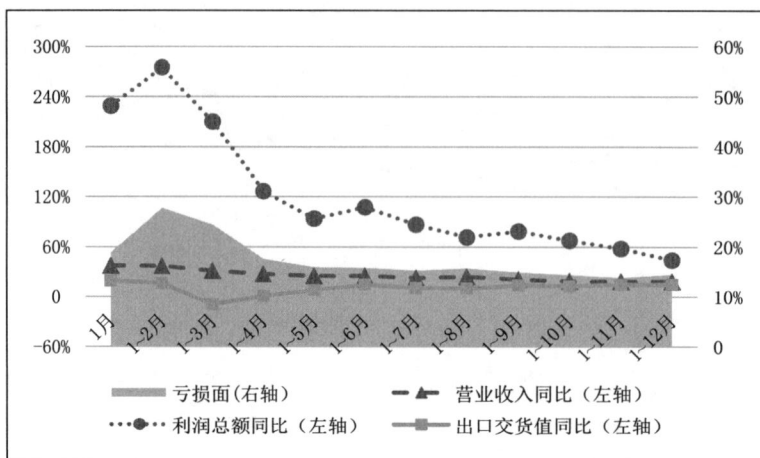

图 6　2021 年跟踪企业营业收入、利润总额、出口交货值累计同比及亏损面变化

数据来源：中国棉纺织行业协会。

2. 行业景气保持合理区间，发展韧性进一步凸显

根据中棉行协发布的景气指数，2021 年我国棉纺织行业景气水平整体好于 2020 年，见图 7。2 月，受春节假期等因素影响，企业生产经营有所放缓，行业景气指数周期性回落至枯荣线以下收缩区间内运行，但好于上年同期。除此之外，1～8 月，行业景气指数基本保持在 50 以上的扩张区间。9 月，原料价格波动加剧，受"双控"政策影响，企业生产受限，下游需求启动不及预期，后市信心受挫，景气指数降至临界点以下。10 月，随着限电措施带来的影响逐渐减弱，企业生产逐步恢复，行业景气呈回升态势。

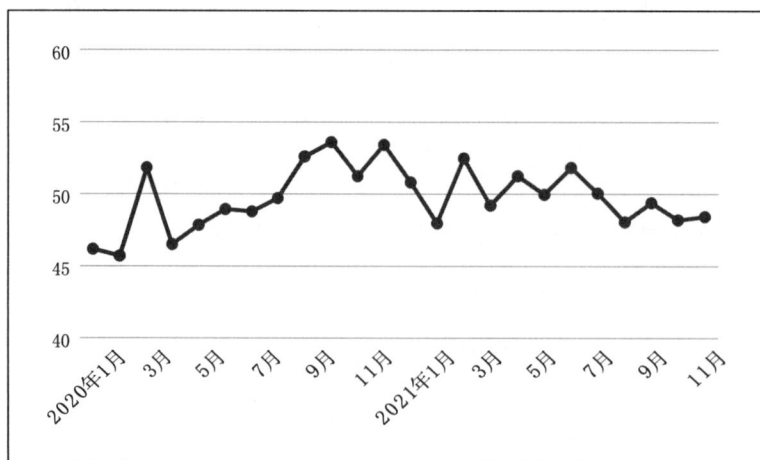

图 7　2020～2021 年中国棉纺织景气指数变化

数据来源：中国棉纺织行业协会。

（五）棉花、棉纱进口量分化，棉布出口增加

中国海关数据显示，2021 年我国纺织品服装出口总额达到 3154.6 亿美元，同比增长 8.3%，两年平均增长 7.8%，创历史性新高。其中，服装出口形势明显回暖，对行业出口增长的支撑作用突出，全年出口额达 1702.6 亿美元，同比增长 24%，两年平均增长 6.1%，是 2015 年以来的最好增长水平；纺织品出口额 1452 亿美元，虽然同比减少 5.6%，但两年平均增速达 9.9%。

1. 棉花进口量略减，印度棉进口大幅增加

根据中国海关数据，2021 年我国累计进口棉花 214.4 万吨，同比下降 0.6%。从进口来源国看，从美国进口量虽同比下降 15.1%，但其仍为第一大进口来源国，占总进口量的 38.6%；巴西排在第二位，占比 30%；自印度进口的棉花大幅增长，占比 19.2%，见表 1。2021 年，印度棉花出口量增加，在全球棉价大涨的背景下，印度棉较低的价格提高了对国内棉纺织企业的吸引力，增加印度棉进口量。从贸易方式看，一般贸易同比下降，降幅为 32.4%，来料加工、海关特殊监管区域物流货物和保税监管场所进出境货物均同比增长。

表 1　2021 年我国棉花进口情况

项目	数量	同比	占比
总计	214.42 万吨	-0.6%	—
美国	82.89 万吨	-15.1%	38.7%
巴西	64.39 万吨	4.2%	30%
印度	41.08 万吨	62.4%	19.2%
澳大利亚	3.49 万吨	-70.3%	1.6%

数据来源：中国海关总署。

2. 内外棉纱价差扩大，棉纱进口量增加

中国海关数据显示，2021 年我国累计进口棉纱线 212.8 万吨，同比增长 11.4%，进口量为近五年最高。2021 年，国内棉花价格快速上涨，攀升至历史高位，棉纱跟涨，与外纱价差拉大，织布企业增加进口纱满足生产需求，见图 8。从进口来源国看，越南依然占据首位，自印度和乌兹别克斯坦进口的棉纱量增幅较大，主要原因一是上年基数较低；二是

随着疫情形势好转，印度、乌兹别克斯坦国内生产恢复，出口量增加，见表 2。

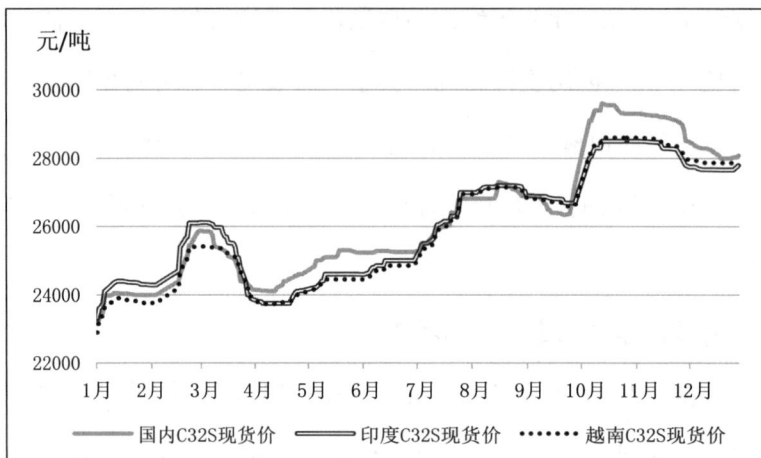

图 8　2021 年国内外棉纱价格走势

数据来源：中国棉纺织行业协会。

表 2　2021 年我国棉纱进口情况

项目	数量	同比	占比
总计	212.8 万吨	11.4%	—
越南	94.8 万吨	7.2%	44.8%
印度	31.8 万吨	29.7%	15.0%
巴基斯坦	27.8 万吨	8.8%	13.1%
乌兹别克斯坦	25.9 万吨	37.6%	12.2%

数据来源：中国海关总署。

3. 海外需求逐步恢复，棉布出口增加

2021 年我国累计出口棉布 73.6 亿米，同比增长 7.8%。从出口市场看，我国棉布主要出口亚洲地区，孟加拉国是我国棉布出口第一大市场。随着东南亚纺织服装厂生产恢复，对棉布的需求增加。2021 年出口孟加拉国棉布 10.1 亿米，同比增长 32.4%，增幅加大；其次，出口尼日利亚棉布 7.1 亿米，同比增长 10.6%。越南和菲律宾由于受疫情影响，生产未完全恢复，棉布进口有所下降，见表 3。

表3 2021年我国棉布出口情况

项目	数量	同比	占比
总计	73.6 亿米	7.8%	—
孟加拉国	10.1 亿米	32.4%	13.7%
尼日利亚	7.1 亿米	10.6%	9.6%
越南	6.3 亿米	−1.7%	8.6%
菲律宾	4.9 亿米	−19.9%	6.7%

数据来源：中国海关总署。

二、行业运行中面临的问题及应对

（一）高棉价导致企业成本压力加大

2021 年，国内棉花价格涨至近十年新高，而棉花的高价位向下游传导的难度较大。在较大通胀压力下，国际主要经济体或将加快升息与收缩资产负债表步伐，叠加地缘政治冲突不断升级等一系列因素，加剧全球大宗商品供应和价格波动。因此，棉纺织行业需谨慎应对大宗原材料价格波动，提前做好风险防范。

（二）内外棉价差削弱行业国际竞争力

2021 年，内外棉价差持续维持较高水平，削弱了棉纺织行业的国际竞争力。从历年国内外棉花价格走势来看，内外棉价差过大势必对整个产业链造成一定影响。为避免棉价差高企给行业带来的不利，提升行业整体竞争力，加大非棉纤维的推广和利用仍是发展方向。

（三）警惕限制新疆棉制品问题

美国等部分西方国家以所谓"涉疆问题"限制新疆棉制品进入国际纺织链供应体系，相关企业仍要提高警惕，提前做好预案，以应对未来可能发生的不利情形。

（四）一线熟练工人短缺问题

随着棉纺织行业工人老龄化现象严重，用工尤其是一线熟练工人短缺已成为制约行业发展的重要因素。为克服行业用工短缺问题，推动行业生产连续化、自动化和智能化水平，推动行业设备提升和技术改造仍将是未来发展的重要方向。

三、行业发展亮点及展望

（一）行业发展亮点

1. 多措并举，保障行业原料供应

原料供应是棉纺织工业发展的基础。棉花方面，2021 年，国家有关部门为保障棉花供应实施了宏观调控。主要表现在三个方面：一是向市场投放储备棉；二是增发棉花进口配额；三是继续完善新疆棉花目标价格改革政策。同时，非棉纤维的充足供应保障了棉纺织行业对原料的需求，在棉纺织行业的应用比重及数量逐步增加，非棉纤维科技和研发水平的进步，进一步提升了棉纺织行业应用新产品的种类和数量。根据中棉行协数据，2021年，行业棉纤维和非棉纤维用量增加，增幅均在 10%以上。

2. 投资回升，加快行业智能化转型

2021 年，我国棉纺织行业发展形势向好，带动企业投资信心逐步恢复。根据国家统计局数据，2021 年，我国纺织业固定资产投资完成额同比增长 11.9%，增速较上年同期回升18.8 个百分点。从投资情况看，全新的智能化生产线继续增加，纺纱工序自动化改造进程加快，比如细纱短车集体落纱、筒纱自动打包、粗细联等。织造方面，目前织造智能制造生产线也已经起步。投资的回升是产业信心的体现，为"十四五"加快行业智能制造步伐注入更多动力。

3. 锚定"双碳"，扎实推进行业绿色发展

2021 年，中央经济工作会议将做好"碳达峰、碳中和"工作列为 2021 年八大重点任务之一，"十四五"规划也将加快推动绿色低碳发展列入其中。在此背景下，推动行业绿色低碳循环发展、促进行业全面绿色转型是实现整个行业高质量发展的重要基础。截至 2021年底，中棉行协共发布了九批《中国棉纺织行业绿色制造技术暨创新应用目录》，包含了

280 余项绿色制造技术与应用，涉及纺纱、织造、染色及后整理工序中的节能降耗及智能化生产等方面，为行业绿色发展起到了很好的引领促进作用。

4. 立足"双循环"，开辟行业发展新格局

2021 年作为"十四五"开局之年，我国迈出构建"双循环"新发展格局的第一步，国民经济稳定恢复，市场销售规模持续扩大。我国纺织品服装内需市场克服疫情散发、极端天气等短期因素冲击，在国家保民生、促消费良好政策环境以及各类假日消费拉动下，呈现持续恢复态势。受疫情影响，居家线上消费需求明显增长，网络直播等线上消费对内需市场仍发挥较强拉动作用。根据国家统计局数据，2021 年全国网上穿类商品零售额同比增长 8.3%，增速较 2020 年提高 2.5 个百分点。外贸方面，出口实现较快增长，增速明显超过疫情前水平。根据中国海关数据，2021 年在口罩、防护服出口金额减少 482 亿美元，同比降幅达到 76.1% 的情况下，纺织品出口额仍达到 1452 亿美元。

（二）趋势展望

1. 全球经济复苏或将减速，未来面临不确定性

疫情对全球供给能力造成巨大冲击，病毒变异与疫情反复等严重影响了南亚和东南亚等制造业重点区域的生产恢复，造成各国经济复苏步伐极不平衡。与此同时，疫情对消费能力的抑制也在持续发酵，需求不振正成为常态。随着美联储和其他央行的收紧货币政策，给新兴国家带来的挑战持续增加。此外，地缘政治格局愈加复杂，俄乌冲突爆发，西方对俄罗斯制裁持续升级，加剧了全球经济的不确定性和下行风险。

2. 全球供应链悄然改变，产业布局更谨慎

当前全球围绕制造业的竞争愈加激烈，保障供应链的稳定与安全更是成为重要一环。主要经济体纷纷通过实施制造业回流政策等方式加强对关键制造领域的控制力，全球生产制造体系也在围绕大型自由贸易区加重布局，各国间贸易、投资领域竞合关系更趋复杂。作为中国工业的母亲行业，棉纺织产业未来布局应在注重效率和安全的基础上，保障产业

在全球供应链中的位置。

3.顺应时代潮流，加快科技创新

全面建设社会主义现代化国家的征程已经开启，我国进入新的发展阶段。作为我国国民经济的传统支柱产业，行业应顺势而为，乘势而上，努力适应职工老龄化、区域结构调整以及供需不平衡等变化，积极作为，把握全球科技发展的特征与潮流。推进行业乃至全产业链智能化、绿色化、高端化转型，实现行业核心技术的自立自强，实现产业链安全和自主可控。同时，建设高质量的标准体系，加大对标准的制定和整合力度，增强行业的国际话语权。

4.推进"双碳"行动，实现行业可持续发展

建立健全绿色低碳循环发展体系，促进棉纺织行业发展全面绿色转型，是"十四五"时期乃至未来长期工作的重点。未来，我国棉纺织行业将继续加快绿色环保、资源循环利用、节能减排适用技术装备的研发推广和应用，推动纺织产业链高效、清洁、协同发展，不断提升国际竞争力和影响力，引导绿色消费，推进行业绿色低碳循环发展迈上新台阶，实现行业可持续高质量发展。

四、结语

过去一年，我国棉纺织行业经受住了重重考验，积极顺应市场变化，持续进行产业升级，结构不断调整优化，可持续发展取得较好成效。未来，在世界经历百年未有之大变局和我国积极构建"双循环"新发展格局、有序推进"双碳"战略的背景下，棉纺织行业立足新发展阶段，需要进一步提升科技创新能力，创建智能制造新模式，加快绿色转型，继续保持行业的全球竞争力。

2021 年中国棉纺织行业棉花供需情况分析

徐潇源

摘要： 2021 年，棉花作为大宗农产品，一度脱离供需基本面大幅上涨，创下近十年新高，内外棉价差居高不下，棉纺织企业负重前行。同时，国内棉花仍然存在供需结构不匹配、进口配额发放数量有限、储备棉轮入轮出市场化运作程度有待进一步提升等问题。本报告基于国内外棉花的产销格局及原料保障相关政策，对中国棉纺织行业棉花供需情况进行了分析。

一、全球棉花产销格局

（一）全球主要棉花生产、消费和出口国

全球主要产棉国有印度、中国、美国、巴西、乌兹别克斯坦和澳大利亚，这六个国家棉花产量合计约占全球棉花总产量的83%。全球主要的棉花消费国有中国、印度、巴基斯坦、土耳其、越南和孟加拉国，这六个国家棉花消费量合计约占全球棉花总消费量的80%。全球主要棉花出口国和地区有印度、美国、巴西、西非和澳大利亚，这五个国家和地区棉花出口量合计占全球棉花总出口量的81%。

（二）全球棉花产销处于紧平衡格局

根据美国农业部 2021 年 12 月全球棉花供求预测（表 1），2021/2022 棉花年度全球棉花产量 2646.8 万吨，同比增产 214.7 万吨。主要产棉国中除中国减产外，美国、澳大利亚、巴西、巴基斯坦均有一定幅度的增产。消费方面，从 2012/2013 棉花年度处于历史低位，到中美贸易摩擦开始前的 2018/2019 棉花年度，全球棉花消费处于稳步复苏的状态，而随后中美贸易战打响，中国下游纺织品出口受阻，全球棉花消费量因此出现明显下降，2019/2020 棉花年度全球棉花消费量跌至 2244.8 万吨，2020/2021 棉花年度中美贸易

关系缓和，叠加全球防疫措施得力，棉花消费量再次达到 2600 万吨左右。随着全球经济持续恢复，预计 2021/2022 棉花年度棉花消费量增加 72.9 万吨至 2705.7 万吨。期末库存下调 62 万吨至 1866.6 万吨，全球库存消费比也呈现逐年下降的趋势，全球棉花产销处于紧平衡格局。

表 1　全球棉花供求预测 (2021 年 12 月)　　　　　　　　　　　　　　单位：万吨

项目	期初库存	总供给		总消费		损耗	期末库存
		产量	进口量	国内消费量	出口量		
2021/2022 年度全球	1928.6	2646.9	1022	2705.7	1022.2	2.8	1866.6
印度	292.6	609.6	21.8	561.7	126.3	0	236
中国大陆	854.6	582.4	223.2	870.9	1.1	0	788.2
美国	68.6	398	0.2	54.4	337.5	0.9	74
巴西	242.1	287.4	0.7	69.7	180.7	0	279.6
巴基斯坦	49.4	124.1	115.4	241.7	1.1	0.7	45.5
中亚五国	48.1	123.7	0.4	95.4	32.9	0	43.8
澳大利亚	43.5	115.4	0	0.9	84.9	0	73.4
土耳其	59	82.7	113.2	185.1	14.2	0	55.7
孟加拉国	63.1	3.3	180.7	191.6	0	0.2	55.3
越南	24.4	0	163.3	163.3	0	0	24.6
其他国家及地区	67.7	189.4	105.2	123.6	168.7	1.1	68.6

数据来源：美国农业部 (USDA)。

二、中国棉花产销格局

中国是世界上最大的棉花消费国、第二大棉花生产国，在全球市场的地位举足轻重。美国农业部数据显示，"十三五"期间，全球棉花年均产量 2521 万吨，中国棉花年均产量 566 万吨，约占全球棉花产量的 22%；中国棉花年均消费量 827 万吨，约占全球棉花消费量的 33%。

（一）中国棉花供应情况

1. 中国棉花产量保持稳定

长江流域、黄河流域和西北内陆曾经是中国的棉花主产区。自 2014 年国家在新疆实行棉花目标价格改革试点调控政策以来，新疆棉花产业快速发展。"十三五"期间，中国棉花种植面积逐渐趋稳，维持在 4800 万～5000 万亩，棉花产量稳定在 600 万吨左右。在区域布局上逐渐向新疆集中，内地植棉面积大幅下滑。国家棉花市场监测系统数据显示，2021 年中国棉花总产量 580.1 万吨（表 2），同比下降 2.5%；其中新疆产量 526.2 万吨，同比增长 0.2%；黄河流域总产量 33.1 万吨，同比下降 27.6%；长江流域总产量 16.6 万吨，同比下降 11.4%；新疆棉占比 90.7%。

表 2　2021 年中国棉花产量预测表

项目	面积		总产量	
	2021 年（万亩）	同比（%）	2021 年（万吨）	同比（%）
全　国	4319.1	-5.5%	580.1	-2.5%
新疆维吾尔自治区	3556.0	0.7%	526.2	0.2%
黄河流域	456.2	-24.0%	33.1	-27.6%
长江流域	261.0	-29.2%	16.6	-11.4%

数据来源：国家棉花市场监测系统。

2. 机械化水平大幅提升

新疆是中国重要的产棉区之一，"十三五"期间年均种植面积占全国的 69%，年均产量占全国的 80% 以上。新疆地广人稀，以机械取代人工劳动是必然趋势。由于棉花种植面积大，且种植地区多为盆地平原，地势平坦，新疆棉花产业的机械化较中国其他棉区更易实现。新疆棉花机械采收始于 2000 年，2010 年采棉机开始推广使用。自 2015 年，新疆采棉机的需求呈现井喷式增长。为提高生产效率、降低生产成本，棉花种植户纷纷引进新技术，逐步实现了精量播种、水肥一体化、测土配方施肥、高效采棉等生产全过程机械化。截至 2021 年，新疆北疆地区 95% 以上的棉田已实现全程机械化，南疆地区棉花全程机械化率也在逐年大幅提升，全疆棉花机采率达 80%，远高于内地棉区。

3. 棉花质量亟待提升

中国纤维质量监测中心统计数据显示,2021 年新疆棉花质量较好,与 2020 年相比,颜色级、纤维长度和断裂比强度等指标均有提高,但在结构上仍存在供需不匹配的情况。同时,由于新疆在棉花种植上大范围推广使用地膜覆盖技术,随着机采棉面积不断增加,在采摘过程中,残膜会随机械混入棉花,成为棉花"三丝"污染的主要成分,因地膜与棉花的外观相似度高,对比度低,难以排除,对棉花质量和纺织企业生产的棉纱及纺织品质量危害极大,直接影响纺织产品出口竞争力及企业声誉,给棉纺织企业造成巨大经济损失。因此,如何解决地膜问题,提高棉花质量,是棉花种植业和棉纺织产业高质量发展的迫切需要。

(二)中国棉纺织行业原料使用情况

据中国棉纺织行业协会会商数据,2021 年中国棉纺织行业棉纤维使用量同比增长17.5%,非棉纤维(以化纤为主)使用量同比增长21.4%;棉纤维占比34.0%,同比下降 0.7 个百分点,见图1。

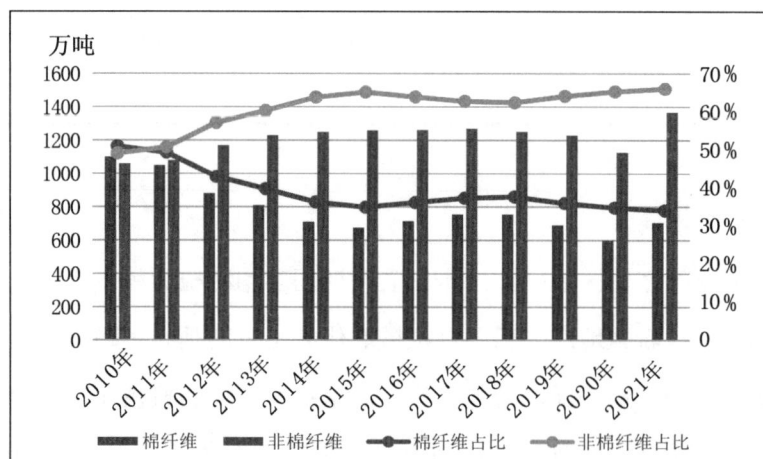

图 1 棉纤维用量及占比变化

数据来源:中国棉纺织行业协会、中国化学纤维工业协会。

在国内棉花供需不匹配以及棉花产量和储备量一定的情况下,棉纺织企业需要进口棉花满足生产用棉需求,但棉纤维受配额影响,进口数量有限,作为工业品的非棉纤维市场化程度高，在数量上能够弥补棉花供应的不足，同时，随着下游需求的提升和非棉纤维研发水平的进步，增加了棉纺织行业应用非棉纤维新产品的种类和数量。2010 年以来，非棉纤维的用量和占比呈上升趋势，棉纤维的占比有所下降，但棉花仍然是棉纺织行业重要的原料，近年来用量基本稳定在 600 万～800 万吨。

三、期现货市场及进口情况

（一）棉花价格暴涨

棉花是产业链长、商品化率高的大宗农产品。2021 年，为了应对新冠疫情对经济的冲击，全球央行实行宽松货币政策，大宗商品价格上涨，叠加投机资金炒作、抢收籽棉、市场长期低迷之后需求反弹等多方面因素，棉花价格脱离基本面大幅上涨，创下近十年新高。郑棉期货价格全年涨幅超过 53%，ICE 棉花期货主力合约涨幅达到 47%，国内 3128B 级棉花价格在 11 月初涨至 23155 元/吨高位，较 1 月初上涨 51%（图 2）。从棉花供需基本面来看，根据美国农业部 2021 年 12 月全球棉花供求预测（表 1），全球棉花供应充足，其中 2021 年中国棉花总产量 582.4 万吨，消费量 870.9 万吨，产需缺口 288.5 万吨，当年度中国棉花进口量预计 220 万吨左右，加上期初工商库存以及储备棉计划轮出投放数量，中国市场棉花资源充裕，只是存在供需结构性矛盾。此外，内外棉价差持续处于高位，最高时达到 4500 元/吨左右，全年平均价差 1938 元/吨，超出中国棉纺织行业在国际竞争中能够承受的水平。

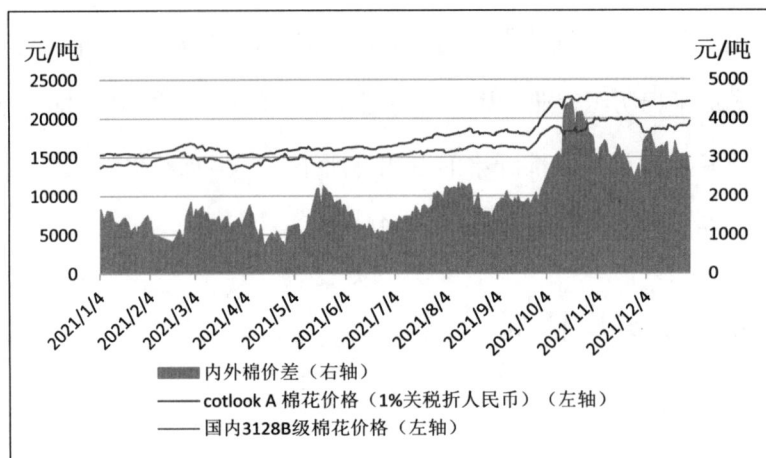

图 2　国内外棉花价格走势

数据来源：中国棉纺织行业协会。

（二）期货仓单大增

2021 年国内新棉上市之时，因棉花加工产能严重大于棉花产量，棉花加工企业争先抢收籽棉，致使籽棉收购价一度达到 11 元/公斤以上，成本端推动郑棉期货价格快速走高。但下游纺织市场产品销售不畅，新疆库皮棉成交及出货速度缓慢。棉花加工企业销售新棉意愿较低，加上对价格下行的担忧，套保避险操作增多。10 月中旬，郑棉 CF2201 合约盘面价格突破 22200 元/吨，盘中高点达到 22960 元/吨，大部分棉花加工企业在 22500 元/吨以上可进行套保。随着皮棉加工数量增多，郑棉注册仓单数量大幅增加。截至 12 月底，郑棉注册仓单数量 12490 张，较 12 月 1 日上涨 7638 张。

（三）中国进口美棉占比排首位

因中国棉花产不足需，加上部分订单对原料提出要求，棉纺织企业需要进口一定量的棉花进行生产。据海关总署数据，2021 年中国共计进口棉花 214.4 万吨，同比下降 0.6%（表 3）。美国、巴西和印度是中国进口棉花的前三大来源国，进口量合计占比 87.9%。受益于中美第一阶段经贸协议签署的继续执行，中国进口的美棉数量同比虽有所下降，但美棉仍以 38.7%的占比成为第一大棉花进口来源，棉纺织行业对于促进中美经贸合作发挥了积极作用。

表3　2021年中国棉花进口情况

项目	数量（万吨）	同比（%）	2021年占比（%）	2020年占比（%）
总计	214.4	-0.6	100	100
美国	82.9	-15.1	38.7	45.3
巴西	64.4	4.2	30.0	28.6
印度	41.1	62.4	19.2	11.7
澳大利亚	3.5	70.3	1.6	5.4

数据来源：中国海关总署。

四、原料保障相关政策

（一）棉花目标价格

2014年起，国家在新疆实行棉花目标价格改革试点调控政策，目标价格先降后稳，2014～2016年分别为19800元/吨、19100元/吨、18600元/吨，2017～2021年均为18600元/吨。产销监管和对农民补贴的方式不断改进，从2015年开始，补贴发放方式统一调整为补贴总额的90%用于兑付全疆实际种植者交售量部分的补贴，10%用于向南疆四地州的基本农户兑付面积补贴。从2017年开始，开展补贴与质量挂钩的试点。

2020年度新疆棉花质量较上年度出现明显下滑。2021年，为进一步完善棉花目标价格改革政策，新疆维吾尔自治区发布了目标价格补贴与质量挂钩试点实施方案，在新疆6个地州15个县（市）（昌吉州、博尔塔拉蒙古自治州、塔城地区、巴音郭楞蒙古自治州、阿克苏地区、喀什地区）开展棉花目标价格补贴与质量挂钩试点工作，在面积规模、棉花品种、籽棉采收、补贴标准等方面均有所调整。除此之外，对于质量补贴条件还增加了对试点企业申请的要求。优质优价、优棉优补是目标价格改革的方向。

（二）储备棉轮入、轮出和投放

"十二五"期末，国家储备库中储备棉约1100万吨。为降低储备棉库存，"十三五"期间，国家陆续向市场投放成交储备棉989万吨，到"十三五"末期，国家储备棉库存 150 万吨左右。棉纺织企业为储备棉去库存做出重大贡献。

为加强中央储备棉管理，进一步优化储备结构、提高储备质量，国家决定分别于 2019 年、2020 年轮入 50 万吨新疆棉。截至 2020 年，国家共轮入储备棉 37.2 万吨。

2021 年，国家有关部门在 7～11 月先后两次轮出投放储备棉，累计轮出投放储备棉 154.28 万吨，累计成交 120.25 万吨。这是实施储备棉轮换制度以来，在一个年度内轮出时间最长、轮出数量最多的一年。由于下游产业承接能力有限，棉价过快上涨的势头没有得到根本扼制，棉纺织企业承受了较大的经营风险，不利于产业链的平稳运行。见表 4。

表 4 储备棉轮出情况

年份	轮出时间	计划轮出量	轮出成交总量
2015 年	7 月 10 日至 8 月 31 日	100 万吨	6.34 万吨
2016 年	5 月 3 日至 8 月 31 日	不超过 200 万吨	266 万吨
2017 年	3 月 6 日至 9 月 29 日	日挂牌数量暂按 3 万吨	322 万吨
2018 年	3 月 12 日至 9 月 30 日	日挂牌数量暂按 3 万吨	251 万吨
2019 年	5 月 5 日至 9 月 30 日	100 万吨左右	100 万吨
2020 年	7 月 1 日至 9 月 30 日	50 万吨左右	50 万吨
2021 年	7 月 5 日至 9 月 29 日	60 万吨左右	63.04 万吨
	10 月 10 日至 11 月 9 日	64.6 万吨	39.54 万吨
	11 月 10 日至 11 月 30 日	60 万吨	17.67 万吨

数据来源：中国储备棉管理有限公司 、全国棉花交易市场。

（三）棉花进口配额

国家在棉花进口市场实施配额管理，除 89.4 万吨的棉花进口关税配额外，根据市场变化和纺织企业用棉需求择机增加棉花进口滑准税配额，其中，2018 年、2019 年增发 80 万吨棉花进口滑准税配额，配额申请、分配不区分一般贸易和加工贸易；但 2020 年增发 40 万吨棉花进口滑准税配额，限定用于加工贸易方式进口。

2021 年国家发放了 70 万吨滑准税配额，其中 40 万吨限定用于加工贸易方式进口；30 万吨不限定贸易方式，获得配额的企业申领配额证时可自行选择确定贸易方式。企业可单独申请加工贸易配额或不限定贸易方式的配额，也可同时申请，但是仅 30 万吨配额不限定贸易方式，低于市场预期。

五、存在的问题

（一）棉花品质不能满足棉纺织企业生产需求

全国棉花机采主要集中在新疆的北疆地区，内地和新疆南疆棉区棉花种植仍是以小规模家庭种植为主，整体机械化程度较低。近年来，由于政策的导向，棉花种植环节重产量、轻质量问题突出，传统的加工管理导致棉花品质下降，不能满足棉纺织企业生产需求。

（二）棉花种植在新疆高度集中

新疆是我国最大的棉花生产基地之一，"十三五"期间，年均产量占全国棉花总产量的 80%以上。随着棉花目标价格政策在新疆的实施，我国棉花种植产业在新疆高度集中，不利于我国整体纺织产业安全，也不利于我国棉花产业的长远稳定发展。

（三）棉花管理体制改革需要继续推进

配额方面，国家增发的棉花配额存在发放数量不足、发放时间不稳定、关税配额外的进口棉花滑准税率较高、国内外棉花价差长期存在等问题。储备棉方面，储备棉轮入轮出、储备库布局和库管的市场化运作需要进一步改进提升。棉花纤维检验方面，棉花公检不能满足棉纺织企业生产要求，公检指标未能和生产完全结合，企业在投入生产之前往往还要再进行一次检验。

六、发展方向及建议

第一，积极推进将改革政策与棉花质量挂钩，促进棉花生产向高质量发展，保障棉纺织对高品质棉花的需求，实现优质优补的目标。

第二，实现收放储制度常态化、市场化，推进市场化对国储棉花进行分级管理，在保障质量的前提下，储备库中的棉花既能满足国家要求，也能满足不同企业的用棉需求。

第三，进口配额管理以满足市场需要、稳定市场预期、平抑内外棉价差为方向。取消或降低滑准税，进一步推进棉花加工贸易监管改革，推进实行"总量核销"和降低落棉税率。

第四，倡导先进的种植、采摘及加工方式，重点减少异纤含量，推动棉花品质指标，满足高质量棉纺织产品的需求。支持选用优良品种，支持可降解地膜的研发和推广。支持有条件的内地种植棉花，保障产业安全。

化学纤维在棉纺织行业发展中的应用现状分析

李　杰

摘要： 纺织原料是纺织行业发展的重要基础，棉纺织生产使用的主要原料是棉纤维和非棉纤维，本文通过分析 2006 年以来非棉纤维在棉纺织行业的用量变化，展现中国化学纤维在助力棉纺织行业中发挥的作用。

化学纤维的发展改变了我国纺织工业的整体面貌，不仅在数量上将棉纺织工业从依附于棉纤维中释放出来，而且还将化纤产业融入农业生产与工业加工共存的体系中，使原料结构更加体现出差异化、功能化，不仅满足了人们对生活质量的要求，还满足了人们追求舒适和环保的需求。

2011 年，棉花价格大涨一度冲高到约 35000 元/吨，高于国际棉花价格 7000 元/吨，在此背景的推动下，棉纺织企业应市场需求以化学纤维为主的非棉纤维用量进一步增多，自 2011 年起非棉纤维（图 1）在棉纺织应用的比重超越了棉纤维，为深化棉纺织产业供给侧结构性改革和保持国际竞争优势提供了重要的保障，也为棉纺织行业高质量发展奠定了基础。作为工业品的非棉纤维，其市场化程度高、品类多，企业随用随买，占用资金少，不仅在数量上能够弥补棉纤维供应的不足，也能满足市场对功能性、差异性、时尚性产品的追求。

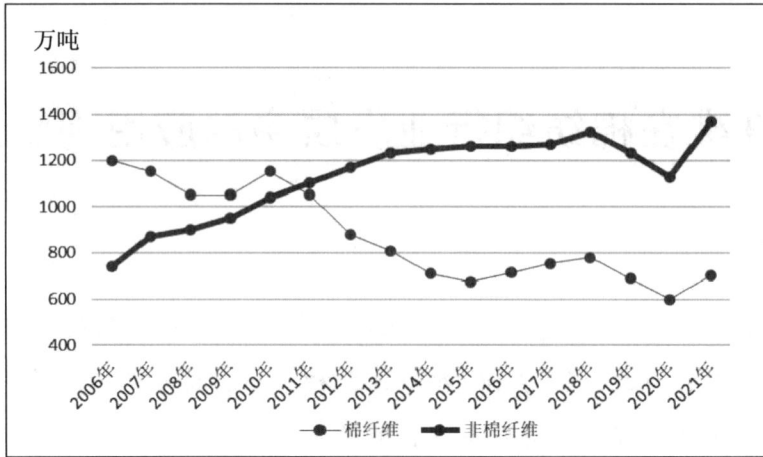

图 1　2006～2021 年棉纺织行业使用原料情况

数据来源：中国棉纺织行业协会、中国化学纤维工业协会。

一、棉纺织生产用纺织原料总体情况

根据中国棉纺织行业协会统计，自 2006 年到 2021 年，棉纺织行业年均应用的棉纤维约为 873 万吨，也应用少量的毛、麻、丝等天然纤维。2021 年纺纱生产用原料同比增加 15.23%，其中棉纤维 705 万吨；非棉纤维中涤纶短纤 865 万吨、粘胶短纤 350 万吨。

涤纶短纤和粘胶短纤是非棉纤维在棉纺织行业应用的最主要品种，其用量合计占全部非棉纤维应用量的 88.8%以上。据中国棉纺织行业协会和中国化学纤维工业协会统计，自 2006 年到 2021 年，棉纺织行业年均应用化学纤维超过 1130 万吨。

本文主要分析化学纤维在棉纺织行业的应用情况，见图 2。

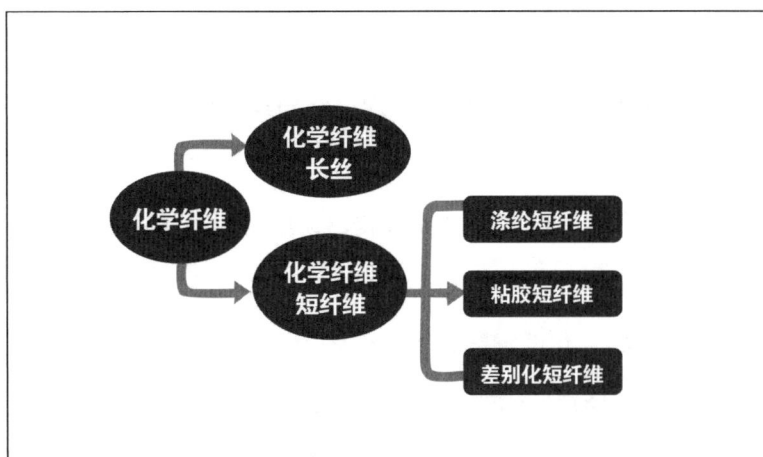

图 2　化学纤维在棉纺织行业的应用示意图

二、化学纤维

（一）化学纤维长丝

随着市场需求的变化，化学纤维长丝在棉纺织行业的应用数量逐步增加。调查显示，2021 年涤纶长丝、氨纶、锦纶、腈纶等化纤长丝应用于棉纺织生产的数量约为 153 万吨，有逐年增长的趋势。

1. 涤纶长丝

因强力较高和价格优势，或作为纱线包覆的芯用于纺纱生产；或与氨纶长丝形成包覆纱，用于织造生产。2021 年涤纶长丝用量约 110 万吨。

2. 氨纶

具有较好的弹性，多应用于针织内衣、运动服及机织休闲服棉纺中的纺纱和棉织的织造，2021 年用量约 38 万吨，为满足服用舒适性的发展趋势，随着市场研发推广的力度加大，预计用量还将快速增长。

3. 锦纶和腈纶长丝

锦纶长丝因其耐磨、弹性好，常与其他纤维混纺用来做较特殊的纱线，在棉纺和机织上都有一定用量；腈纶长丝因其弹性和保暖性好，常与其他纤维混纺生产仿毛产品。

4.其他长丝

丙纶、维纶长丝在棉纺织行业用量较少，为特殊用途时应用。

（二）化学纤维短纤维

随着社会的进步和经济的飞速发展以及服装、家用纺织品等下游市场需求的变化，对纺织品的生产提出了更多、更高的要求。2011～2021 年棉纺生产使用化纤短纤的数量年均增长 2.4%，无论是化纤纯纺、化纤混纺、棉与化纤混纺产品还是差别化产品的用量都在不断增长；纺纱生产或通过各种短纤纺制成纱线，或使用短纤维与氨纶、涤纶长丝、锦纶长丝等纺制成的包芯纱和包覆纱。在织布生产过程中多应用长丝通过包芯和包覆方式作为纬纱交织为弹力布等，可见，棉纺织企业应市场需求使用的化学纤维越来越多。

1.涤纶短纤

（1）供需。涤纶短纤生产及市场价格主要受上游石油价格波动及市场需求的影响，2020 年 10 月涤纶短纤期货在郑州商品交易所上市，金融属性显著，短纤期货与棉花、棉纱期货均被棉纺织生产企业所关注。

据中国化学纤维工业协会统计，2021 年涤纶短纤产量 1077 万吨（含部分再生涤纶短纤），占涤纶化纤总量的 20.1%。总体看，涤纶短纤在棉纺织生产的用量较为平稳，见图3。2006 年至 2021 年棉纺织行业年均用量约 836 万吨。

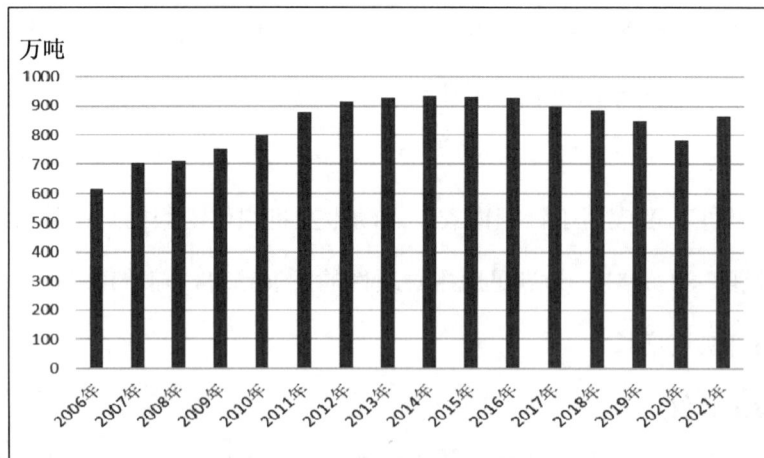

图3 2006～2021 年棉纺用涤纶短纤（含再生）情况

数据来源：中国棉纺织行业协会、中国化学纤维工业协会。

2021 年涤纶短纤（含再生）进口量为 16.37 万吨，出口量为 94.71 万吨。从市场看，出口涤纶短纤数量较多的主要原因是其性能和价格具有优势，出口越南的占比较大，主要源于其纺纱结构的调整，其混纺纱线占比呈上升态势。

再生涤纶短纤也称为再利用涤纶短纤，主要以聚酯瓶片为主要原料加工而成，2021 年随着中国聚酯瓶片的再利用概念的普及以及技术水平的提升，用于衣被的原料呈上升趋势；虽然受制其他领域诸如广告牌、种植架棚、工艺品及道路屏障等需求的争夺以及国家颁布的禁塑令的规定，行业对聚酯瓶片的应用产生了一些影响，但棉纺织生产企业在面对国际大环境的背景下，通过环保的理念不断开辟市场，使用认证的再生涤纶短纤逐步上升。

（2）对棉纺织行业的利好趋势。从涤纶短纤消费结构来看，纺纱生产用涤纶短纤所占份额最大，2021 年有 865 万吨的涤纶短纤用于棉纺行业进行纺纱，其中抑菌、凉爽、阻燃等功能性的涤纶短纤约占 2.8%。涤纶短纤通过纯纺或与其他原料混纺成为纱线，用于服装和家纺面料的生产，其他被用于非织造布、填充及制线等产业。2021 年受新冠肺炎疫情影响，许多产品均受到了大宗商品价格上涨的拉动，虽然涤纶短纤也受棉花价格上涨拉动的影响，但其价格行情较为平稳，全年与棉纤维的平均价差 11142 元/吨，棉纺企业用量较为稳定，有利于原料的成本控制。由于受常规涤纶短纤性能的影响，生产的产品附加值不高，多以数量占据市场。

涤纶短纤期货上市改变了传统的供销模式，销售价格不再以原料成本加上加工费用定价，而是通过点价、保价和基差的贸易方式进行供销，为棉纺企业在把控应用棉纤维期货的基础上，增加了一项盈利的途径。

2. 粘胶短纤

（1）供需。粘胶短纤生产及市场价格，受浆粕和棉纤维价格影响较大。2021 年，粘胶短纤在棉纺用量大约 350 万吨。从图 4 可见，2006 年以来，棉纺用粘胶短纤维数量年均增长 8.7%，受国际宏观形势影响，预计近两年粘胶纤维用量趋势不会有太大变化。

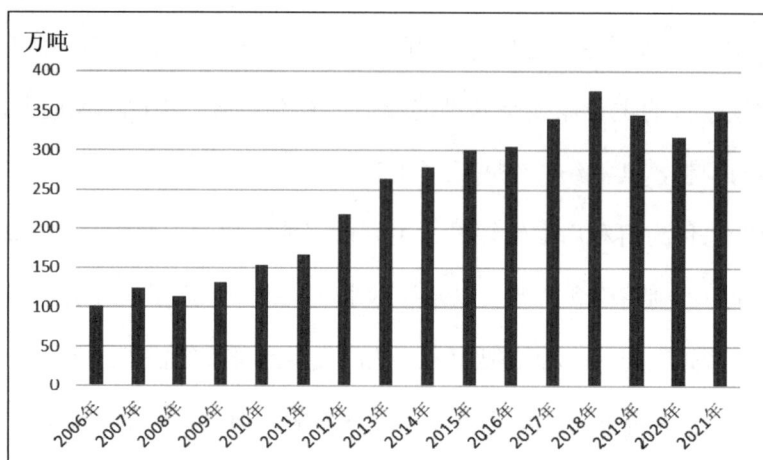

图 4　2006～2021 年棉纺用再生纤维素纤维情况

数据来源：中国棉纺织行业协会、中国化学纤维行业协会。

据中国海关总署数据，2021 年我国再生纤维素短纤维仍有一定量的进口，主要进口国仍为奥地利和英国，主要进口的数量为 32.9 万吨，以粘胶短纤维为主，尽管受到新冠肺炎疫情影响，东南亚一些国家对我国的出口量仍有需求，进一步说明其纱线的产品结构正在发生较大变化。

再生纤维素纤维行业绿色发展联盟（CV 联盟）的成立，其宗旨是推动降低在生产过程中对环境产生影响，倡导生产企业在原料的来源、加工过程、产品属性等方向有所作为，成为负责的企业。几年来，通过上下游的联动，有效地推动了产业链的绿色化进程，从数量上和质量上都表现出了极大的竞争力和增长潜力，有利于 CV 联盟中生产商未来的发展。

（2）对棉纺织行业的利好趋势。据中国化学纤维工业协会统计，2021 年，国内生产的粘胶短纤维 387 万吨，用于棉纺的生产占 90%左右。粘胶短纤与涤纶短纤维一样或纯纺或与其他原料混纺成为纱线，用于服装和家纺面料的生产。三分之一的再生纤维素纤维短纤维集中应用于 50 户左右的大中型纺纱企业中，较高集中度为新产品的开发和推广开辟了广阔的前景，喷气涡流纺纱企业的技术创新也有效拓展了产品的广度。2021 年粘胶短纤与棉纤维的平均价差在平均为 4618 元/吨，其价格经历了不断下降又反弹的波浪走势的过程。

3.差别化化学纤维

在棉纺织生产中，除应用棉纤维、常规的涤纶短纤和粘胶短纤外，差别化短纤的用量也在逐年增加。

（1）供需。通过化学改性或物理变形的加工方式而生产制成的异形纤维、超细旦纤维、复合纤维等以及附有一些功能的着色纤维、抑菌纤维、凉爽纤维、导电纤维、阻燃纤维，随着近两年问世的国产莱赛尔等产量的不断提升，与竹纤维、莫代尔均归类于差别化纤维，其既有化纤长丝，也有化纤短纤。差别化纤维能较好地改进织物的服用性能，增加产品的花色品质，开发新的功能，提高产品的附加值，越来越多的纺织企业或多或少增加了差别化纤维的用量。随着科技的进步，差别化纤维的内涵也发生了变化，纤维的可纺性、可织性及可染性也逐步得到改善和提升。每 3～5 年原有的差别化纤维便成为常规纤维，新一代的差别化短纤维又涌现出来，从纤维的数量上看，年均增长 9.5%左右（图5）。

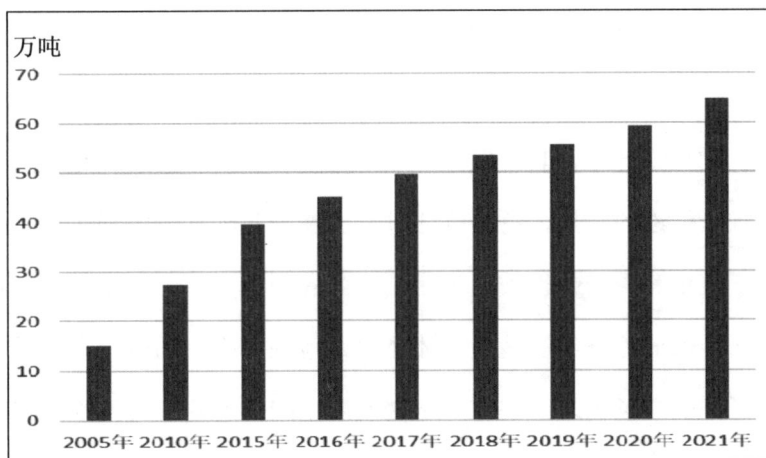

图5　2005～2021年差别化纤维在棉纺织产业应用情况

数据来源：中国棉纺织行业协会、中国化学纤维行业协会。

据调查显示，2021 年差别化纤维的总应用量约为 65 万吨，占化纤短纤总用量的5.1%，从数量看占比不大，但经混纺纱、交织布的生产后，分别占纱线和机织布总量的13.1%和11.1%。

（2）对棉纺织行业的利好趋势。差别化的涤纶、再生纤维素纤维的数量品类较多，主要有以下几种：

①**莱赛尔纤维**：是再生纤维素纤维热度较高的一族，是绿色、创新产品的一个缩影，独特的原纤结构，在制造过程中无毒、无污染，溶剂可回收，具有棉纤维的舒适性、手感好、易染色等特点，还具有粘胶纤维不具备的环保等特点，使之有绿色纤维的标签，生产出的纱线和织物具有优良的手感和悬垂性。国内一些纺纱企业仍青睐于进口莱赛尔纤维，主要源于其质量的稳定性及下游客户的依赖。因国产莱赛尔生产企业技术力量、资金实力的差异，使其产品的质量参差不齐，价格也不太稳定，影响了国产化的推广。但对于上下游的供需双方而言，总体上看好国产莱赛尔纤维的发展，以期通过产学研合作，尽快解决纤维差异化及质量的稳定性问题，解决纺纱工艺、器材配套、成本及印染环节的染色剂后整理等问题，必将为未来开启良好的发展空间。兰精公司生产的莱赛尔纤维，以"天丝"品牌得到了市场认可，也为国产化莱赛尔的市场推广起到了良好的借鉴作用。据统计，近两年国内外莱赛尔纤维大约有不到 12 万吨应用于国内市场，其中国内生产的莱赛尔大约 5 万多吨用于生产。

②**竹纤维**：也称竹浆纤维，其开发推广应用始于 2005 年前后，是中国独有的一种纤维，也是再生纤维素纤维的一族，竹纤维通过纯纺及与各种纤维的混纺，其产品抑菌性被市场认可，多用于毛巾和袜子，也被用于床品和内衣。由于竹子的生长情况不同、纤维素的含量不同，进一步保证竹纤维的稳定性才能更好地进行推广和应用；少量的竹炭纤维长丝、短纤及中长纤维的市场需求或许有一定的发展空间。近几年竹纤维的年均应用量约为 5 万吨。

③**功能性纤维**：是除有一般纤维的物理性能外，还有一些特殊功能的新型纤维，主要有抗菌纤维、导电纤维、吸湿排汗纤维、抗辐射纤维、抗紫外线纤维等，五光十色、种类繁多。根据市场需求，在生产纱线产品或织物产品中按客户要求选择有满足功能的纤维。这类纤维基本上是通过混纺纱、交织面料达到性能要求，具有功能性纤维的纱布产品附加值较高。功能性纤维的价格较常规纤维高，在纱布产品中用量不大，调研显示，棉纺织行

业用量每年呈增长趋势，年均用量 25 万吨左右。

④**细旦纤维：**不同的阶段赋予不同的定义。2010 年之前，棉纺织行业使用的细旦纤维多为 1.5 旦，随着化学纤维的科技进步、棉纺织工艺技术的提升以及市场需求的发展，许多企业选择细旦纤维的品种也发生了变化，逐步从 1.0～0.8 旦到 0.8～0.5 旦的纤维进行差异化产品生产。利用细旦纤维与其他纤维混纺的纱线，可有效提高成纱的均匀度及强度，有利于提高纱线支数，制成的织物手感及悬垂性较好，服用舒适。通过对重点企业的调研情况看，棉纺织行业每年用量 20 万吨左右。

从上述情况看，差别化纤维中的莱赛尔纤维、竹纤维、功能性纤维和细旦纤维的分类并不是割裂的，而是你中有我、我中有你，前景广阔。

三、化学纤维在棉纺织行业的应用前景广阔

（一）化学纤维满足了棉纺织行业的发展前景

化学纤维长丝越来越多地应用于棉纺织生产中，据调查，2006 年，仅有十余万吨化纤长丝用于棉纺织生产，在市场的需求及科技人员的共同努力下，以年均约 16% 的速率增长。预计，涤纶长丝、氨纶继续有旺盛的需求，锦纶长丝也成为新的增长点。

以涤纶短纤和粘胶短纤为代表的化学短纤维，是棉纺织生产用原料的主流，不仅产量能极大满足需求，见图 6，质量也不断提高；锦纶短纤、腈纶短纤都为棉纺织产品的多样化提供了支持。

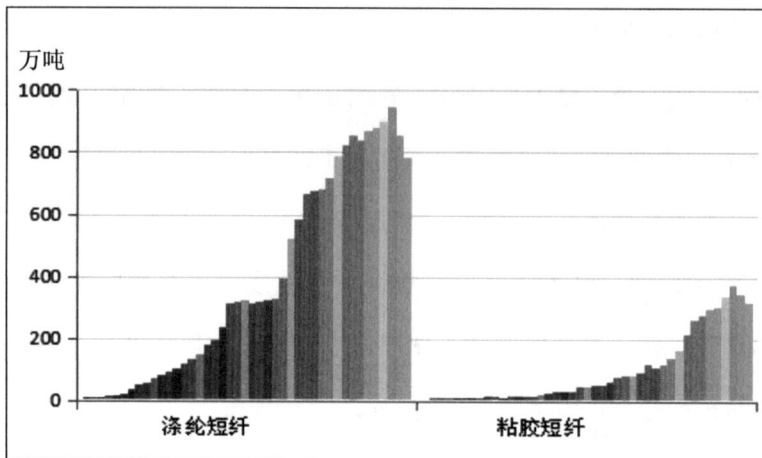

图6　1978～2021年棉纺织行业应用化学纤维的情况

数据来源：中国棉纺织行业协会、中国化学纤维工业协会。

（二）化学纤维的进步为棉纺织行业的发展打下了坚实基础

随着化学纤维生产企业科技水平的不断提高，以 30 年间化学短纤（涤纶短纤、粘胶短纤）进出口情况的变化为例，见图 7，体现出中国棉纺织发展的一个缩影。1991 年共进口约 18 万吨，中国加入 WTO 后，拉动了棉纺织行业的高速发展。2003 年进口 112 万吨，达到顶峰。随着化纤能力的快速增长，从数量型向高品质的需求发展，2021 年进口的 30 多万吨，涤纶及粘胶短纤以差异化、功能性的化纤短纤为主。从出口看，30 年前的 1991 年几乎没有化学纤维的出口，到 2018 年出口合计已经达 145 万吨，说明中国的化学纤维不仅能满足本国棉纺织行业使用的数量，还为国际市场提供较大的选择空间。

（三）大企业扩大非棉纤维应用的空间巨大

从棉纺织行业主营业务收入百强企业应用的原料情况看，使用非棉纤维的比重由 2015 年 25%上升到 2021 年的 31.8%，上升了 6.8 个百分点，但比重仍低于全行业水平（表1）。大企业应用棉纤维高的主要原因：一是大于 5 万锭企业，长期拥有国家发放进口棉配额的资格；二是中小企业产品调整更为灵活；三是用棉企业要有较强的资金实力。

从表 1 还可以看到，大企业不仅使用棉纤维的比重较高，在非棉纤维中更青睐于应用粘胶短纤，比全行业的应用比重高 32.15 个百分点；在全行业 60 个致力于非棉纤维开发推广应用的火炬手中 100%来自百强企业。

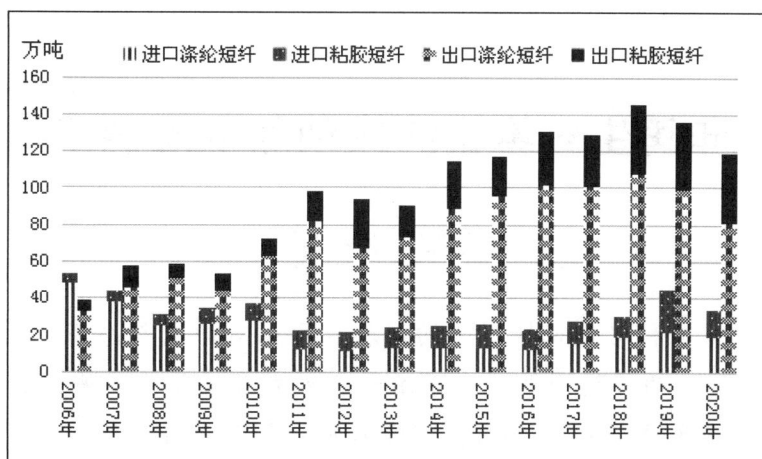

图 7　2006～2020 年主要化纤短纤进出口情况

数据来源：中国棉纺织行业协会、中国化学纤维工业协会。

表 1　2021 年全行业与百强企业使用原料情况对比

	棉纤维	非棉纤维	非棉纤维		
			涤纶短纤	粘胶短纤	其他
棉纺织行业	34%	66%	63%	25.58%	11.40%
百强企业	68.15%	31.85%	32.94%	57.73%	9.33%

数据来源：中国棉纺织行业协会。

可以预见，化学纤维对棉纤维的替代作用将会越来越大，中国人均纤维用量上升的增量将由化学纤维来贡献。

2021 年再生纤维素纤维创新发展调研报告

徐潇源❶ 张子昕❷

摘要：随着市场需求和化纤科技水平的发展，再生纤维素纤维在棉纺织领域的应用越来越受到关注。为推进产业链上下游融合创新及高质量发展，2017～2021 年期间中国棉纺织行业协会和中国化学纤维工业协会针对再生纤维素纤维在棉纺织企业的应用情况先后进行了三次调研，本报告基于最新的调研结果，对再生纤维素纤维在棉纺织行业中的应用现状及发展前景进行了分析。

一、棉纺织企业应用再生纤维素纤维的情况

（一）概述

2021 年调研企业分两部分，其一调研的棉纺织企业产能覆盖面超过 2000 万锭，再生纤维素纤维用量超过 100 万吨，占我国再生纤维素纤维纺纱领域需求量的 30%以上；其二调研的再生纤维素纤维生产销售企业行业覆盖面达 95%以上。

（二）棉纺织行业应用品种

从调研数据看，棉纺织企业使用的再生纤维素纤维中用量最多的是常规粘胶短纤维，随着棉纺织行业向高质量发展以及市场消费需求升级，常规粘胶短纤维的用量占比不断下降，莱赛尔、莫代尔和其他新型纤维的占比上升。调研显示，常规粘胶短纤维应用量占再生纤维素纤维总量的87%，数量呈下降趋势，莱赛尔、莫代尔等新型纤维的用量都有所增加，见表1。

表1 再生纤维素纤维主要品种应用情况

分类	2021 年	2019 年	2017 年
粘胶短纤维	87%	92%	94%
莱赛尔	6%	3%	3%
莫代尔	4%	4%	2%
其他纤维	2%	1%	1%

❶中国棉纺织行业协会。
❷中国化学纤维工业协会。

调研显示出三个特点，一是莱赛尔纤维用量达到再生纤维素纤维总用量的 6.2%左右，主要应用在规模较大的企业中，对产品创新与发展发挥着较大作用；二是绿色可持续发展成为纺织行业新的风向标，莱赛尔纤维的"绿色纤维"理念正在被消费者认可；三是莱赛尔纤维舒适的服用性能，在一定程度上推动了产品的创新发展，也有利于市场推广及相关技术的储备。

（三）产品质量指标评价

棉纺织企业对再生纤维素纤维企业的产品质量进行了评价，见表2，结果分析如下。

表 2　再生纤维素纤维产品质量指标评价情况

质量指标	好		一般		较差	
	2021 年	2019 年	2021 年	2019 年	2021 年	2019 年
纤维强度	76%	83%	21%	17%	3%	0
并丝、疵点	65%	59%	26%	39%	9%	2%
批次稳定性	72%	58%	21%	39%	7%	3%
回潮率	75%	62%	19%	29%	6%	9%
油剂	77%	74%	17%	25%	6%	1%

1.纤维强度

纤维强度是纤维内在质量的反映，是纤维具有加工性能和最终用途的必要条件。再生纤维素纤维的强力和伸长可在加工过程中控制，除拉伸断裂特性外，纤维在外力作用下的变形回复能力会影响到纺织品的尺寸稳定性和使用寿命。与 2019 年相比，2021 年的调研认为纤维强度指标好的棉纺织企业占比下降了 7 个百分点，也反映出棉纺织企业对该指标的要求提高或纤维本身强度的下降，纤维生产企业要进一步加大对纤维强度这一核心指标的关注度。

2.并丝、疵点和批次稳定性

棉纺织企业对并丝、疵点和批次稳定性三项指标的评价主要包括两个方面，一是认为并丝和疵点指标好的企业占比提升了 6 个百分点，但与其他质量指标相比评价仍然较低；二是企业对批次稳定性指标的评价明显提高，但认为该指标较差的企业占比上升。整体看，虽然棉纺织企业对此三项指标的评价认可均有了一定的提高，但纤维生产企业在质量控制方面还需要继续努力。

3.回潮率

在粘胶短纤维生产过程中，回潮率指标始终是纤维生产和用户反映最敏感的指标之一，回潮率的控制向来是纤维生产企业的难题。棉纺织企业对回潮率指标的认可度明显提升，其中回潮率指标好的企业较 2019 年提高了 13 个百分点，一般和较差的企业占比明显下降，说明纤维生产企业结合生产实践，把控回潮率的措施取得了一定的效果。

4.油剂

粘胶短纤维油剂是纤维后处理工序的重要化学用剂，它能增加纤维的润滑性，减轻纤维的静电效应，增加纤维的抱合力，还可增加纱线的强力和耐磨性能，降低加捻强度损失。棉纺织企业对纤维油剂指标的认可度最高，占比也有所提升，有利于纺纱企业提高可纺性和适用性，但仍有 23%的企业认为纤维油剂的品质存在差距。

（四）服务满意度评价

对再生纤维素纤维供应企业服务满意度的评价主要包括三个方面，供货稳定性、包重稳定性和售后服务，见表 3，结果分析如下。

表 3　对再生纤维素纤维生产企业服务满意度评价情况

服务满意度	好		一般		较差	
	2021 年	2019 年	2021 年	2019 年	2021 年	2019 年
供货稳定性	65%	81%	23%	17%	12%	2%
包重稳定性	82%	71%	14%	29%	4%	0
售后服务	74%	79%	18%	20%	8%	1%

1.供货稳定性

调研结果显示，认为供货稳定性好的棉纺织企业占比较 2019 年下降了 16 个百分点，满意度较低。一个好的纤维生产企业，拥有持久的竞争力才有利于增加企业的经济效益和社会效益，纤维生产企业既要提高供货的稳定性，也要保证供货的及时性。

2.包重稳定性

棉纺织企业对包重稳定性的满意度最高，82%的企业认为包重稳定性好，与 2019 年相比提高了 11 个百分点。包重的稳定性与回潮率相关性较大，对比表 3 企业对回潮率指标的评价可见，随着纤维生产企业对回潮率的控制提升，包重稳定性随之提高。

3.售后服务

棉纺织企业对售后服务的满意度有所下降，认为售后服务好和一般的企业分别下降了 5 个和 2 个百分点，认为较差的企业增多。售后服务最能体现纤维生产企业的服务品质，也会影响甚至决定纤维生产企业的长远发展，售后服务质量下降将会造成订单的流失，纤维生产企业的服务意识有待提升。

（五）产品开发能力

从原料来源看，除了使用传统的棉浆、木浆、竹浆以外，随着回收利用的棉纺织品制浆技术逐步工业化，循环再利用再生纤维素纤维也成功推向市场，再生纤维素短纤维功能性产品进一步扩展。针对不同纺织设备开发的定制化纤维产品进一步提升了下游的生产效率及产品质量，受到了下游市场的广泛欢迎。

棉纺织企业对再生纤维素纤维产品开发能力的好评明显提升，主要在两方面有突出表现，一是新产品开发能力有所增强，但仍有 39%的企业认为开发能力一般和较差，说明再生纤维素纤维产品的开发还存在很大的提升空间；二是合作开发的积极性大幅提高，认为合作开发的积极性高的企业占比较 2019 年提高了 17 个百分点，见表 4。再生纤维素纤维生产企业与棉纺织企业合作开发能够更充分地发挥各自优势，有利于加强双方之间的交流，充利用各方资源，研发出更多符合市场需求的产品。

表 4　对再生纤维素纤维产品开发能力评价情况

产品开发能力	好		一般		较差	
	2021 年	2019 年	2021 年	2019 年	2021 年	2019 年
新产品种类	61%	47%	25%	48%	14%	5%
合作开发积极性	69%	52%	20%	41%	12%	7%

（六）优质供应商

通过对供应再生纤维素纤维的生产企业进行上述各项的综合评价，最终有 6 家企业荣获"2021 再生纤维素纤维——棉纺织产业链'优质供应商'"，见表 5。它们是再生纤维素纤维行业的优秀代表，得到了棉纺织企业的认可，对再生纤维素纤维行业的发展起到模范带头作用。

表 5　2021 再生纤维素纤维——棉纺织产业链"优质供应商"名单

序号	优质供应商
1	赛得利集团
2	唐山三友集团兴达化纤有限公司
3	新疆中泰纺织集团有限公司
4	兰精（南京）纤维有限公司
5	山东雅美科技有限公司
6	宜宾丝丽雅集团有限公司

二、思考分析

（一）国产莱赛尔纤维的发展分析

随着国产莱赛尔纤维逐步成熟并形成一定规模，此次调研中，除常规粘胶短纤维外，棉纺织企业也对国产莱赛尔纤维进行了评价，见图 1。

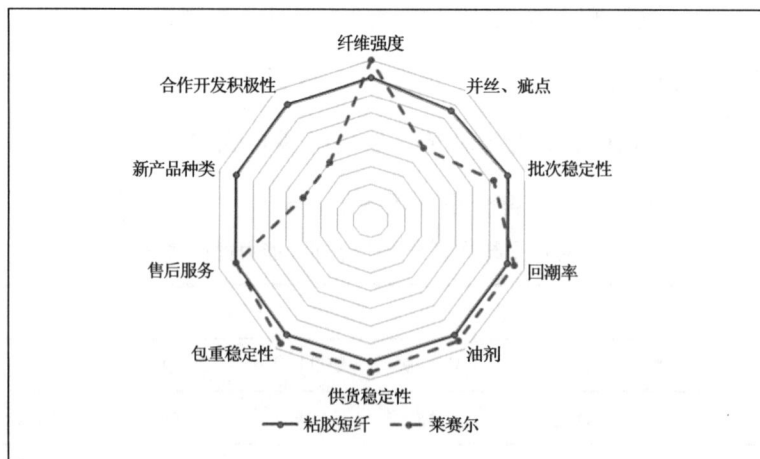

图 1　粘胶短纤维与莱赛尔纤维评价对比

大多数棉纺织企业对莱赛尔纤维的强度指标表示满意，这主要得益于纤维的本征特性，对纤维回潮率、油剂指标的评价也不错，部分指标甚至好于常规粘胶短纤维，但在并丝、疵点方面的问题较为突出。

棉纺织企业对莱赛尔纤维生产企业的供货稳定性、包重稳定性两项指标较为满意，主要由于近几年莱赛尔纤维行业产能增长迅速，行业库存较高，能够保证下游需求；对包重稳定性的评价则更高，得益于纤维生产企业的供货理念，应用的打包设备基本是业内通用的新设备，对包重控制相对更好。

棉纺织企业对我国莱赛尔纤维行业评价最低的两个维度是新产品种类和合作开发积极性，说明目前我国莱赛尔纤维生产企业产品较为单一，多为常规莱赛尔短纤维（非交联型），交联型、半交联型产品尚未成熟。与之对应的，我国莱赛尔纤维行业发展时间相对较短，能够支撑产业链合作、开发的人才相对匮乏，纺纱技术、印染技术仍是制约莱赛尔纺织品后道应用的关键瓶颈。由此看，通过产业链合作打通关键技术瓶颈，是进一步拓展莱赛尔纤维下游需求的关键。

（二）再生纤维素纤维在棉纺织行业的应用情况

再生纤维素纤维是天然纤维素（棉、木、竹、麻等）经过溶解后再加工形成的纺织原材料。再生纤维素纤维是性能最接近棉纤维的化纤产品，其吸湿性、透气性和染色性甚至优于棉纤维，有着良好的亲肤性和吸水性。根据国家统计局和中国化学纤维工业协会数据，2021 年我国再生纤维素纤维产量 409 万吨，其中短纤维产量 383 万吨。随着市场需求的增加和化纤科技水平的发展，棉纺织企业对再生纤维素纤维的应用持续增长，见图 2。根据中国棉纺织行业协会数据，2021 年我国棉纺用再生纤维素纤维 350 万吨，是 2010 年 2.3 倍，占非棉纤维用量的 25.6%，分别较 2010 年和 2015 年提高了 11.4 个和 1.8 个百分点。

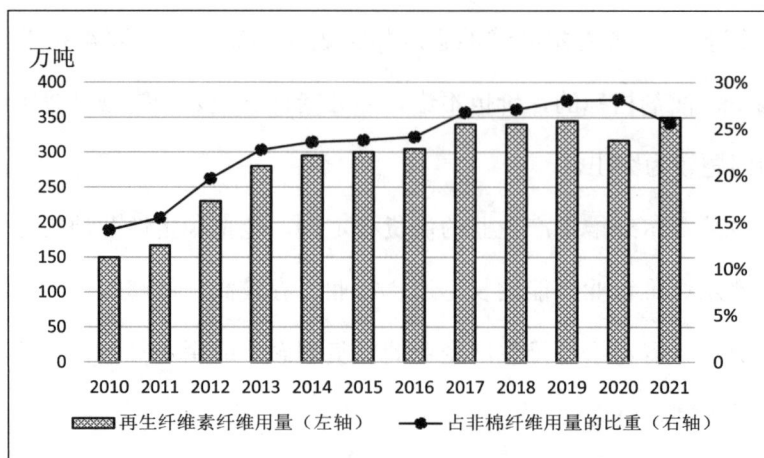

图2　2010～2021 年棉纺再生纤维素纤维用量及其占非棉纤维用量的比重

数据来源：中国棉纺织行业协会、中国化学纤维工业协会。

（三）粘胶短纤市场运行情况

除了产品质量、服务满意度和产品开发能力外，价格也是棉纺织企业应用原料时考虑的重要因素。棉花、涤纶短纤和粘胶短纤是棉纺织行业的三大主要原料，近五年的价格走势主要有以下几个特点：一是三者有一定关联度，整体走势趋向一致；二是 2020 年以来，在中美贸易摩擦及新冠疫情等因素的影响下大幅波动，2021 年 3 月粘胶短纤价格甚至高于同期的棉花价格；三是与棉花和粘胶短纤相比，涤纶短纤价格走势相对较为平稳，见图3。

图3　近五年棉花、涤纶短纤和粘胶短纤价格走势

数据来源：中国棉纺织行业协会。

粘胶短纤价格波动除了与市场需求相关外，还受粘胶行业产能及产量变化的影响。2017年，粘胶行业库存处于历史较低水平，供给紧缺支撑粘胶短纤价格上涨，从表6可以看出，当年粘胶短纤与棉花价格基本持平；进入2018年，粘胶行业产能逐渐释放，供需矛盾明显，叠加中美贸易摩擦对下游纺织需求的影响及新冠肺炎疫情冲击，两年间价格一路下滑；从2020年8月开始，随着供给端边际改善，需求端出现增长，价格持续攀升；到2021年3月涨至峰值后，受下游需求不振影响，价格下跌。

表6　棉纺主要原料年均价格对比

单位：元/吨

项目	2017年	2018年	2019年	2020年	2021年
标准级棉花	15911	15767	13968	12995	18172
涤纶短纤	8307	9407	7843	5823	7048
粘胶短纤	15785	14546	11605	9376	13578
粘短与棉花价差	−126	−1221	−2363	−3619	−4594
粘短与涤短价差	7478	5139	3762	3553	6530

数据来源：中国棉纺织行业协会。

四、再生纤维素纤维产业链面临的挑战及展望

（一）产业链面临的挑战

1. 供需结构阶段性失衡

随着再生纤维素纤维行业技术的进一步发展，粘胶短纤维单线产能快速增长，莱赛尔纤维技术实现突破，"十三五"期间，粘胶短纤维增量超百万吨，莱赛尔产能突破20万吨。但受中美贸易摩擦、产业转移、新冠肺炎疫情等一系列因素影响，再生纤维素纤维产能利用率近几年持续维持低位，再生纤维素纤维企业正面临严峻的生存挑战。

2. 绿色可持续属性尚未转化为竞争力

相比于粘胶短纤维，尽管莱赛尔纤维被称作新一代"绿色纤维"产品，但由于产品本身特点及后道加工与常规粘胶短纤维存在差异，目前市场销售、终端需求中普遍被当作独

立产品进行销售。当前国内莱赛尔纤维产品销售的竞争仍是莱赛尔纤维行业内的竞争，比拼的是产品的品质与价格，因此，尽管莱赛尔纤维生产企业多用"绿色纤维"作为产品亮点进行宣传，但短期内并不能对下游采购形成明显的促进作用。

3. 产品质量及研发力度仍需提升

从 2021 年调研棉纺织企业反映的情况看，我国再生纤维素纤维生产企业在产品质量、新产品研发及合作开发积极性等方面虽然有了明显的进步，但仍存在较大的提升空间。针对产品质量提升，部分再生纤维素纤维企业正在深入研究更加适用于特定纺纱机型的"定制化"产品。通过生产参数微调、油剂调整等手段，优化纤维在纺纱中的表现，值得行业其他企业学习、参考。

（二）未来展望

1. 打造绿色可持续发展产业链

再生纤维素纤维作为原料可再生、产品可降解的纤维产品，具有天然的绿色可持续属性。随着终端服装品牌对"可持续原材料"采购需求的逐步增加，产业链需要进一步加强合作，共同打造绿色可持续产业链，提供源于自然、归于自然的可持续、高品质绿色纺织原材料。

2. 加大产品开发与应用领域的拓展力度

随着人们消费理念的提高，再生纤维素纤维越来越受到人们的青睐。再生纤维素纤维行业需要继续挖掘产品特点，加大市场开发及配套服务工作，针对性开发、定制差异化产品，扩展下游应用领域、提升产品用量。

3. 充分发挥协会、联盟作用

充分发挥中国棉纺织行业协会、中国化学纤维工业协会、再生纤维素纤维行业绿色发展联盟在相关工作中的引领性作用。共同探讨产业链商业环境，传统粘胶纤维的环境保护及行业形象，莱赛尔纤维纺纱，印染技术瓶颈等问题的解决方案，通过行业交流合作，逐步解决行业面临的共性问题，进一步引导再生纤维素纤维产业链的高质量发展。

我国棉纺织行业技能人才队伍建设的现状与发展

和圆圆　刘春芳　欧阳夏子　王　耀

摘要： 弘扬劳模精神、工匠精神，大力推进技能人才的培养培育是"十四五"时期我国各行业的工作重点之一。随着棉纺织产业的不断升级，对劳动力专业技能的要求也在不断提升。分析当前我国棉纺织行业技能人才队伍建设的现状、问题与形势，对做好行业技能人才队伍建设工作意义重大。本文通过针对棉纺织企业进行调查，分析我国棉纺织行业技能人才培养现状，探索棉纺织行业技能人才队伍建设的思路和措施。

党的十八大以来，习近平总书记多次强调要重视技能人才培养工作，大力弘扬劳模精神、劳动精神、工匠精神，建设知识型、技能型、创新型劳动者大军，努力营造劳动光荣的社会风尚和精益求精的敬业风气。2017 年，"劳模精神""工匠精神"被写入党的十九大报告中，充分体现了党和国家对弘扬劳模精神、工匠精神的高度重视。

一、技能是强国之基，人才是立业之本

人才是衡量国家综合国力的重要指标，是国家发展和民族振兴的坚硬基石。技能人才是我国人才队伍的重要组成部分，是实施制造强国战略和创造社会财富的中坚力量，是实施新时代人才强国战略和创新驱动发展战略不可或缺的宝贵资源。

棉纺织行业是中国母亲行业，涉及从业人员约 200 万人。随着经济高速发展、科技日益革新，我国棉纺织行业对技能人才的需求与日俱增，技能人才存在数量缺口和结构性失衡。为了做好棉纺织技能人才队伍建设，进一步完善行业人才队伍结构，2021 年，中国棉纺织行业协会在会员单位中开展关于"棉纺织企业技能人才队伍建设发展现状及建议"的问卷调查，以期了解企业在技能人才建设方面取得的成效、存在的问题，并探索相应措施。

二、我国棉纺织企业技能人才队伍建设现状

此次调查问卷中涉及产能约占全国 60%，被调查对象以骨干优势企业为主，这些企业内部均设有人事部门，具有一定的技能人才管理认知，因此能够较好地反映行业关于技能人才队伍建设的主流意见和建议。棉纺织企业的技能人员具有熟练的技能、认真的工作态度和饱满的热情，满足行业技能人才的条件，因此，问卷中的技能人才指的是企业一线操作工、机修工、实验室人员等在车间工作的技能人员。

（一）技能人员基本概况

1.技能人员比重超七成

2020 年以来，随着国内对技能人才队伍建设工作的持续推进和对技能人才培养重视程度的不断提高，棉纺织企业技能人员比重超七成。调查显示，超过半数的企业表示，公司技能人员数量占员工总数比例在 70%及以上，其中，技能人员占比超过 80%以上的企业比例约 30%。见图 1。从 2020 年全国棉纺织行业百强企业的人员结构数据看，百强企业技能人员占比接近 80%。

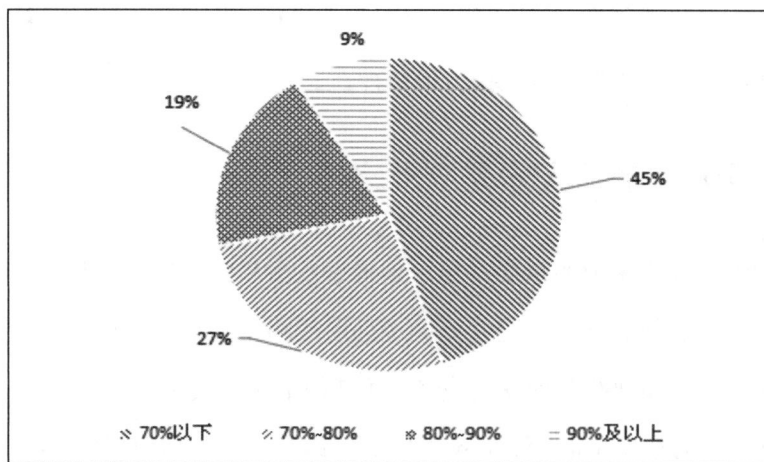

图1　企业技能人员数量占员工总数的比例情况

数据来源：中国棉纺织行业协会。

2. 技能人员流动较大

基于地区的产业聚集和行业发展水平不同，各地企业的外地技能人员占比有所差异。调查显示，江苏、浙江、福建、广东等南部沿海省份的企业外地技能人员比例多数在 50% 以上，山东、河南、湖北、陕西、河北等中北部省份的企业技能人员大多为本地人，比例一般超 70%。棉纺织行业是劳动力较为密集的行业，受外地人员占比较大、工作环境、运转制度、福利保障等因素影响，一些企业的技能人员流动相对偏大。数据显示，半数企业的技能人员年流动率控制在 5% 以下；年流动率 10% 以上的企业占比为 18%，见图 2。

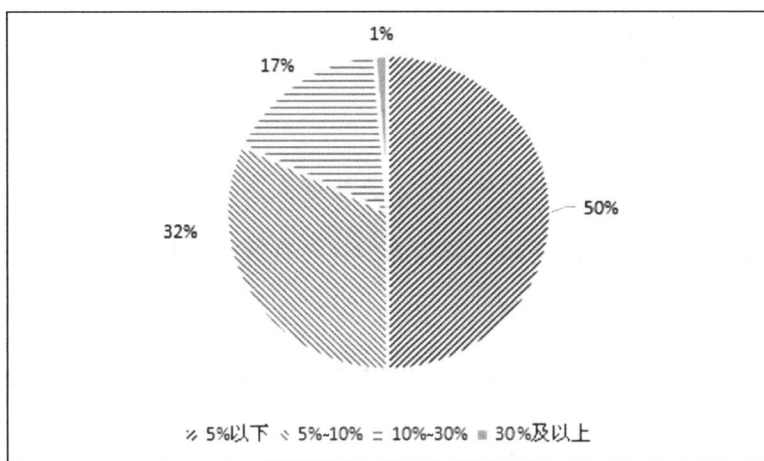

图 2　技能人员年流动率

数据来源：中国棉纺织行业协会。

3. 技能人员待遇逐步提升

为激发职工工作热情，加大人员稳定性，提高员工对企业的忠诚度，企业多方面提升技能人员待遇。数据显示，73% 的企业表示，技能人员的工资水平高于公司平均工资 10% 以上，24% 的企业技能人员工资水平基本与公司平均工资持平，见图 3。同时，多数企业表示，技能人员的人均社会保险金额在不断增加，不仅为其基本生活提供了保障，也让其共享到企业发展的成果。

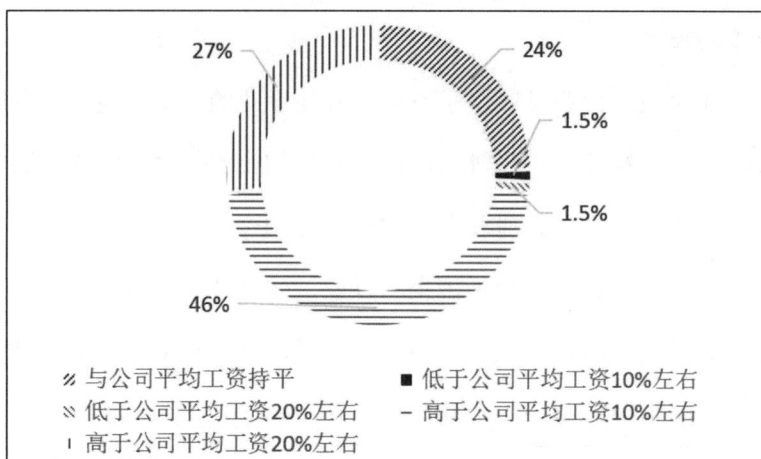

图 3　技能人员工资水平与公司平均工资比较

数据来源：中国棉纺织行业协会。

在工作和生活方面，企业多种措施发力，为技能人员提供便利。数据显示，近 90%的企业为技能人员提供宿舍和技能补贴，超 70%的企业有餐费补贴、开展企业文化类活动、发放节假日福利等，一些企业还提供班车接送、幼托服务、购房优惠等福利。见图 4。总体来看，企业能够实现技能人员在生活与工作中的基本保障，并且提供较好的福利待遇。

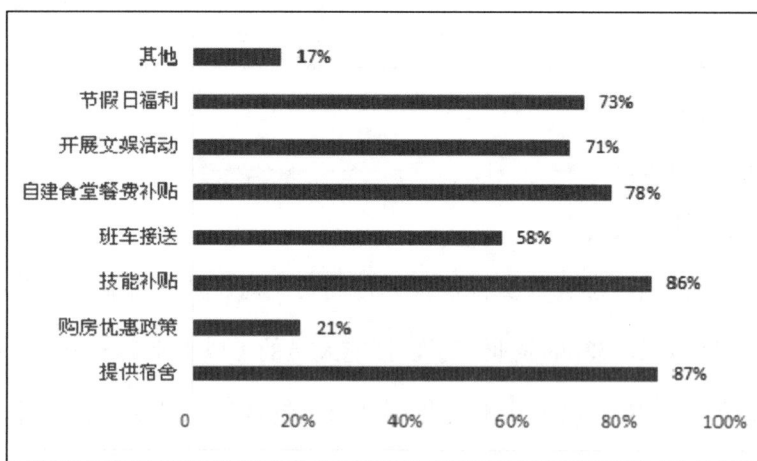

图 4　企业为技能人员提供的各项福利占比情况

数据来源：中国棉纺织行业协会。

（二）技能人才培养实施情况

1. 技能人才培养措施多样化

技能人才是企业科技创新发展的核心动力，88%的企业认为技能人才培养与产品研发技改创新同等重要。为有效提高技能人才培养质量，企业自主采取一系列配套举措，如进行岗前培训、内部定期操作培训等方式提高技能人才综合素质；通过举办内部技能比武大赛、组织参加各级职业技能竞赛、创建技能团队（如创新工作室、技能大师工作室、师徒结对）等方式拓宽职工技能交流平台，表彰奖励技能先锋，激发员工学先进、练技能，并充分发挥高技能人才传帮带作用，提高全体职工技能水平，见图5。然而，在企业对外协调、协作或政策争取等方面挑战较大，甚至有接近一半的企业没能开展技能人才的外部培训，其原因包括三方面：一是外部培训资源匮乏或体系内容不成熟，二是信息渠道不通畅，企业难以获得相关信息资源，三是外部培训或造成企业更大的成本负担。

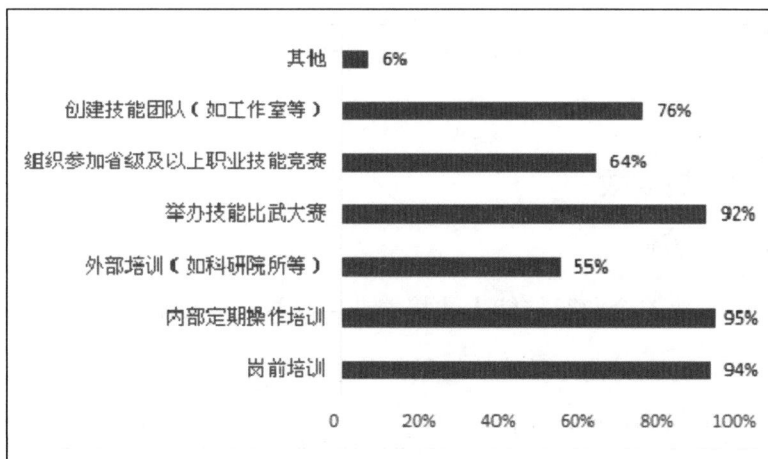

图5 企业技能人才培养举措

数据来源：中国棉纺织行业协会。

2. 技能人才培养制度基本建立

为引导职工技能成才，企业增加资金投入，加大人才激励力度，完善人才选拔制度，实现技高者多得，多劳者多得，增强技能人才获得感和认同感。从投入情况来看，56%的企业在技能人才培养方面投入的综合资源环比持平，42%的企业投入有所增加。绝大部分企业能够形成较清晰的岗位培训及考核制度以及技能人才的薪资奖励制度，同时，有 76%的企业通过内部技能等级自主评价鉴定体系，晋升职工的职业技能等级，并给予相应的技能津贴；64%的企业制定了技能人才职业发展规划机制，畅通其职业发展渠道；一些企业还设有合理化建议与专案提升制度，鼓励员工技能创新。见图 6。

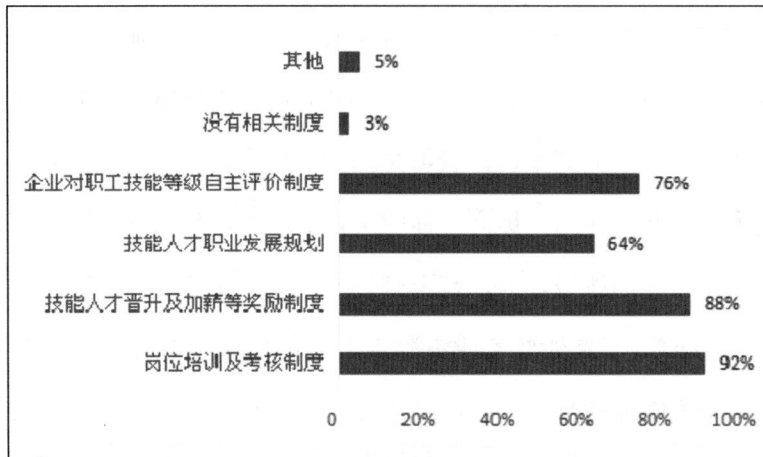

图 6　公司技能人才队伍建设相关制度

数据来源：中国棉纺织行业协会。

（三）技能人才发展成效

1. 技能人才上升空间

调查显示，近六成的企业对技能人才培养非常重视；68%的企业表示，通过深化技能人才队伍建设工作，已达到较为显著的效果；其余企业表示效果仍有待观察。同时，三分之一的企业反映，通过技能人才的培养有 5%以上的技能人员被提拔为中高层管理人员，三分之一的企业则认为技能人才进入中高管理层的机会较低。见图 7。该项调查反映的是技能人才的职业发展路径规划问题，员工从技术岗向管理岗转变往往具有一定的门槛，这是企业在人才发展规划方面提出的更高要求。由此表明，一方面企业在持续完善技能人才成长机制，培养成为高技能人才，做技术团队的中流砥柱，另一方面，对技能型人才的成长路径提前评估、综合培养，进而输送至中高管理层，培养技能与赋予责任并行，实现人尽其才，才尽其用，推进企业可持续发展。

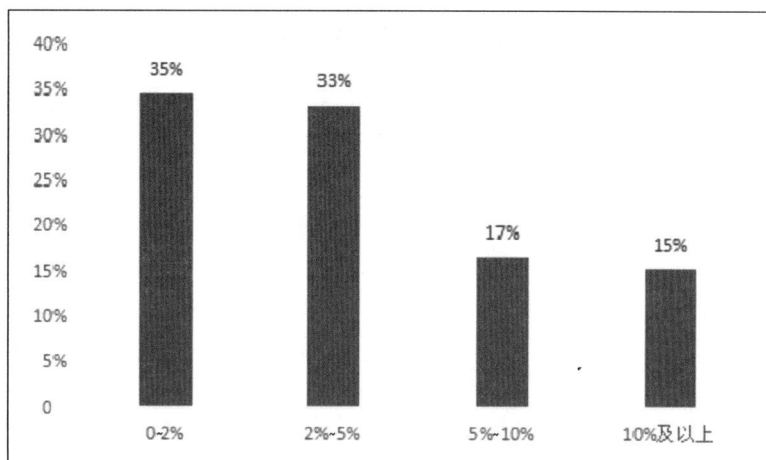

图7　技能人员提拔为中高层管理人员的比例

数据来源：中国棉纺织行业协会。

2.技能人才激励机制

棉纺织企业举办操作比武、技能竞赛等活动既考核培养效果，又选拔表彰优秀员工；与此同时，企业积极推荐技能人员参与地、市组织举办的各类技能竞赛，以期获得更高的荣誉，发挥人才价值，形成榜样动力。据调查发现，企业技能人员获得市级以上荣誉的比例逐步提升，多数企业有技能人才获得市级及以上等级技术能手、劳模、工匠等荣誉称号的情况，见图 8。这反映出各地、市级通过开展技能比武、竞赛以及评优推优等多种活动，加大技能人才的表彰力度，并持续弘扬工匠精神、劳模精神，营造良好的社会氛围，鼓励技能人才取得成绩和荣誉。

（四）存在的问题与挑战

近年来，我国棉纺织行业的技能人才持续紧缺，国家及地方对技能人才的培养和发展出台一系列政策扶持，但企业在开展技能人才队伍建设工作过程中，仍面临一些问题与挑战。

在人员结构方面，据调查，约 80%的企业认为目前企业最突出的问题为员工老龄化严重，技能人员出现断层，职业院校培养和供给的人才与企业需求错位，多数年轻人不愿加入技工行列，企业技能人才供给不足。55%的企业认为，技能人才培养周期长，成本高，且缺乏科学系统的培养机制，投入的综合资源相对有限。此外，部分企业表示，市场竞争日益加剧，员工对行业或企业的认同感偏弱，青年技工流失较为明显，见图 9。

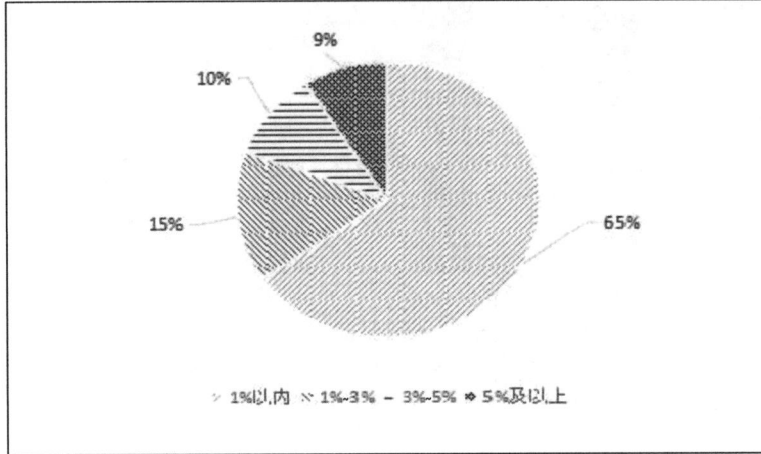

图 8　获市级及以上等级荣誉的技能人员比例

数据来源：中国棉纺织行业协会。

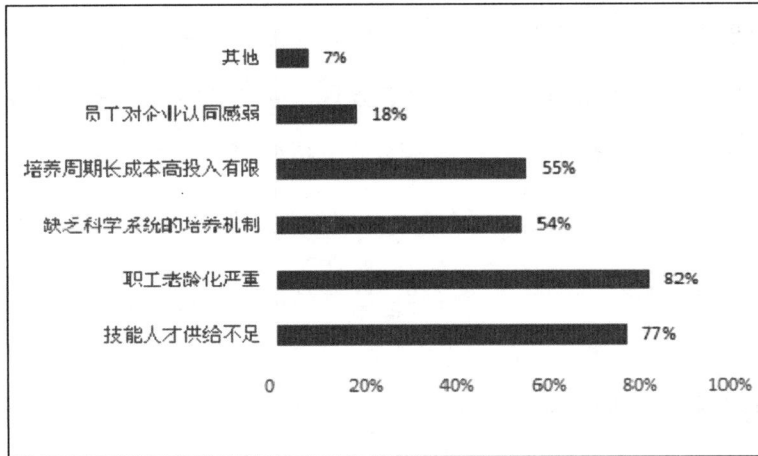

图 9　企业在技能人才队伍建设方面的困难和挑战

数据来源：中国棉纺织行业协会。

在获得扶持政策方面，47%的企业表示，近些年已享受到政府对技能人才培养方面的政策支持；53%的企业对政策不了解，或了解政策，但没有达到条件，未能享受到政策扶持；约 80%的企业获得政府或有关机构相关政策的解读和指导，见图 10 和图 11。企业反映，目前棉纺织行业职业教育建设较为薄弱，高学历技能人才流失率较大，希望国家及地方能够给予一定的政策倾斜，帮助企业留住人才，用好人才。

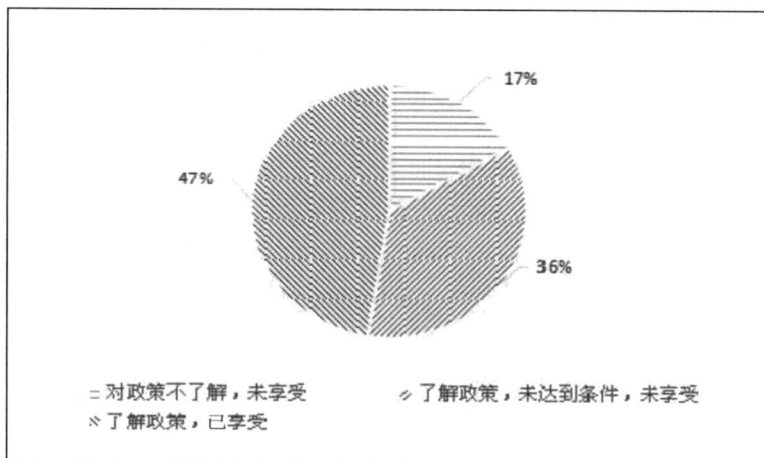

图 10　企业享受政府相关扶持政策情况

数据来源：中国棉纺织行业协会。

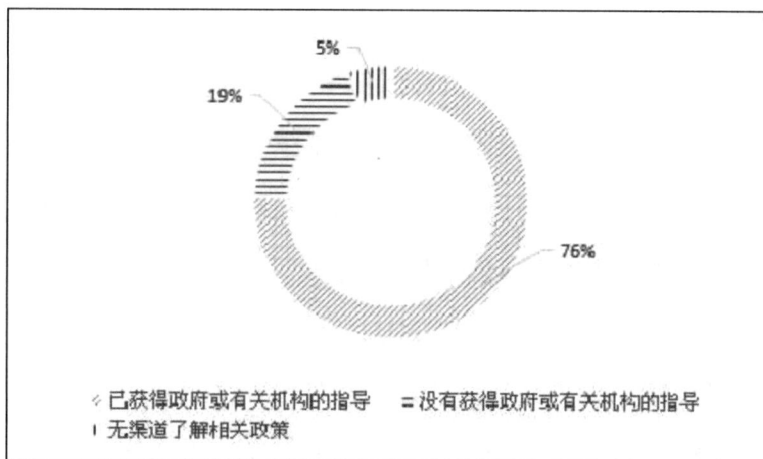

图 11　企业获得政府或有关机构相关政策解读和指导情况

数据来源：中国棉纺织行业协会。

三、发展措施

为贯彻落实国家对技能人才工作的重要政策精神，2021 年，人力资源社会保障部印发了"技能中国行动"实施方案。方案明确，"十四五"时期，要大力组织实施"技能中国行动"，健全完善"技能中国"政策制度体系，实施"技能提升""技能强企""技能激励""技能合作"等行动；提出了实现新增技能人才 4000 万人以上，技能人才占就业人员比例达到 30%的目标。各级政府积极响应国家号召，组织实施职业技能提升行动，大规模开展职业技能培训、竞赛等，并大力表彰高技能人才。从此次调查中发现，棉纺织行业技能人才队伍建设需从政府、行业以及企业三个层面给予支持和开展工作。

（一）加强政府指导和资源整合

1.加大政策宣贯力度

随着国家及地方出台了一系列的技能人才扶持政策，大力弘扬劳模精神、工匠精神，各地政府及相关部门是政策宣贯、解读的主要责任部门，引导社会关注技能，提高企业对技能人才培养的意识；与此同时，避免政策执行过程中，出现企业不了解政策内容、不清楚对口负责部门、存在申请疑惑等问题，影响保障政策全面有效落实。

2.优化整合技能资源

根据中国纺织教育学会统计，截至 2021 年底，全国设有纺织相关专业的高职院校约 270 所，中职院校约 900 所，国内纺织相关专业的院校众多，分布广泛。为更好地帮助企业了解所需的技能培训资源，并有针对性地参与各类技能培训工作，各地政府有条件对区域内企业、社会等专业技能培训资源进行整合，从而提高技能人才培训供给能力，提升技能培训的精准性和实效性。

3.降低补贴政策门槛

在落实政策性补贴过程中，部分企业反映补贴门槛较高，对企业、行业内组织的技能培训界定较为模糊，导致企业难以获得相关补贴。因此，政策上需进一步明确企业可享受到的技能人才培训补贴范围，如列出技能培训类型清单等。此外，对于开展或组织技能人才培训的企业，从社保、税费等方面可给予政策倾斜，减少企业在技能人才队伍建设方面的成本。

（二）强化企业内部人才培养机制

1.完善技能人才职业发展通道

企业是技能人才培养的主体，在调研过程中发现，大部分棉纺织企业能够通过操作培训、比武、技能竞赛等方式培养技能人才，并进一步畅通职业发展通道，完善技能人才评价、薪酬分配、职业晋升、对技能人才的表彰奖励等机制，提高其身份认同，充分发挥其模范引领作用。未来，在建立健全职业技能等级认定制度，并与待遇、晋升挂钩，研究职业技能等级证书与学历证书的学习成果认定、积累和转换机制方面需不断完善。

2.培养员工企业认同感

企业在培养培育技能人才的同时，还应重视员工对企业的认同感和归属感。棉纺织企业通过完善薪资结构、改善工人工作及生活环境、提供交通、购房优惠等便利。此外，开展丰富的企业文娱活动，深入了解企业文化，增进员工与企业之间的感情。尤其值得注意的是，通过有序输送技能人才到中高层管理层岗位，能更好地增强技能人才的主人翁意识。

3.校-企-社会资源全方位合作，建立职业技能培训基地

作为技能人才培养的主体，龙头企业在技能人才培养培育方面具有良好的基础及优势，因此，国家鼓励、提倡龙头企业建立技能培训中心、技能大师工作室等，借助行业及社会资源，企业还可以开设网络学习平台、开办职业院校等形成一批产训结合型企业。企业在"自产"技能人才的同时，还应该关注人才引进机制，结合企业自身需求，挖掘社会、院校的培训型、管理型人才。要充分发挥职业院校技能培养资源优势，以就业为导向，校企联合，有针对性地开展就业技能培训教学与指导，促进院校教育与企业就业的转化率。

（三）加强行业引导、服务及宣传

1.大力弘扬劳模精神、工匠精神，推广表彰典型人物

推动行业人才队伍建设是保障行业健康平稳运行的关键之一，更是行业可持续发展的重点任务。行业协会在弘扬劳模精神、工匠精神，宣传职业技能培训工作的方针政策以及推广技能人才培养典型经验方面具有平台优势。多年来，中国棉纺织行业协会致力于组织举办全国性职业技能竞赛活动，推荐全国及行业技术能手等，并多渠道、多途径宣传行业劳模、技术能手、操作能手的先进事迹，营造有利于技能人才成长的行业氛围。

2. 建立行业技能人才培养指南和资源库

为保障行业技能人才培养的科学、规范、严谨，完善适应新时代技能人才培训框架体系，行业协会在编制技能培训教材、制定相关标准等方面具有一定优势。另外，行业协会通过构建数字资源库、搭建学习平台、开展职业技能竞赛等形成系统的学习体系，更好地服务行业需求。

3. 加强管理服务和监督

随着国家、行业及企业对技能人才培养的重视，对有关培训的管理服务和监督评估任重道远。对培训主体、项目内容、培训资金的规范化、培训成果的评估以及信息公开等的管理需不断完善。在国家规定范畴内，行业协会可以组织行业专家、专业机构参与企业技能人才培养方案制定，确保培养质量与成效，引入第三方机构进行评估，保障技能人才培养全过程合规合法。

2021 年我国棉纺织上市公司年报分析

杨秋蕾　贺文婷　杨娟　冷景钢　李杰

摘要：2021 年，我国棉纺织行业经受了原料价格大幅波动、疫情多点反复、局部限产限电等因素所带来的承压发展环境，与此同时，党和国家发布了一系列稳增长、保就业调控政策，在全行业共同努力下，全年经济效益水平实现稳定增长。我国棉纺织上市公司作为行业领头企业，占有较大市场份额，其运行情况对全行业发展走势具有重要影响。本文将通过对我国棉纺织上市公司近五年主要指标和 2021 年年报进行逐一分析，挖掘共性，并探索 2022 年行业发展方向。

一、我国棉纺织上市公司基本情况

（一）棉纺织上市公司一览

自 1998 年华茂股份率先上市以来，我国先后共有 11 家以棉纺织为主业的企业成功上市，其中，常山北明、黑牡丹、盛泰集团经过跨界多元发展，现分别转型为以软件、地产等业务为主营业务，但在棉纺织板块依然保留较大比重的业务。截至目前最近一家上市的经营棉纺织板块的纺织企业为盛泰集团，其中，魏桥纺织和天虹纺织为港股上市公司，其余为 A 股上市公司（表 1）。值得一提的是，表 1 中上市企业均为中国棉纺织行业协会副会长单位，在行业内具有较强影响力和代表性。下文将以上市公司时间先后顺序进行逐一梳理分析。

表 1　棉纺织上市公司基本信息

名称	上市日期	2021 年总市值（亿元）	2021 年占利润比重最高的产品
华茂股份	1998-10-07	43.03	纱线（75.00%）
鲁泰 A	2000-12-25	56.91	面料（81.04%）
魏桥纺织	2003-09-24	22.93	棉纱、坯布及牛仔布

（续表）

名称	上市日期	2021 年总市值（亿元）	2021 年占利润比重最高的产品
天虹纺织	2004-12-09	80.88	纱线、坯布及染色布料
华孚时尚	2005-04-27	81.97	纱线（64.03%）
新野纺织	2006-11-30	29.40	纱线（73.68%）
联发股份	2010-04-23	27.00	面料（67.83%）
百隆东方	2012-06-12	88.35	色纺纱（60.71%）
常山北明	2000-07-24	110.6	系统集成及行业解决方案服务（57.46%）
黑牡丹	2002-06-18	78.32	商品房（69.25%）
盛泰集团	2021-10-27	67.11	针织成衣（45.63%）

数据来源：上市公司年报。

（二）2021 年棉纺织上市公司主要指标向好

得益于我国疫情防控的整体成果，2021 年，海外订单阶段性回流国内，棉纺织行业市场旺季总体高于淡季，上市公司经营走势整体向好，11 家公司无一出现亏损，且收益水平均较上年度均有明显增长，最终在逆全球化势力抬头的国际贸易恶化局势影响下，实现了逆风翻盘。此外，2020 年度各项指标基数较低、原料价格持续走高、全球贸易复苏拉动也是指标喜人的影响因素。见表 2。

表 2　2021 年棉纺织上市公司基本经营指标

名称	总资产（亿元）	营业总收入（亿元)	净利润（亿元）	净利润同比增长率（%）	销售毛利率（%）	存货周转率（次）	资产负债率（%）
华茂股份	76.67	34.98	4.81	116.32	19.41	4.66	37.73
鲁泰 A	129.87	52.38	3.48	257.22	20.72	1.92	35.57
魏桥纺织	252.18	162.63	6.14	199.85	8.01	5.63	24.28
天虹纺织	244.43	265.21	26.85	419.31	22.07	3.62	56.63
华孚时尚	201.38	167.08	5.70	228.25	9.64	2.58	62.62
新野纺织	105.67	53.03	0.49	-71.58	13.30	1.40	59.30

（续表）

名称	总资产 （亿元）	营业 总收入 （亿元）	净利润 （亿元）	净利润同比 增长率 （%）	销售 毛利率 （%）	存货 周转率 （次）	资产 负债率 （%）
联发股份	52.94	38.97	1.82	−61.33	15.83	3.83	28.65
百隆东方	142.74	77.74	13.71	274.47	26.21	1.50	36.99
常山北明	165.98	108.82	1.31	29.31	10.59	3.59	62.82
黑牡丹	348.28	98.27	6.63	−16.95	24.78	0.51	69.18
盛泰集团	59.77	51.57	2.91	−0.56	15.87	4.54	64.50

数据来源：上市公司年报。

2020 年全球进入新冠肺炎疫情时代，世界也正处于百年未有之大变局，控制经营风险、稳住基本盘、力求实现增长是棉纺织行业现阶段追求的目标。众所周知，棉纺织行业是重资产和劳动密集型行业，从表 2 可见，11 家上市公司资产负债率均较健康，其中 5 家企业负债率低于 50%，具有较强的应对资金链风险的能力。

二、我国棉纺织上市公司发展现状

（一）华茂股份

1.企业简介

安徽华茂纺织股份有限公司（股票代码 000850）主营业务是各类混纺纱线、织物、面料、产业用布及服装的生产与销售。主要产品为纱、线、坯布、皮棉及棉籽等。

2.经营情况

近五年，华茂股份净利润不断增长，除 2020 年受疫情影响增速放缓外，始终保持高速上升的势头，销售毛利率也处于稳步上升的趋势，见图 1。

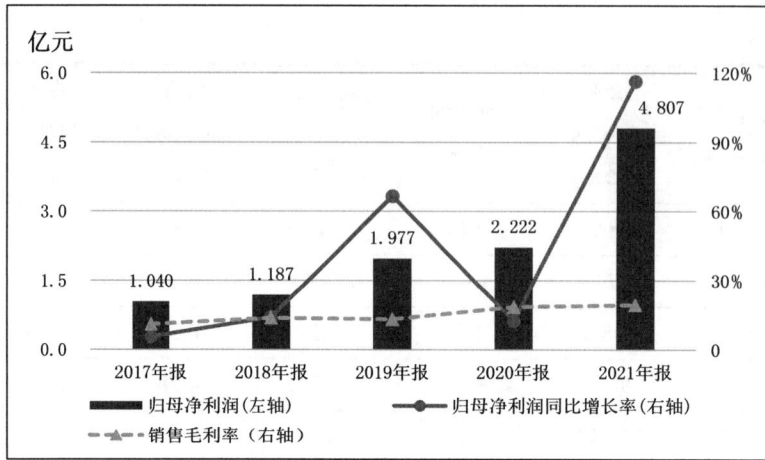

图 1　2017~2021 年华茂股份归母净利润及同比变化情况

数据来源：上市公司年报。

2021 年，华茂股份营业总收入为 34.98 亿元，较前一年度增长 3.14%；净利润为 4.807 亿元，同比增长 116.32%；从财务整体状况看，企业现金流和盈利能力较 2020 年有所加强，成长能力、运营能力、偿债能力保持稳定。见图 2。

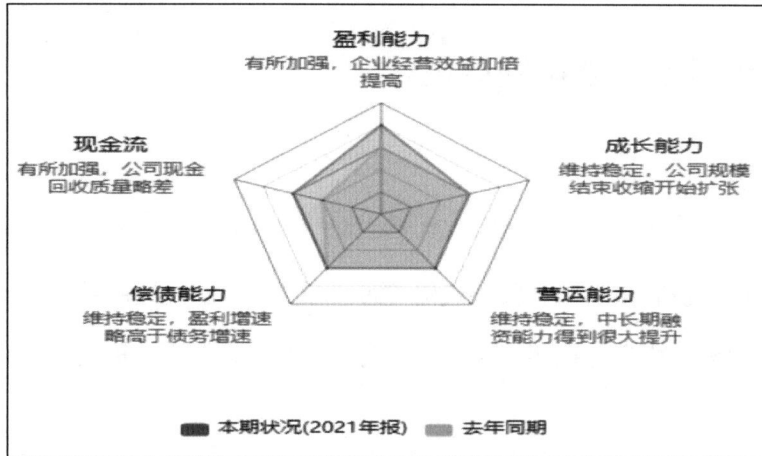

图 2　2021 年华茂股份整体财务状况

数据来源：上市公司年报。

分季度看，2021 年华茂股份营业总收入稳步增长，具有较清晰的线性关系；净利润稳步提升，一季度净利润同比增长率的大幅增长主要与前一年度基数较低有关，见图 3。全年资产负债率维持在 34.9%~38.3% 之间，销售毛利率保持在 17.5%~19.4% 的水平。

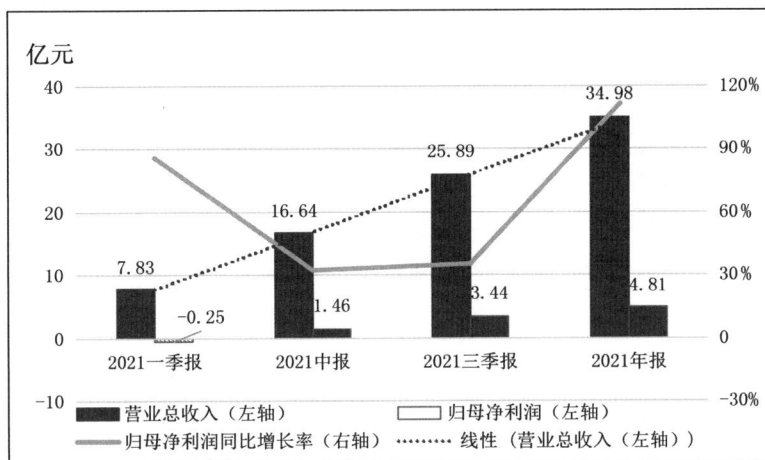

图3 2021年华茂股份营业总收入和净利润变化情况

数据来源：上市公司年报。

3.重要动态

2021 年 12 月，华茂股份公告披露，宁波瑞鼎新材料有限公司（以下简称宁波瑞鼎）将以 4.8 亿元的价格收购安徽华茂集团有限公司（以下简称华茂集团）17.28%股权。值得一提的是，宁波瑞鼎是纺织业代工巨头申洲国际旗下的公司。

（二）鲁泰 A

1.企业简介

鲁泰纺织股份有限公司（股票代码 000726）是一家经营纺织品的公司，其公司的主导产品为衬衣用色织布面料和衬衫等，该公司是具有棉花种植、纺纱、漂染、织布、整理、制衣综合垂直生产能力的纺织企业集团，世界产量最大的高档衬衣色织面料生产厂商之一。

2.经营情况

通过观察近五年鲁泰纺织股份有限公司年报部分指标可以看出，近两年该公司净利润与前几个年度有较明显下降；销售毛利率从 2017 年的 30%左右，下降到 2021 年的 20%左右，主要原因为其供应链体系受国际贸易摩擦影响较为明显，欧美订单锐减。见图4。

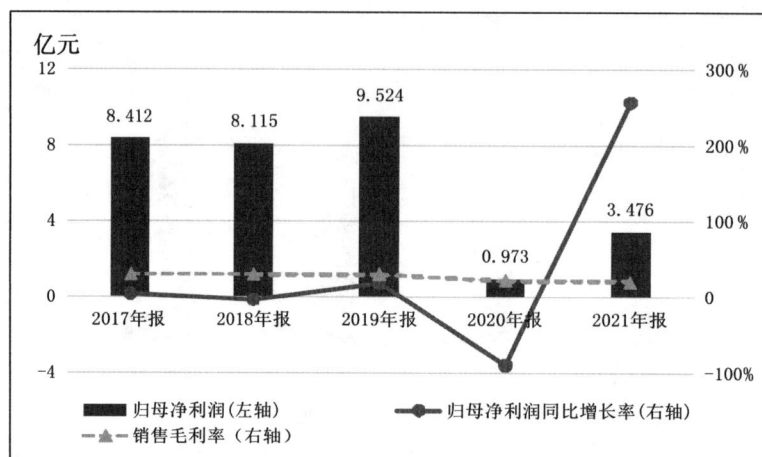

图 4   2017～2021 年鲁泰 A 归母净利润及同比变化

数据来源：上市公司年报。

2021 年，鲁泰纺织营业总收入为 52.38 亿元，较前一年度增长 10.25%；净利润为 3.476 亿元，同比增长 257.22%；从财务整体状况看，企业成长能力得到较明显的提升，盈利能力有所加强，现金流、偿债能力、运营能力保持稳定，其中运营能力相对较弱，见图 5。

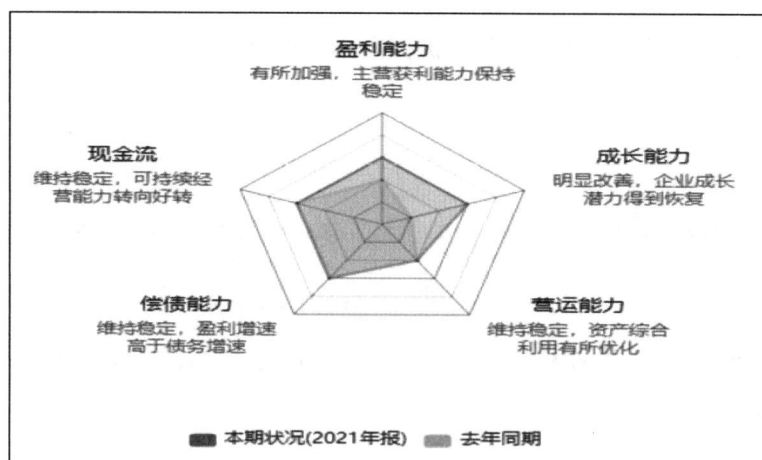

图 5   2021 年鲁泰 A 整体财务状况

数据来源：上市公司年报。

分季度看，2021 年鲁泰纺织营业总收入稳步增长，净利润稳步提升，净利润同比增长率实现由负转正，见图 6。全年资产负债率维持在 32.0%～35.6%之间，波动较小；销售毛利率保持在 17.9%～20.7%的水平，自一季度以来逐步上升。

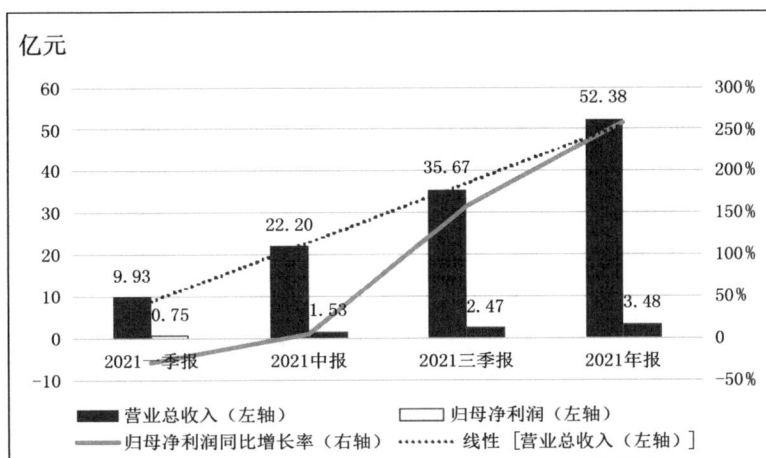

图6 2021年鲁泰A营业总收入和净利润变化情况

数据来源：上市公司年报。

3.重要动态

2021 年 3 月公告显示，鲁泰纺织股份有限公司出售了新疆鲁泰丰收棉业有限责任公司全部的 59.92% 股权，以达到推进业务整合，进一步优化资产结构，聚焦高附加值制造环节的目的。

2021 年 8 月公告显示，鲁泰纺织股份有限公司将建设功能性面料智慧生态园区项目（一期）。项目建设期 3 年，建成后，将形成年产3500万米高档功能性面料的生产能力，将进一步提升该公司在功能性色织面料领域的位置。

（三）魏桥纺织

1.企业简介

魏桥纺织股份有限公司（股票代码 HK2698）主要从事棉纱、坯布、牛仔布的生产和销售以及电力、蒸汽的生产和销售，此外还通过其子公司从事生产及销售聚酯纤维纱及相关产品业务。魏桥纺织共有邹平、魏桥、滨州、威海四个生产基地，技术实力雄厚。

2.经营情况

2019～2020 年，魏桥纺织净利润较往年有所下降，2021 年该公司积极作出调整，净利润水平再度回升，实现正增长；销售毛利率波动不大，处于平稳状态，见图7。

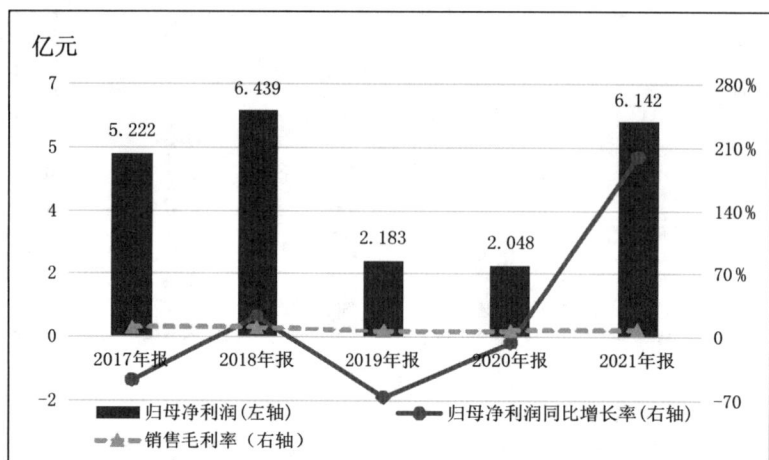

图 7　2017～2021 年魏桥纺织归母净利润及同比变化情况

数据来源：上市公司年报。

2021 年，魏桥纺织营业总收入为 34.98 亿元，较前一年度增长 3.14%；净利润为 4.807 亿元，同比增长 116.32%；全年销售毛利率为 8.01%。分阶段看，2021 年下半年营业总收入高于上半年；全年净利润主要依靠上半年获取，下半年净利润同比增长率较上半年有所下降；全年资产负债率维持在 23%左右，见图 8。

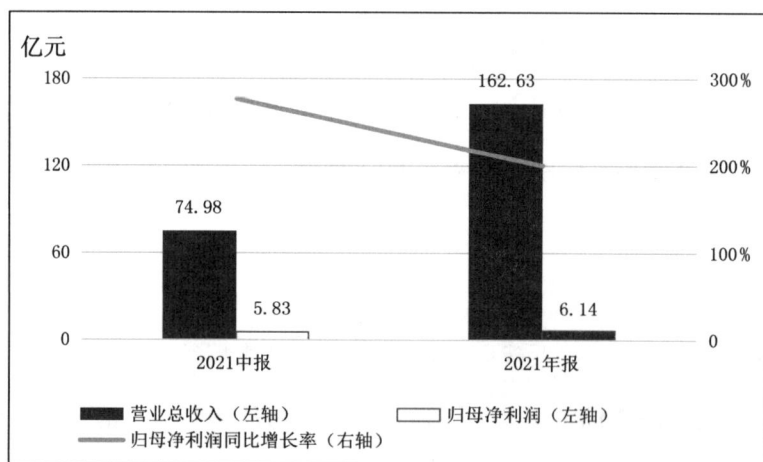

图 8　2021 年魏桥纺织营业总收入和净利润变化情况

数据来源：上市公司年报。

3. 重要动态

2021 年，魏桥纺织根据市场需求情况及时调整生产计划，公司的棉纱产量约 41.1 万吨，较上年同期增加约 10.8%；坯布产量约为 7.28 亿米，较上年同期增加约 0.3%；牛仔布产量约为 3900 万米，较上年同期减少约 22.0%。

（四）天虹纺织

1.企业简介

天虹纺织集团有限公司（股票代码 HK2678）是一家投资控股公司，主要从事生产及销售纱线、坯布、面料和服装业务，是全球最大的包芯棉纺织品供应商之一，主要在中国大陆、越南及中国澳门三个地区经营业务，还通过其子公司于中国大陆从事生产及销售染布以及棉花加工业务。

2.经营情况

2017~2020 年，天虹纺织净利润水平呈下降趋势，2021 年该公司紧抓市场机遇，发挥出在差异化产品领域的优势，净利润水平实现大幅增长，销售毛利率同步上升，如图 9 所示。

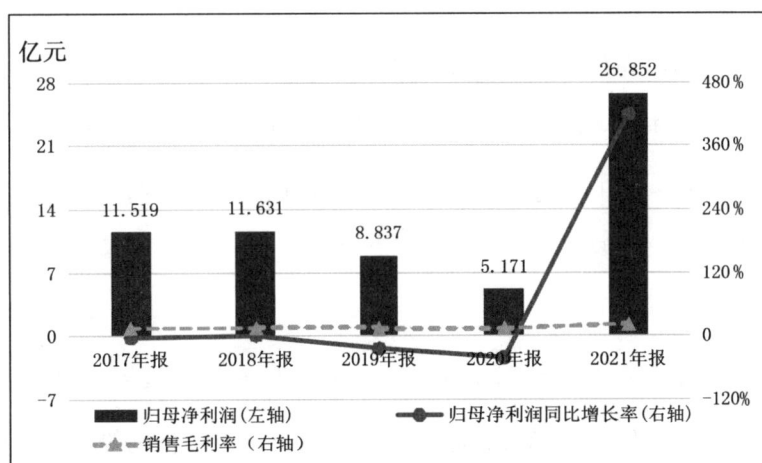

图 9　2017~2021 年天虹纺织归母净利润及同比变化情况

数据来源：上市公司年报。

在产品售价及销量均上涨的情况下，2021 年，天虹纺织营业总收入达 265.21 亿元，较前一年度增长 35.47%；净利润为 26.852 亿元，同比增长 419.31%；销售毛利率为 22.07%，达到近年来最高值；资产负债率为 56.63%，降至近五年最低。分阶段看，2021

年上、下半年营业总收入、净利润分布较为均衡，其中上半年净利润迅猛上升，较 2020 年上半年增长了 10 倍以上，见图 10。

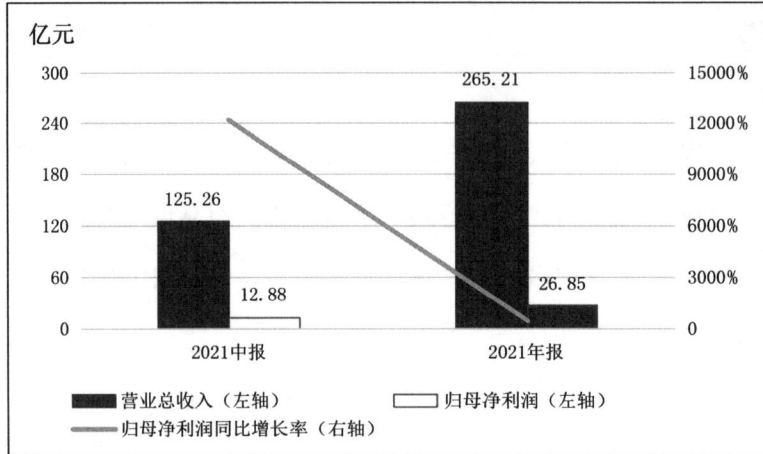

图 10　2021 年天虹纺织营业总收入和净利润变化情况

数据来源：上市公司年报。

3. 重要动态

牛仔服装业务方面，为使服装业务实现更高盈利能力，天虹纺织与合营伙伴华利达集团达成协议，于 2021 年底将越南牛仔服装生产工厂的大多数权益出售予华利达集团，此举将促进越南牛仔服装生产工厂的盈利能力提升，并使公司能更专注于发展面料业务。

（五）华孚时尚

1. 企业简介

华孚时尚股份有限公司（股票代码 002042）主营中高档色纺纱线，配套提供高档新型的坯纱、染色纱，同时提供流行趋势、原料与产品认证、技术咨询等增值服务。经营范围包括纺织品、针织品、印染品、服装及其相关产品的制造和销售等。

2. 经营情况

近五年，华孚时尚净利润呈"V"字变化，2019～2020 年受国际形势和疫情影响收益水平有所下降，2021 年在市场形势带动下显著回升；销售毛利率除 2020 年有所下降，其他年度较平稳，见图 11。

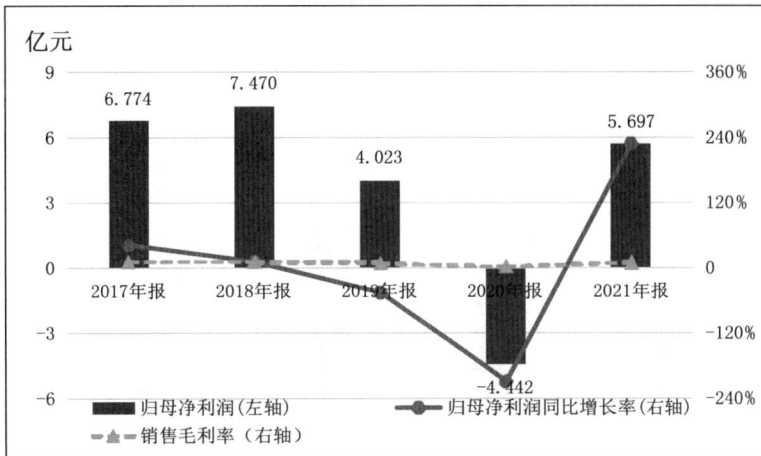

图 11 2017～2021 年华孚时尚归母净利润及同比变化情况

数据来源：上市公司年报。

2021 年，华孚时尚营业总收入为 167.08 亿元，较前一年度增长 17.40%；净利润为 5.697 亿元，同比增长 228.25%。从财务整体状况看，企业成长能力得到较明显的提升，盈利能力、现金流有所加强，偿债能力、运营能力保持稳定，其中偿债能力相对较弱，见图 12。

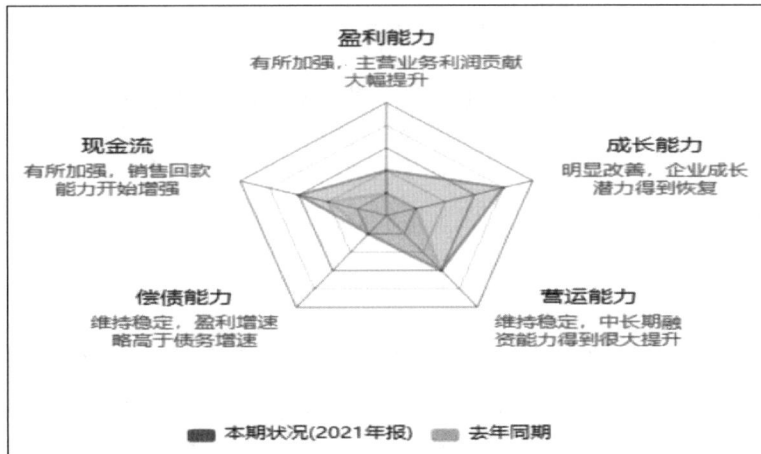

图 12 2021 年华孚时尚整体财务状况

数据来源：上市公司年报。

分季度看，2021 年华孚时尚营业总收入稳步增长，净利润稳步提升，具有较清晰的线性关系，一季度净利润同比增长率的大幅增长主要与前一年度基数较低有关，见图 13。全年资产负债率维持在 58.4%～63.7% 之间，较 2020 年略有好转；销售毛利率保持在 7.6%～

9.6%的水平，较 2020 年明显回升。

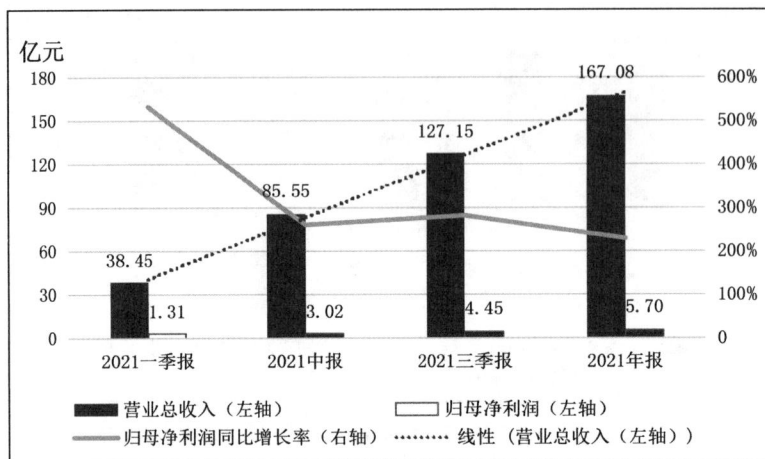

图 13　2021 年华孚时尚营业总收入和净利润变化情况

数据来源：上市公司年报。

3. 重要动态

2021 年 12 月公告显示，华孚时尚拟通过香港华孚有限公司向越南华孚注资 3,71 美元，在越南隆安投资建设 50 万锭新型纺纱项目，其中一期建设 30 万锭、二期建设 20 万锭。本次非公开发行募集资金拟投资该项目一期建设，建成后可生产包含高档全棉、功能运动、可持续发展产品纱线。

（六）新野纺织

1. 企业简介

河南新野纺织股份有限公司（股票代码 002087）是从事中高档棉纺织品的生产与销售的纺织企业，主要产品包括纱线系列产品、坯布及面料系列产品等。生产基地主要分布在我国河南、新疆等地区。

2. 经营情况

近五年，新野纺织净利润水平呈下滑趋势；销售毛利率近两年有所下降，经营压力有所增大，如图 14 所示。

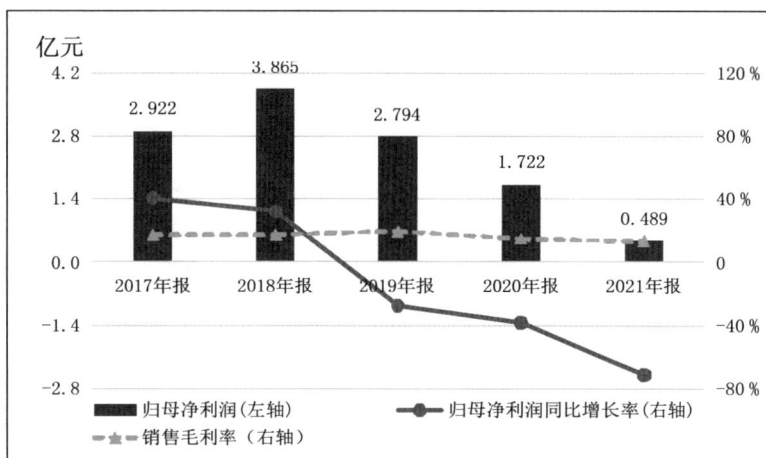

图 14　2017～2021 年新野纺织归母净利润及同比变化情况

数据来源：上市公司年报。

2021 年，新野纺织营业总收入为 53.03 亿元，较前一年度增长 8.99%；净利润为 0.489 亿元，同比下降 71.57%。从财务整体状况看，2021 年企业现金流得到较明显的提升，成长能力、偿债能力保持稳定，盈利能力、运营能力有所下降，见图 15。

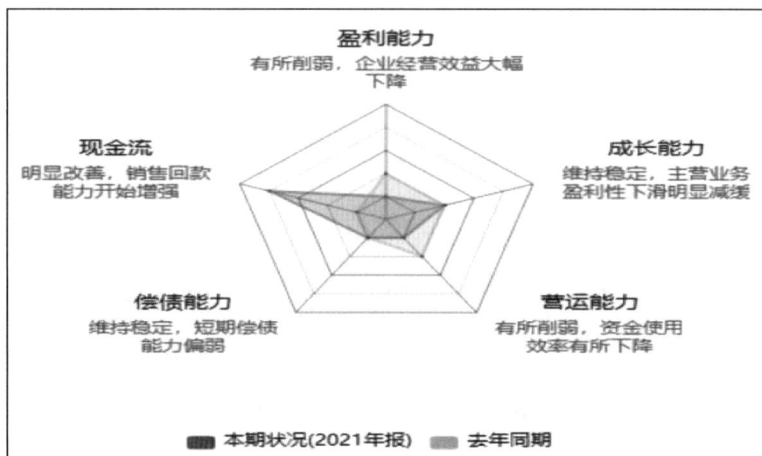

图 15　2021 年新野纺织整体财务状况

数据来源：上市公司年报。

分季度看，2021 年新野纺织营业总收入稳步增长，前三季度净利润缓慢增长，第四季度出现亏损，导致全年净利润水平不高，从增长率看，收益水平始终弱于 2020 年同期，见图 16。全年资产负债率维持在 53.1%～59.3% 之间，变化不大；销售毛利率保持在

11.6%～13.3%的水平，较 2020 年有所下降。

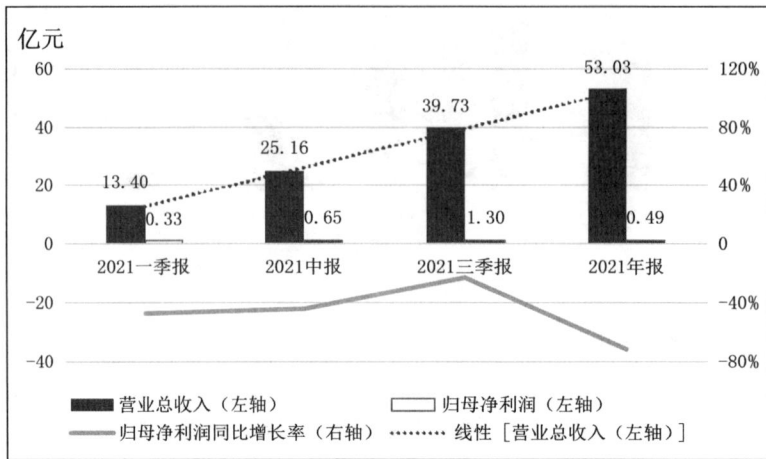

图 16　2021 年新野纺织营业总收入和净利润变化情况

数据来源：上市公司年报。

3.重要动态

新野纺织 2020 年斥资 1.2 亿元在河南省新野县纺织产业集聚区投资建设高档纺熔复合非织造布项目，但由于受全球疫情影响，项目建设期尚无法预计。新野纺织表示，目前该项目仍在前期准备中。

（七）联发股份

1.企业简介

江苏联发纺织股份有限公司（股票代码 002394）为一家拥有轧花、纺纱、纱线染色、织造、色织布整理、针织染色、家纺面料、服装面料印染、制衣全产业链，热电、污水处理配套，品牌运营与仓储物流于一体的大型高新技术企业。

2.经营情况

近五年，联发股份净利润水平呈波动发展态势，2021 年出现明显下跌；销售毛利率近两年有所下降，如图 17 所示。

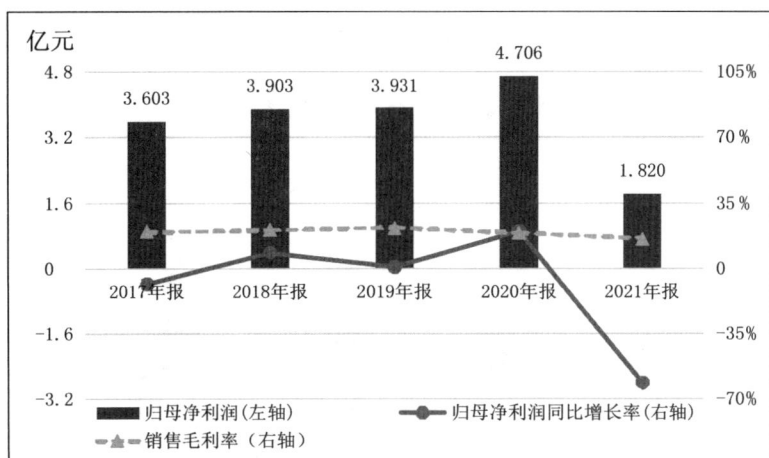

图17 2017～2021年联发股份归母净利润及同比变化情况

数据来源：上市公司年报。

2021 年，联发股份营业总收入为 38.97 亿元，较前一年度增长 0.61%；净利润为 1.82 亿元，同比下降 61.33%。从财务整体状况看，2021 年企业偿债能力仍维持较好水平；现金流保持稳定，但整体水平仍不高；成长能力和运营能力有所削弱；盈利能力下降最为明显，企业经营效益大幅下降，见图18。

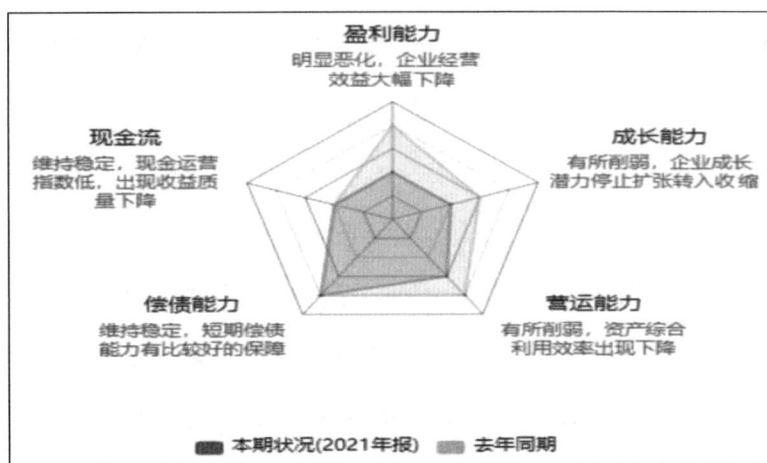

图18 2021年联发股份整体财务状况

数据来源：上市公司年报。

分季度看，2021 年联发股份营业总收入、净利润逐步增长，其中第二季度收益最好，第四季度增速明显下降，但从增长率看，全年收益水平始终弱于 2020 年同期，净利润增长率始终为负值，见图 19。全年资产负债率维持在 23.1%～28.7%之间，变化不大；销售毛利率保持在 13.4%～15.8%的水平，较往年有所下降。

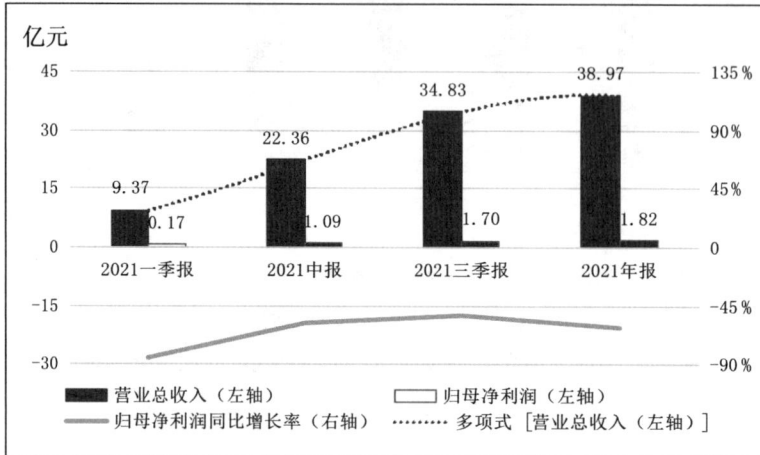

图 19　2021 年联发股份营业总收入和净利润变化情况

数据来源：上市公司年报。

3. 重要动态

为应对全球纺织产业贸易格局的变化，满足东南亚地区服装产业对高档机织面料的需求，联发股份在印度尼西亚投资建设年产 6600 万米高档梭织服装面料项目，预计项目试运行时间为 2022 年二季度。

（八）百隆东方

1. 企业简介

百隆东方股份有限公司（股票代码 601339）是一家以色纺纱的研发、生产和销售为主要业务的企业。其产品包括纯棉色纺纱、混纺色纺纱等。百隆东方深耕色纺纱行业 30 余年，已形成特有的"小批量、多品种、快速反应"经营模式，致力于向客户提供全系列、多品种、质量可靠的以纯棉品种为主的色纺纱线。

2. 经营情况

近五年，百隆东方净利润呈先下降后上升的变化趋势，2021 年紧握市场红利期，收益水平大幅提升；销售毛利率 2019～2020 年有所下降，2021 年显著回升，达到近五年最高值，如图 20 所示。

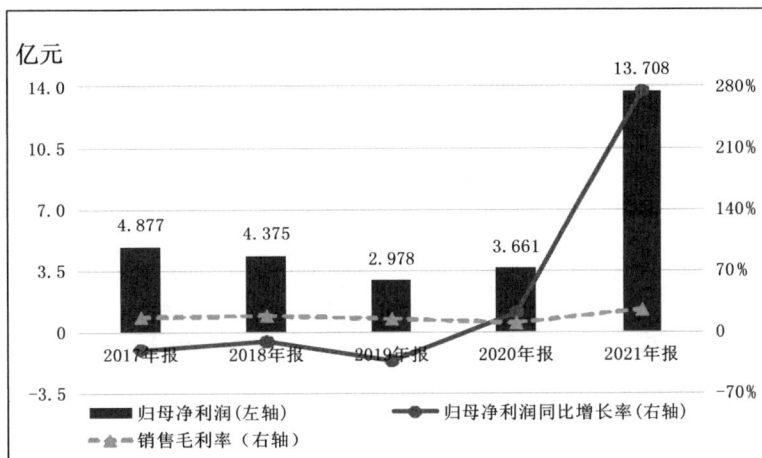

图 20　2017~2021 年百隆东方归母净利润及同比变化情况

数据来源：上市公司年报。

2021 年，百隆东方营业总收入为 77.74 亿元，较前一年度增长 26.73%；净利润为 13.708 亿元，同比增长 274.47%。从财务整体状况看，企业各方面能力均较上一年度有所提升，其中盈利能力大幅增强，企业发展势头强劲，见图 21。

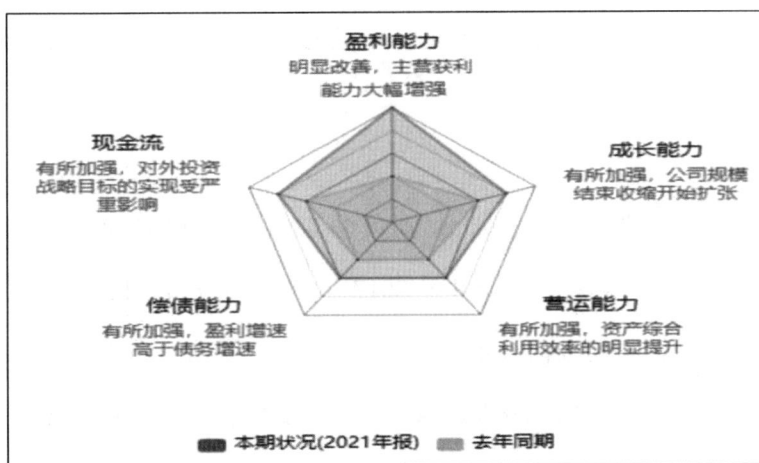

图 21　2021 年百隆东方整体财务状况

数据来源：上市公司年报。

分季度看，2021 年百隆东方营业总收入稳步增长，净利润稳步提升，销售净利率达 17.63%，处于较高水平，见图 22。全年资产负债率维持在 35.8%~41.5% 之间，销售毛利率保持在 17.9%~26.2%的水平，与 2020 年相比均向好发展。

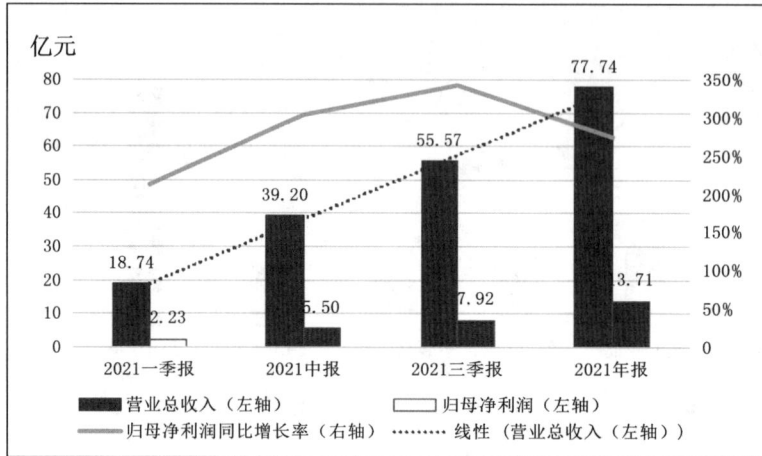

图 22　2021 年百隆东方营业总收入和净利润变化情况

数据来源：上市公司年报。

3.重要动态

2021 年 7 月，经公司 2021 年第三次临时股东大会审议通过《关于公司非公开发行 A 股股票预案的议案》，同意公司本次非公开发行募集资金总额不超过 10 亿元人民币用于百隆（越南）扩建 39 万锭纱线项目。公司已于 2022 年 3 月取得中国证券监督管理委员会核准批复。

（九）常山北明

1.企业简介

石家庄常山北明科技股份有限公司（股票代码 000158）原名石家庄常山纺织股份有限公司，因公司发展需要进行名称变更，并于 2017 年 8 月 22 日完成了工商变更登记手续。主营业务包括两大板块，一是纯棉纱布和涤棉纱布的生产销售；自产产品和技术的进出口业务；棉花批发、零售。二是软件开发、软件服务；智能化安装工程服务，技术进出口、信息系统集成服务等。

2.经营情况

近五年，常山北明净利润水平整体有所下降，2020~2021 年有小幅增长；销售毛利率平稳，2021 年有所增长，达到近五年最高值，如图 23 所示。

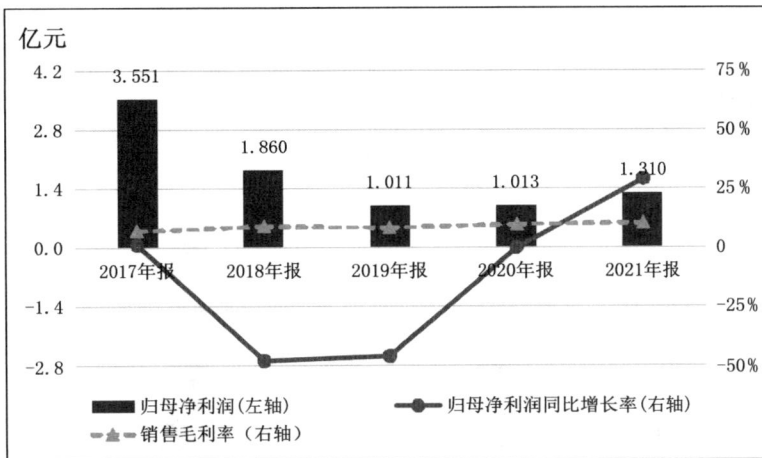

图 23　2017～2021 年常山北明归母净利润及同比变化情况

数据来源：上市公司年报。

常山北明"纺织+软件"的双主业发展模式，为行业风险分担提供保障。2021 年，常山北明营业总收入为 108.82 亿元，较前一年度增长 10.10%，其中纺织主业营业收入为 47.85 亿元，占营业总收入的 43.98%；净利润为 1.310 亿元，同比增长 29.31%，其中纺织板块利润占比为 7.13%，所占比重较前一年度有所增长。从财务整体状况看，企业运营能力、偿债能力较上年度有所增强，现金流、盈利能力、成长能力保持稳定，见图 24。

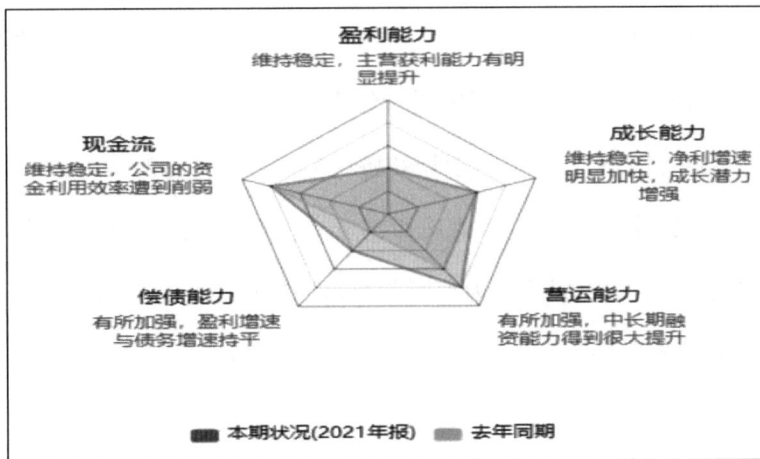

图 24　2021 年常山北明整体财务状况

数据来源：上市公司年报。

分季度看，2021 年常山北明营业总收入稳步增长，净利润水平始终较 2020 年有所好转，亏损数额逐季度缩小，第四季度实现扭亏为盈，见图 25。全年资产负债率维持在 23.1%～28.7%，销售毛利率保持在 8.8%～10.6%的水平。

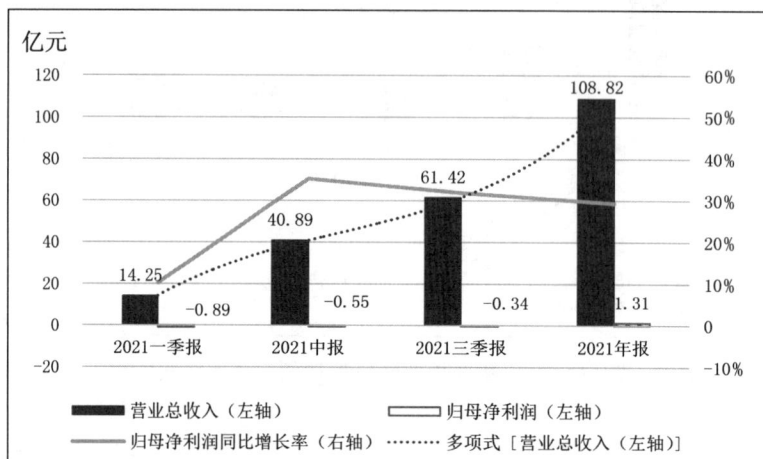

图 25　2021 年常山北明营业总收入和净利润变化情况

数据来源：上市公司年报。

3. 重要动态

2021 年 12 月公告显示，为了深化国企改革，提高国有企业的运营质量和水平，适应新形势下对国有企业的新定位、新要求。按照《石家庄市市属国有企业重组整合总体实施方案》的要求，石家庄市国资委下发了《关于将石家庄常山纺织集团有限责任公司股权整体无偿划转至石家庄国有资本投资运营集团有限责任公司有关事项的通知》，并与国投集团于 2021 年 11 月 29 日已签订了《无偿划转协议》，将其持有的常山集团 100%股权无偿划转至国投集团。股权转换完成后，石家庄市国资委持有国投集团 100%股权，市国投集团持有常山集团 100%股权，常山集团仍为控股股东，国投集团为常山北明间接控股股东，石家庄市国资委仍为该公司实际控制人。

（十）黑牡丹

1. 企业简介

黑牡丹（集团）股份有限公司是国内牛仔布生产销售规模最大的企业之一，是 A 股上市公司，为国家 520 家重点企业之一，科技部认定的国家重点高新技术企业。已成为拥有纺织服装、新型城镇化建设和新基建三大业务板块，下辖 40 多家全资及控股子公司的国有控股上市公司。其纺织服装业务具备从染色、织造、整理、服装垂直一体化的生产体系。

2. 经营情况

目前，房地产已成为黑牡丹占比最大的经营业务，纺织份额已明显缩减。近五年，黑牡丹净利润呈现出先涨后跌的发展趋势，净利润同比增长率水平逐步下降，2021 年将为负值；销售毛利率同步变化，因采取多板块经营的发展模式，利率水平整体较大多数专注棉纺织产业的企业高，如图 26 所示。

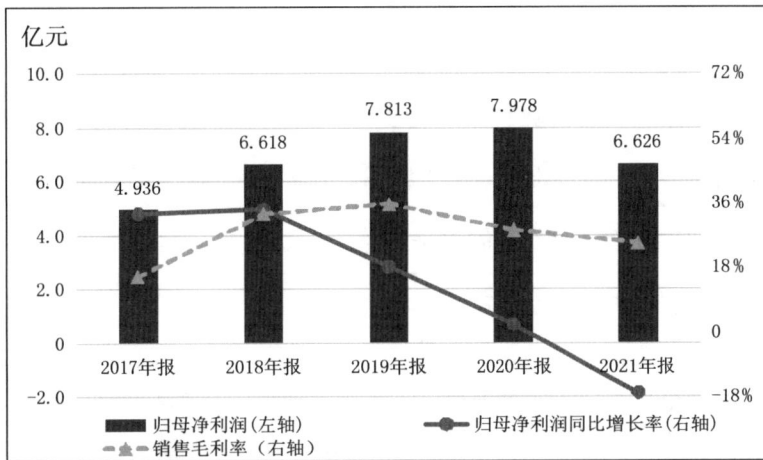

图 26　2017~2021 年黑牡丹归母净利润及同比变化情况

数据来源：上市公司年报。

2021 年，黑牡丹营业总收入为 98.27 亿元，较前一年度下降 3.77%，其中纺织主业营业收入为 12.11 亿元，占营业总收入的 12.33%；净利润为 6.626 亿元，同比下降 16.95%，其中纺织板块利润占比为 9.98%；从营业收入和净利润两大指标来看，纺织板块数额及所占比重均较前一年度有所增长。从财务整体状况看，企业盈利能力、运营能力、偿债能力较上一年度保持稳定，现金流出现明显下降，成长能力有所削弱，见图 27。

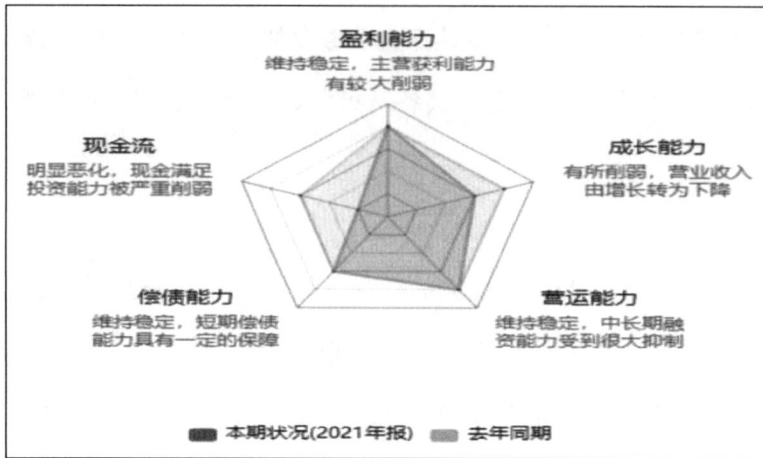

图 27　2021 年黑牡丹整体财务状况

数据来源：上市公司年报。

分季度看，2021 年黑牡丹营业总收入稳步增长，第二季度净利润显著提高，但下半年发展势头匮乏，净利润水平与 2020 年相比较弱，见图 28。全年资产负债率维持在 68%左右，销售毛利率保持在 25.7%～30.9%的水平。

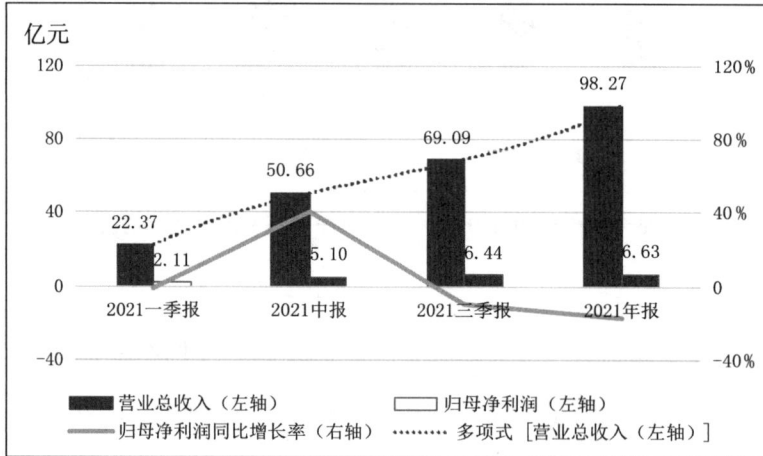

图 28　2021 年黑牡丹营业总收入和净利润变化情况

数据来源：上市公司年报。

3. 重要动态

2021 年，在全国范围内新冠肺炎疫情外防输入、内防反弹的压力下，黑牡丹各业务板块均面临着复杂严峻的考验，新基建行业竞争加剧，房地产市场调控政策保持连续性和稳定性，纺织服装行业受到国际贸易形势及原辅材料价格波动的冲击。纵观全年，黑牡丹以构建"两业融合"为契机，挖掘隐性技术，打造高质量智能制造产业链，促使企业从制造加工生产向"微笑"曲线两端转变。

（十一）盛泰集团

1. 企业简介

浙江盛泰服装集团股份有限公司（股票代码 605138）主要从事纺织面料及成衣的生产与销售，是一家具备核心生产技术的主要服务于国内外知名品牌的纺织服装行业跨国公司，业务范围全面覆盖纺纱、面料、染整、印绣花和成衣裁剪与缝纫五大工序，产能分布于中国、越南、柬埔寨、斯里兰卡以及罗马尼亚，是纺织服装行业中集研发、设计、生产、销售、服务于一体的全产业链跨国企业。

2. 经营情况

盛泰集团于 2021 年 10 月 27 日在上海证券交易所上市。近五年，其净利润呈逐步上升趋势；销售毛利率水平较为平稳，2021 年有所下降，如图 29 所示。

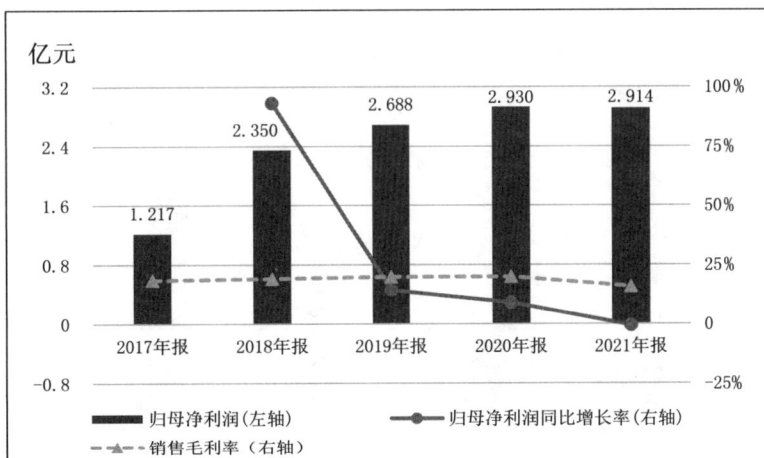

图 29　2017～2021 年盛泰集团归母净利润及同比变化情况

数据来源：上市公司年报。

2021 年，盛泰集团营业总收入为 51.57 亿元，较上年度增长 9.68%，其中棉纺织行业营业收入为 2.62 亿元，占营业总收入的 5.08%；净利润为 2.914 亿元，同比下降 0.56%。从财务整体状况看，运营能力较上一年度保持稳定，其余各项能力均有所削弱，见图 30。

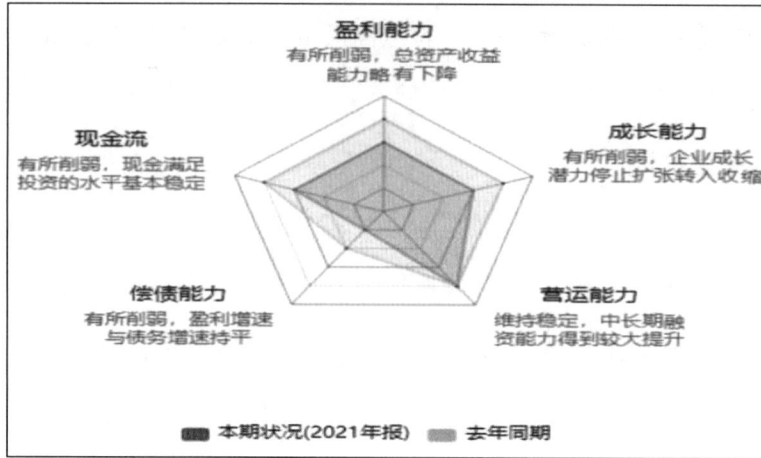

图 30　2021 年盛泰集团整体财务状况

数据来源：上市公司年报。

分季度看，2021 年盛泰集团营业总收入稳步增长，其中第四季度增量最大；上半年净利润较 2020 年同期增长 38.16%，其中第二季度净利润水平增长最快，下半年增速放缓，最终全年净利润水平弱于去年，见图 31。年报显示，2021 年盛泰集团全年资产负债率维持在 64.5%～71.0%之间，销售毛利率保持在 15.9%～19.0%的水平。

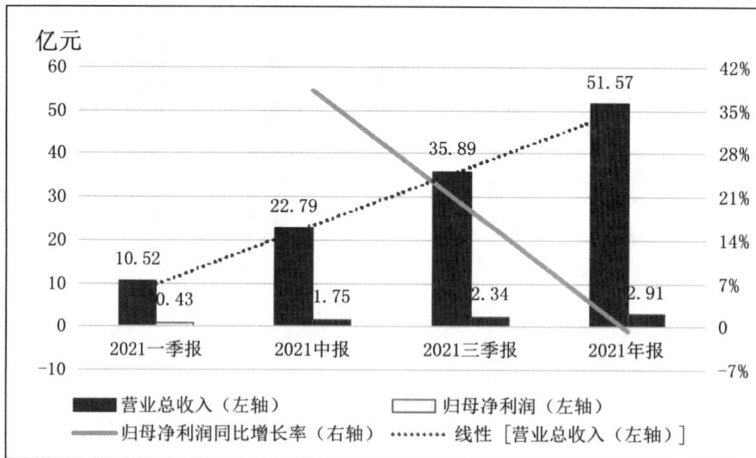

图 31　2021 年盛泰集团营业总收入和净利润变化情况

数据来源：上市公司年报。

3. 重要动态

2021 年 9 月公告显示，盛泰集团多个项目即将开启，包括面料技术改造建设项目（嵊州）、面料技术改造及扩能建设项目（越南）、湖南新马制衣有限公司生产线技术改造升级建设项目、盛泰集团智能制造系统建设项目、河南织造及成衣生产中心建设项目，预计建设周期均为 24 个月。一系列项目建设和升级改造工程，将为未来盛泰集团提高生产能力及水平奠定基础。

三、上市公司的发展趋势与挑战

随着外围发展环境的不断变化，产业链也早已拉开大浪淘沙的序幕，上市公司作为行业的灯塔工厂，应对行业发展共性问题的同时也要面临"船大难掉头"的局面，面对诸多的不确定性，上市公司努力做好确定的事，紧跟时代潮流，把控经营风险，合理安排产销，努力推进高质量发展。

（一）用差别化践行行业高质量发展

随着消费者对消费体验的差异性需求不断增加，多种纤维混纺交织产品已经成为时尚化、功能化的纺织产业的主流，为棉纺织产品创新、纺纱织造技术进步奠定了基础。近年来，棉纺织行业非棉纤维应用比例继续提高，差别化纱线、面料的比重同步提升，为棉纺织行业带来新的发展空间，"差别化"已成为棉纺织行业高附加值产品的代名词之一。另外，新疆棉花受恶意打压带来的订单缩减也倒逼纯棉型企业加快思考转型出路，2021 年上市公司年报显示，多家企业将提高对差别化产品的研发力度和使用多元化纺织原料作为2022 年的发展方向。

（二）变局中加强风险防范意识

2021 年 9 月下旬起，市场价格持续走高，行业外部因素带来的影响程度上升，国际政治、贸易局势引发多层震荡，棉纺织市场淡旺季已不再像以往一样有明显的规律可循。从年度走势看，2021 年，经过疫情洗礼后全球经济逐步开放，贸易活动逐步复苏。2022年，俄乌战争爆发，推高全球通胀，全球经济下行风险增大，油价上涨拉动原材料继续上涨，减缓了全球经济复苏速度。2022 年，我国棉纺织主要外需市场不稳定、不平衡风险增大，内需市场受疫情影响波动性同样加大。对于上市公司来说，由汇率波动引发的旗下资产变化需要重点关注。

（三）可持续发展理念不断深化，焕发行业新风采

可持续发展是行业发展的综合性话题，包括人才建设、绿色发展、产品创新、品牌建设、发展布局等多方面内容，是企业保持活力、焕发风采的重要因素，为企业发展带来机遇。人才建设方面，要加强一线技术人员培养、扩大新生代人才比重、加强现有员工的凝聚力。绿色发展方面，加强绿色节能技术的研发与应用，将环保理念融入企业发展的各个角落。产品竞争力方面，坚持增品种、提品质、创品牌"三品"专项行动。发展布局方面，做好企业发展短、中、长期发展规划，顺应时代发展，设立正确发展目标，做好研判工作。

政 策 篇

中华人民共和国国家发展和改革委员会公告

为保障纺织企业用棉需要，经研究决定，今年发放一定数量的棉花关税配额外优惠关税税率进口配额（以下简称棉花进口滑准税配额）。现将配额数量、申请条件等有关事项公布如下：

一、配额数量

本次发放棉花进口滑准税配额数量为 70 万吨，全部为非国营贸易配额。其中，40 万吨限定用于加工贸易方式进口；30 万吨不限定贸易方式，获得配额的企业申领配额证时可自行选择确定贸易方式。企业可单独申请加工贸易配额或不限定贸易方式的配额，也可同时申请。

二、申请条件

2021 年 4 月 1 日前在市场监督管理部门登记注册；具有良好的财务状况、纳税记录和诚信情况；没有违反《农产品进口关税配额管理暂行办法》的行为。

在具备上述条件的前提下，申请企业还必须符合以下所列条件之一：

（一）纺纱设备（自有）5 万锭及以上的棉纺企业；

（二）全棉水刺非织造布年产能（自有）8000 吨及以上的企业（水刺机设备幅宽小于或等于 3 米的生产线产能认定为 2000 吨，幅宽大于 3 米的生产线产能认定为 4000 吨）。

2022 年棉花进口关税配额申请和分配细则

根据《农产品进口关税配额管理暂行办法》（商务部、国家发展和改革委员会令 2003 年第 4 号），国家发展改革委制定了 2022 年棉花进口关税配额申请和分配细则。

一、配额数量

2022 年棉花进口关税配额总量为 89.4 万吨，其中 33%为国营贸易配额。

二、申请条件

2022 年棉花进口关税配额申请企业基本条件为：2021 年 10 月 1 日前在市场监督管理部门登记注册；具有良好的财务状况、纳税记录和诚信情况；没有违反《农产品进口关税配额管理暂行办法》的行为。

在具备上述条件的前提下，申请企业还必须符合以下所列条件之一：

（一）棉花进口国营贸易企业；

（二）纺纱设备（自有）5 万锭及以上的棉纺企业；

（三）全棉水刺非织造布年产能（自有）8000 吨及以上的企业（水刺机设备幅宽小于或等于 3 米的生产线产能认定为 2000 吨，幅宽大于 3 米的生产线产能认定为 4000 吨）。

关于 2021 年中央储备棉轮出的公告

根据国家有关部门要求及中国储备粮管理集团有限公司安排，为优化中央储备棉结构，确保质量良好，增强中央储备调控能力，2021 年将对部分中央储备棉进行轮出。现将有关事项公告如下：

（一）时间。2021 年 7 月 5 日至 2021 年 9 月 30 日期间的国家法定工作日。

（二）数量。总量安排 60 万吨，轮出期间除暂停交易日外，原则上实行均衡投放。

（三）价格。挂牌销售底价随行就市动态确定，与国内外棉花现货价格挂钩联动，由国内市场棉花现货价格指数和国际市场棉花现货价格指数各按 50%的权重计算确定，每周调整一次。轮出期间，当国内市场棉花现货价格指数连续 3 个工作日累计跌幅超过 500 元/吨时，下个工作日起暂停交易；当国内市场棉花现货价格指数连续 3 个工作日累计不再下跌时，下个工作日重新启动交易。（具体计算公式见附件）

（四）方式。通过全国棉花交易市场公开挂牌竞价销售。

（五）公证检验。轮出的中央储备棉由中国纤维质量监测中心组织对质量和重量按 100%进行公证检验。

附件：中央储备棉轮出销售底价计算公式（略）

"十四五"智能制造发展规划

智能制造是制造强国建设的主攻方向，其发展程度直接关乎我国制造业质量水平。发展智能制造对于巩固实体经济根基、建成现代产业体系、实现新型工业化具有重要作用。为贯彻落实《中华人民共和国国民经济和社会发展第十四个五年规划和 2035 年远景目标纲要》，加快推动智能制造发展，编制本规划。

一、现状与形势

近十年来，通过产学研用协同创新、行业企业示范应用、央地联合统筹推进，我国智能制造发展取得长足进步。供给能力不断提升，智能制造装备市场满足率超过 50%，主营业务收入超 10 亿元的系统解决方案供应商达 40 余家。支撑体系逐步完善，构建了国际先行的标准体系，发布国家标准 285 项，牵头制定国际标准 28 项；培育具有行业和区域影响力的工业互联网平台近 80 个。推广应用成效明显，试点示范项目生产效率平均提高 45%、产品研制周期平均缩短 35%、产品不良品率平均降低 35%，涌现出离散型智能制造、流程型智能制造、网络协同制造、大规模个性化定制、远程运维服务等新模式新业态。但与高质量发展的要求相比，智能制造发展仍存在供给适配性不高、创新能力不强、应用深度广度不够、专业人才缺乏等问题。

随着全球新一轮科技革命和产业变革突飞猛进，新一代信息通信、生物、新材料、新能源等技术不断突破，并与先进制造技术加速融合，为制造业高端化、智能化、绿色化发展提供了历史机遇。同时，世界处于百年未有之大变局，国际环境日趋复杂，全球科技和产业竞争更趋激烈，大国战略博弈进一步聚焦制造业，美国"先进制造业领导力战略"、德国"国家工业战略 2030"、日本"社会 5.0"等以重振制造业为核心的发展战略，均以智能制造为主要抓手，力图抢占全球制造业新一轮竞争制高点。

当前，我国已转向高质量发展阶段，正处于转变发展方式、优化经济结构、转换增长动力的攻关期，但制造业供给与市场需求适配性不高、产业链供应链稳定面临挑战、资源环境要素约束趋紧等问题凸显。站在新一轮科技革命和产业变革与我国加快高质量发展的历史性交汇点，要坚定不移地以智能制造为主攻方向，推动产业技术变革和优化升级，推动制造业产业模式和企业形态根本性转变，以"鼎新"带动"革故"，提高质量、效率效益，减少资源能源消耗，畅通产业链供应链，助力碳达峰碳中和，促进我国制造业迈向全球价值链中高端。

二、总体思路

（一）指导思想

以习近平新时代中国特色社会主义思想为指导，全面贯彻党的十九大和十九届二中、三中、四中、五中、六中全会精神，立足新发展阶段，完整、准确、全面贯彻新发展理念，构建新发展格局，深化改革开放，统筹发展和安全，以新一代信息技术与先进制造技术深度融合为主线，深入实施智能制造工程，着力提升创新能力、供给能力、支撑能力和应用水平，加快构建智能制造发展生态，持续推进制造业数字化转型、网络化协同、智能化变革，为促进制造业高质量发展、加快制造强国建设、发展数字经济、构筑国际竞争新优势提供有力支撑。

（二）基本原则

坚持创新驱动。把科技自立自强作为智能制造发展的战略支撑，加强用产学研协同创新，着力突破关键核心技术和系统集成技术。支持企业、高校、科研院所等组建联合体，开展技术、工艺、装备、软件和管理、模式创新，提升核心竞争力。

坚持市场主导。充分发挥市场在资源配置中的决定性作用，强化企业在发展智能制造中的主体地位。更好发挥政府在战略规划引导、标准法规制定、公共服务供给等方面作用，营造良好环境，激发各类市场主体内生动力。

坚持融合发展。加强跨学科、跨领域合作，推动新一代信息技术与先进制造技术深度融合。发挥龙头企业牵引作用，推动产业链供应链深度互联和协同响应，带动上下游企业智能制造水平同步提升，实现大中小企业融通发展。

坚持安全可控。强化底线思维，将安全可控贯穿智能制造创新发展全过程。加强安全风险研判与应对，加快提升智能制造数据安全、网络安全、功能安全保障能力，着力防范化解产业链供应链风险，实现发展与安全相统一。

坚持系统推进。聚焦新阶段新要求，立足我国实际，统筹考虑区域、行业发展差异，加强前瞻性思考、全局性谋划、战略性布局、整体性推进，充分发挥地方、行业和企业积极性，分层分类系统推动智能制造创新发展。

（三）发展路径和目标

"十四五"及未来相当长一段时期，推进智能制造，要立足制造本质，紧扣智能特征，以工艺、装备为核心，以数据为基础，依托制造单元、车间、工厂、供应链等载体，构建虚实融合、知识驱动、动态优化、安全高效、绿色低碳的智能制造系统，推动制造业实现数字化转型、网络化协同、智能化变革。到 2025 年，规模以上制造业企业大部分实现数字化网络化，重点行业骨干企业初步应用智能化；到 2035 年，规模以上制造业企业全面普及数字化网络化，重点行业骨干企业基本实现智能化。

2025 年的主要目标是：

——转型升级成效显著。70%的规模以上制造业企业基本实现数字化网络化，建成 500 个以上引领行业发展的智能制造示范工厂。制造业企业生产效率、产品良品率、能源资源利用率等显著提升，智能制造能力成熟度水平明显提升。

——供给能力明显增强。智能制造装备和工业软件技术水平和市场竞争力显著提升，市场满足率分别超过 70%和 50%。培育 150 家以上专业水平高、服务能力强的智能制造系统解决方案供应商。

——基础支撑更加坚实。建设一批智能制造创新载体和公共服务平台。构建适应智能制造发展的标准体系和网络基础设施，完成 200 项以上国家、行业标准的制修订，建成 120 个以上具有行业和区域影响力的工业互联网平台。

三、重点任务

（一）加快系统创新，增强融合发展新动能

强化科技支撑引领作用，推动跨学科、跨领域融合创新，打好关键核心和系统集成技术攻坚战，构建完善创新网络，持续提升创新效能。

加强关键核心技术攻关。聚焦设计、生产、管理、服务等制造全过程，突破设计仿真、混合建模、协同优化等基础技术，开发应用增材制造、超精密加工等先进工艺技术，攻克智能感知、人机协作、供应链协同等共性技术，研发人工智能、5G、大数据、边缘计算等在工业领域的适用性技术。

加速系统集成技术开发。面向装备、单元、车间、工厂等制造载体，构建制造装备、生产过程相关数据字典和信息模型，开发生产过程通用数据集成和跨平台、跨领域业务互联技术。面向产业链供应链，开发跨企业多源信息交互和全链条协同优化技术。面向制造

全过程，突破智能制造系统规划设计、建模仿真、分析优化等技术。

推进新型创新网络建设。围绕关键工艺、工业母机、数字孪生、工业智能等重点领域，支持行业龙头企业联合高校、科研院所和上下游企业建设一批制造业创新载体。鼓励研发机构创新发展机制，加强数据共享和平台共建，开展协同创新。推动产业化促进组织建设，加快创新成果转移转化。建设一批试验验证平台，加速智能制造装备和系统推广应用。

专栏 1　智能制造技术攻关行动

01 关键核心技术

突破产品优化设计与全流程仿真、基于机理和数据驱动的混合建模、多目标协同优化等基础技术；增材制造、超精密加工、近净成形、分子级物性表征等先进工艺技术；工业现场多维智能感知、基于人机协作的生产过程优化、装备与生产过程数字孪生、质量在线精密检测、生产过程精益管控、装备故障诊断与预测性维护、复杂环境动态生产计划与调度、生产全流程智能决策、供应链协同优化等共性技术；5G、人工智能、大数据、边缘计算等新技术在典型行业质量检测、过程控制、工艺优化、计划调度、设备运维、管理决策等方面的适用性技术。

02 系统集成技术

开发基于信息模型和标准接口的可复用数据集成技术；制造装备、产品设计软件、管控软件、业务管理软件等之间的业务互联技术；面向产业链供应链协同的包含订单、质量、生产实绩等内容的企业信息交互技术；公有云、混合云和边云协同的灵活云化部署技术；涵盖设计、生产、管理、服务等制造全过程的复杂系统建模技术；基于模型的价值流分析和优化技术。

（二）深化推广应用，开拓转型升级新路径

聚焦企业、行业、区域转型升级需要，围绕车间、工厂、供应链构建智能制造系统，开展多场景、全链条、多层次应用示范，培育推广智能制造新模式。

建设智能制造示范工厂。加快新一代信息技术与制造全过程、全要素深度融合，推进制造技术突破和工艺创新，推行精益管理和业务流程再造，实现泛在感知、数据贯通、集成互联、人机协作和分析优化，建设智能场景、智能车间和智能工厂。引导龙头企业建设协同平台，带动上下游企业同步实施智能制造，打造智慧供应链。鼓励各地方、行业开展多场景、多层级应用示范，培育推广智能化设计、网络协同制造、大规模定制、共享制造、智能运维服务等新模式。

专栏2 智能制造示范工厂建设行动

01 智能场景

推动数字孪生、人工智能、5G、大数据、区块链、虚拟现实（VR）/增强现实（AR）/混合现实（MR）等新技术在制造环节的深度应用，探索形成一批"数字孪生+""人工智能""虚拟/增强/混合现实（XR）+"等智能场景。

02 智能车间

覆盖加工、检测、物流等环节，开展工艺改进和革新，推动设备联网和生产环节数字化连接，强化标准作业、可视管控、精准配送、最优库存，打造一批智能车间，实现生产数据贯通化、制造柔性化和管理智能化。

03 智能工厂

支持基础条件好的企业，围绕设计、生产、管理、服务等制造全过程开展智能化升级，优化组织结构和业务流程，强化精益生产，打造一批智能工厂，推动跨业务活动的数据共享和深度挖掘，实现对核心业务的精准预测、管理优化和自主决策。

04 智慧供应链

面向汽车、工程机械、轨道交通装备、航空航天装备、船舶与海洋工程装备、电力装备、医疗装备、家用电器、集成电路等行业，支持智能制造应用水平高、核心竞争优势突出、资源配置能力强的龙头企业建设供应链协同平台，打造数据互联互通、信息可信交互、生产深度协同、资源柔性配置的供应链。

推进中小企业数字化转型。加快实施中小企业数字化促进工程，针对中小企业典型应用场景，推广一批符合中小企业需求的数字化产品和服务。支持专精特新"小巨人"企业发挥示范引领作用，开展装备联网、关键工序数控化、业务系统云化等改造，推动中小企业工艺流程优化、技术装备升级。依托数字化服务商，提供数字化咨询诊断、智能化改造、上云用云等服务。

拓展智能制造行业应用。针对装备制造、电子信息、原材料、消费品等领域细分行业特点和痛点，制定智能制造实施路线图，分步骤、分阶段推进。支持有条件有基础的企业加大技术改造投入，持续推动工艺革新、装备升级、管理优化和生产过程智能化。建设行业转型促进机构，加快数据、标准和解决方案深化应用。组织开展经验交流、供需对接活动，总结推广智能制造新技术、新装备和新模式。

专栏3　行业智能化改造升级行动

01 装备制造领域

　　满足提高产品可靠性和高端化发展等需要，开发面向特定场景的智能成套生产线以及新技术与工艺结合的模块化生产单元；建设基于精益生产、柔性生产的智能车间和工厂；大力发展数字化设计、远程运维服务、个性化定制等模式。

02 电子信息领域

　　满足提高生产效率和产品良率、缩短研制周期等需要，建立复杂电磁环境下的企业通信网络和主动安全防护系统，实现企业内数据可靠传输；推进电子产品专用智能制造装备与自动化装配线的集成应用；开发智能检测设备与产品一体化测试平台；建设智能物流配送系统，优化生产经营决策系统。

03 原材料领域

　　满足安全生产、降耗减碳、提质降本等需要，实施大集团统一管理下的多基地协同制造；探索人工智能技术应用，实现工艺流程优化、工序动态协同、资源高效配置和智慧决策支持；针对民爆、矿山、危化品等危险性较大企业推广少人无人作业，实施安全一体化监控；实施大型制造设备健康监测和远程运维，保证流程安全运行；打造全生命周期数据共享平台，实现全产业链优化。

04 消费品领域

　　提高产品质量和安全性，满足多样化、高品质需求，大力推广面向工序的专用制造装备和专用机器人；支持供应链协同和用户交互平台建设，发展大规模定制；促进全产业链解决方案服务平台建设。

　　促进区域智能制造发展。鼓励地方创新完善政策体系，探索各具特色的区域智能制造发展路径。推动跨地区开展智能制造关键技术创新、供需对接、人才培养等合作。鼓励地方、行业组织、龙头企业等联合推广先进技术、装备、标准和解决方案，加快智能制造进园区，提升产业集群智能化水平。支持产业特色鲜明、转型需求迫切、基础条件好的地区建设智能制造先行区，打造智能制造技术创新策源地、示范应用集聚区、关键装备和解决方案输出地。

（三）加强自主供给，壮大产业体系新优势

　　依托强大国内市场，加快发展装备、软件和系统解决方案，培育发展智能制造新兴产

业，加速提升供给体系适配性，引领带动产业体系优化升级。

大力发展智能制造装备。针对感知、控制、决策、执行等环节的短板弱项，加强用产学研联合创新，突破一批"卡脖子"基础零部件和装置。推动先进工艺、信息技术与制造装备深度融合，通过智能车间/工厂建设，带动通用、专用智能制造装备加速研制和迭代升级。推动数字孪生、人工智能等新技术创新应用，研制一批国际先进的新型智能制造装备。

专栏4　智能制造装备创新发展行动

01 基础零部件和装置

研发微纳位移传感器、柔性触觉传感器、高分辨率视觉传感器、成分在线检测仪器、先进控制器、高精度伺服驱动系统、高性能高可靠减速器、可穿戴人机交互设备、工业现场定位设备、智能数控系统等。

02 通用智能制造装备

研发智能立/卧式五轴加工中心、车铣复合加工中心、高精度数控磨床等工作母机；智能焊接机器人、智能移动机器人、半导体（洁净）机器人等工业机器人；激光/电子束高效选区熔化装备、激光选区烧结成形装备等增材制造装备；超快激光等先进激光加工装备；高端分布式控制系统、可编程逻辑控制器、监视控制和数据采集系统等工业控制装备；数字化非接触精密测量、在线无损检测、激光跟踪测量等智能检测装备和仪器；智能多层多向穿梭车、智能大型立体仓库等智能物流装备。

03 专用智能制造装备

研发汽车发动机、变速箱等高效加工与近净成形成套装备，航空航天大型复合材料智能铺放、成形、加工和检测成套装备，航空航天智能装配装备，船舶板材激光焊接成套装备，高精度智能化热/冷连轧成套装备，百万吨以上智能化乙烯成套装备，新型干法水泥全流程智能化生产线，食品高黏度流体灌装智能成套装备，连续式针织物/纯涤纶织物印染成套装备，满足GMP要求的无菌原料药智能成套装备，极大规模集成电路制造成套装备，新型平板显示制造成套装备等。

04 新型智能制造装备

研发融合数字孪生、大数据、人工智能、边缘计算、虚拟现实/增强现实（VR/AR）、5G、北斗、卫星互联网等新技术的智能工控系统、智能工作母机、协作机器人、自适应机器人等新型装备。

聚力研发工业软件产品。推动装备制造商、高校、科研院所、用户企业、软件企业强化协同，联合开发面向产品全生命周期和制造全过程的核心软件，研发嵌入式工业软件及集成开发环境，研制面向细分行业的集成化工业软件平台。推动工业知识软件化和架构开源化，加快推进工业软件云化部署。依托重大项目和骨干企业，开展安全可控工业软件应用示范。

专栏 5　工业软件突破提升行动

01 研发设计类软件

开发计算机辅助设计（CAD）、计算机辅助工程（CAE）、计算机辅助工艺计划（CAPP）、计算机辅助制造（CAM）、流程工艺仿真、电子设计自动化（EDA）、产品数据管理（PDM）等。

02 生产制造类软件

开发制造执行系统（MES）、高级计划排程系统（APS）、工厂物料配送管控系统（TMS）、能源管理系统（EMS）、故障预测与健康管理软件（PHM）、运维综合保障管理（MRO）、安全管理系统、环境和碳排放管理系统等。

03 经营管理类软件

开发企业资源计划系统（ERP）、供应链管理系统（SCM）、客户关系管理系统（CRM）、人力资源管理（HRM）、质量管理系统（QMS）、资产绩效管理系统（APM）等。

04 控制执行类软件

开发工业操作系统、工业控制软件、组态编程软件等嵌入式工业软件及集成开发环境。

05 行业专用软件

开发面向特定行业、特定环节的模型库、工艺库等基础知识库，面向石化、冶金等行业的全流程一体化优化软件，面向大型装备的设计/生产/运维一体化平台软件，面向中小企业的综合管控平台软件等。

06 新型软件

开发工业 APP、云化软件、云原生软件等。

着力打造系统解决方案。鼓励智能制造系统解决方案供应商与用户加强供需互动、联合创新，推进工艺、装备、软件、网络的系统集成和深度融合，开发面向典型场景和细分行业

的解决方案。聚焦中小微企业特点和需求，开发轻量化、易维护、低成本的解决方案。加快系统解决方案供应商培育，推动规范发展，引导提供专业化、高水平、一站式的集成服务。

（四）夯实基础支撑，构筑智能制造新保障

瞄准智能制造发展趋势，健全完善计量、标准、信息基础设施、安全保障等发展基础，着力构建完备可靠、先进适用、安全自主的支撑体系。

深入推进标准化工作。持续优化标准顶层设计，统筹推进国家智能制造标准体系和行业应用标准体系建设。加快基础共性和关键技术标准制修订，加强现有标准的优化与协同，在智能装备、智能工厂等方面推动形成国家标准、行业标准、团体标准、企业标准相互协调、互为补充的标准群。加快标准的贯彻执行，支持企业依托标准开展智能车间/工厂建设。积极参与国际标准化工作，推动技术成熟度高的国家标准与国际标准同步发展。

专栏6　智能制造标准领航行动

01 标准体系建设

定期修订《国家智能制造标准体系建设指南》，建设纺织、石化、建材、汽车、航空、船舶、电力装备、轨道交通装备、家电、食品、钢铁、有色金属、新能源等细分领域的行业应用标准体系。

02 标准研制

加大标准试验验证力度，推动数字孪生、数据字典、人机协作、智慧供应链、系统可靠性、信息安全与功能安全一体化等基础共性和关键技术标准制修订，满足技术演进和产业发展需求，加快开展行业应用标准研制。

03 标准推广应用

围绕智能车间/工厂建设、新模式应用、供应链协同、新技术应用等方面，开展智能制造标准应用试点，形成国家标准、行业标准、团体标准协调配套的标准群，推进试点成果在中小企业和同行业企业的应用。

04 标准国际合作

继续加强中德智能制造/工业4.0标准合作，拓展中日、中英等合作，积极参与国际标准化活动，持续提升中国方案在国际标准中的贡献度，深化双边、多边标准化交流机制，形成一批标准化成果。

完善信息基础设施。加快工业互联网、物联网、5G、千兆光网等新型网络基础设施规模化部署，鼓励企业开展内外网升级改造，提升现场感知和数据传输能力。加强工业数据

中心、智能计算中心等算力基础设施建设，支撑人工智能等新技术应用。支持大型集团企业、工业园区，围绕内部资源整合、产品全生命周期管理、产业链供应链协同、中小企业服务、工业数据处理分析，建立各具特色的工业互联网平台，实现全要素、全产业链数据的有效集成和管理。

加强安全保障。加强智能制造安全风险研判，同步推进网络安全、数据安全和功能安全，推动密码技术深入应用。实施企业网络安全分类分级管理，督促企业落实网络安全主体责任。完善国家、地方、企业多级工控信息安全监测预警网络，加快建设工业互联网安全技术监测服务体系。探索建立数据跨境传输备案与监管机制。建立符合政策标准要求的技术防护体系和安全管理制度。培育安全服务机构，加大网络安全技术产品推广应用，提升诊断、咨询、设计、实施等服务能力。

强化人才培养。定期编制智能制造人才需求预测报告和紧缺人才需求目录，研究制定智能制造领域职业标准。依托高技能人才培训基地等机构，开展大规模职业培训。加强应届毕业生、在职人员、转岗人员数字化技能培训，推进产教融合型企业建设，促进智能制造企业与职业院校深度合作，探索中国特色学徒制。深化新工科建设，在智能制造领域建设一批现代产业学院和特色化示范性软件学院，优化学科专业和课程体系设置，加快高端人才培养。弘扬企业家精神和工匠精神，鼓励开展智能制造创新创业大赛、技能竞赛。

四、保障措施

（一）强化统筹协调

加强部门协同，统筹实施智能制造工程，深入开展技术攻关、装备创新、示范应用、标准化、人才培养等。加强央地协作，鼓励地方出台配套政策和法律法规，引导各类社会资源聚集，形成系统推进工作格局。充分发挥智能制造专家咨询委员会及相关高校、科研机构、专业智库作用，开展智能制造前瞻性、战略性重大问题研究。鼓励企业结合自身实际加快实施智能制造，持续做好安全生产和环境保护工作。

（二）加大财政金融支持

加强国家重大科技项目、国家重点研发计划等对智能制造领域的支持。落实首台套重大技术装备和研发费用加计扣除等支持政策。鼓励国家相关产业基金、社会资本加大对智能制造的投资力度。发挥国家产融合作平台作用，引导金融机构为企业智能化改造提供中长期贷款支持，开发符合智能制造特点的供应链金融、融资租赁等金融产品。鼓励符合条件的企业通过股权、债权等方式开展直接融资。

（三）提升公共服务能力

鼓励行业组织、地方政府、产业园区、高校、科研院所、龙头企业等建设智能制造公共服务平台，支持标准试验验证平台和现有服务机构提升检验检测、咨询诊断、计量测试、安全评估、培训推广等服务能力。制定智能制造公共服务平台规范，构建优势互补、协同发展的服务网络。建立长效评价机制，鼓励第三方机构开展智能制造能力成熟度评估，研究发布行业和区域智能制造发展指数。

（四）深化开放合作

加强与相关国家、地区及国际组织的交流，开展智能制造技术、标准、人才等合作。鼓励跨国公司、国外科研机构等在华建设智能制造研发中心、示范工厂、培训中心等。加强知识产权保护，推动建立数据资源产权、交易流通、跨境传输和安全保护等基础制度和标准规范。依托共建"一带一路"倡议、金砖国家合作机制、RCEP等，鼓励智能制造装备、软件、标准和解决方案"走出去"。

五、组织实施

工业和信息化部会同有关部门做好规划的组织实施，各有关部门按照职责分工，采取切实有效的政策措施，抓好重点任务落实。各地要结合本地实际，落实相关配套政策，做好信息反馈工作。相关行业组织要充分发挥桥梁和纽带作用，协同推动规划的贯彻落实。有关部门、各地方、相关行业组织要加强智能制造经验模式总结和宣传推广。

国家标准化发展纲要

标准是经济活动和社会发展的技术支撑，是国家基础性制度的重要方面。标准化在推进国家治理体系和治理能力现代化中发挥着基础性、引领性作用。新时代推动高质量发展、全面建设社会主义现代化国家，迫切需要进一步加强标准化工作。为统筹推进标准化发展，制定本纲要。

一、总体要求

（一）指导思想

以习近平新时代中国特色社会主义思想为指导，深入贯彻党的十九大和十九届二中、三中、四中、五中全会精神，按照统筹推进"五位一体"总体布局和协调推进"四个全面"战略布局要求，坚持以人民为中心的发展思想，立足新发展阶段、贯彻新发展理念、构建新发展格局，优化标准化治理结构，增强标准化治理效能，提升标准国际化水平，加快构建推动高质量发展的标准体系，助力高技术创新，促进高水平开放，引领高质量发展，为全面建成社会主义现代化强国、实现中华民族伟大复兴的中国梦提供有力支撑。

（二）发展目标

到 2025 年，实现标准供给由政府主导向政府与市场并重转变，标准运用由产业与贸易为主向经济社会全域转变，标准化工作由国内驱动向国内国际相互促进转变，标准化发展由数量规模型向质量效益型转变。标准化更加有效推动国家综合竞争力提升，促进经济社会高质量发展，在构建新发展格局中发挥更大作用。

——全域标准化深度发展。农业、工业、服务业和社会事业等领域标准全覆盖，新兴产业标准地位凸显，健康、安全、环境标准支撑有力，农业标准化生产普及率稳步提升，推动高质量发展的标准体系基本建成。

——标准化水平大幅提升。共性关键技术和应用类科技计划项目形成标准研究成果的比率达到 50%以上，政府颁布标准与市场自主制定标准结构更加优化，国家标准平均制定周期缩短至 18 个月以内，标准数字化程度不断提高，标准化的经济效益、社会效益、质量效益、生态效益充分显现。

——标准化开放程度显著增强。标准化国际合作深入拓展，互利共赢的国际标准化合作伙伴关系更加密切，标准化人员往来和技术合作日益加强，标准信息更大范围实现互联共享，我国标准制定透明度和国际化环境持续优化，国家标准与国际标准关键技术指标的一致性程度大幅提升，国际标准转化率达到85%以上。

——标准化发展基础更加牢固。建成一批国际一流的综合性、专业性标准化研究机构，若干国家级质量标准实验室，50个以上国家技术标准创新基地，形成标准、计量、认证认可、检验检测一体化运行的国家质量基础设施体系，标准化服务业基本适应经济社会发展需要。

到2035年，结构优化、先进合理、国际兼容的标准体系更加健全，具有中国特色的标准化管理体制更加完善，市场驱动、政府引导、企业为主、社会参与、开放融合的标准化工作格局全面形成。

二、推动标准化与科技创新互动发展

（三）加强关键技术领域标准研究

在人工智能、量子信息、生物技术等领域，开展标准化研究。在两化融合、新一代信息技术、大数据、区块链、卫生健康、新能源、新材料等应用前景广阔的技术领域，同步部署技术研发、标准研制与产业推广，加快新技术产业化步伐。研究制定智能船舶、高铁、新能源汽车、智能网联汽车和机器人等领域关键技术标准，推动产业变革。适时制定和完善生物医学研究、分子育种、无人驾驶等领域技术安全相关标准，提升技术领域安全风险管理水平。

（四）以科技创新提升标准水平

建立重大科技项目与标准化工作联动机制，将标准作为科技计划的重要产出，强化标准核心技术指标研究，重点支持基础通用、产业共性、新兴产业和融合技术等领域标准研制。及时将先进适用科技创新成果融入标准，提升标准水平。对符合条件的重要技术标准按规定给予奖励，激发全社会标准化创新活力。

（五）健全科技成果转化为标准的机制

完善科技成果转化为标准的评价机制和服务体系，推进技术经理人、科技成果评价服务等标准化工作。完善标准必要专利制度，加强标准制定过程中的知识产权保护，促进创新成果产业化应用。完善国家标准化技术文件制度，拓宽科技成果标准化渠道。将标准研制融入共性技术平台建设，缩短新技术、新工艺、新材料、新方法标准研制周期，加快成果转化应用步伐。

三、提升产业标准化水平

（六）筑牢产业发展基础

加强核心基础零部件（元器件）、先进基础工艺、关键基础材料与产业技术基础标准建设，加大基础通用标准研制应用力度。开展数据库等方面标准攻关，提升标准设计水平，制定安全可靠、国际先进的通用技术标准。

（七）推进产业优化升级

实施高端装备制造标准化强基工程，健全智能制造、绿色制造、服务型制造标准，形成产业优化升级的标准群，部分领域关键标准适度领先于产业发展平均水平。完善扩大内需方面的标准，不断提升消费品标准和质量水平，全面促进消费。推进服务业标准化、品牌化建设，健全服务业标准，重点加强食品冷链、现代物流、电子商务、物品编码、批发零售、房地产服务等领域标准化。健全和推广金融领域科技、产品、服务与基础设施等标准，有效防范化解金融风险。加快先进制造业和现代服务业融合发展标准化建设，推行跨行业跨领域综合标准化。建立健全大数据与产业融合标准，推进数字产业化和产业数字化。

（八）引领新产品新业态新模式快速健康发展

实施新产业标准化领航工程，开展新兴产业、未来产业标准化研究，制定一批应用带动的新标准，培育发展新业态新模式。围绕食品、医疗、应急、交通、水利、能源、金融等领域智慧化转型需求，加快完善相关标准。建立数据资源产权、交易流通、跨境传输和安全保护等标准规范，推动平台经济、共享经济标准化建设，支撑数字经济发展。健全依据标准实施科学有效监管机制，鼓励社会组织应用标准化手段加强自律、维护市场秩序。

（九）增强产业链供应链稳定性和产业综合竞争力

围绕生产、分配、流通、消费，加快关键环节、关键领域、关键产品的技术攻关和标准研制应用，提升产业核心竞争力。发挥关键技术标准在产业协同、技术协作中的纽带和驱动作用，实施标准化助力重点产业稳链工程，促进产业链上下游标准有效衔接，提升产业链供应链现代化水平。

（十）助推新型基础设施提质增效

实施新型基础设施标准化专项行动，加快推进通信网络基础设施、新技术基础设施、算力基础设施等信息基础设施系列标准研制，协同推进融合基础设施标准研制，建立工业互联网标准，制定支撑科学研究、技术研发、产品研制的创新基础设施标准，促进传统基础设施转型升级。

四、完善绿色发展标准化保障

（十一）建立健全碳达峰、碳中和标准

加快节能标准更新升级，抓紧修订一批能耗限额、产品设备能效强制性国家标准，提升重点产品能耗限额要求，扩大能耗限额标准覆盖范围，完善能源核算、检测认证、评估、审计等配套标准。加快完善地区、行业、企业、产品等碳排放核查核算标准。制定重点行业和产品温室气体排放标准，完善低碳产品标准标识制度。完善可再生能源标准，研究制定生态碳汇、碳捕集利用与封存标准。实施碳达峰、碳中和标准化提升工程。

（十二）持续优化生态系统建设和保护标准

不断完善生态环境质量和生态环境风险管控标准，持续改善生态环境质量。进一步完善污染防治标准，健全污染物排放、监管及防治标准，筑牢污染排放控制底线。统筹完善应对气候变化标准，制定修订应对气候变化减缓、适应、监测评估等标准。制定山水林田湖草沙多生态系统质量与经营利用标准，加快研究制定水土流失综合防治、生态保护修复、生态系统服务与评价、生态承载力评估、生态资源评价与监测、生物多样性保护及生态效益评估与生态产品价值实现等标准，增加优质生态产品供给，保障生态安全。

（十三）推进自然资源节约集约利用

构建自然资源统一调查、登记、评价、评估、监测等系列标准，研究制定土地、矿产资源等自然资源节约集约开发利用标准，推进能源资源绿色勘查与开发标准化。以自然资源资产清查统计和资产核算为重点，推动自然资源资产管理体系标准化。制定统一的国土空间规划技术标准，完善资源环境承载能力和国土空间开发适宜性评价机制。制定海洋资源开发保护标准，发展海洋经济，服务陆海统筹。

（十四）筑牢绿色生产标准基础

建立健全土壤质量及监测评价、农业投入品质量、适度规模养殖、循环型生态农业、农产品食品安全、监测预警等绿色农业发展标准。建立健全清洁生产标准，不断完善资源循环利用、产品绿色设计、绿色包装和绿色供应链、产业废弃物综合利用等标准。建立健全绿色金融、生态旅游等绿色发展标准。建立绿色建造标准，完善绿色建筑设计、施工、运维、管理标准。建立覆盖各类绿色生活设施的绿色社区、村庄建设标准。

（十五）强化绿色消费标准引领

完善绿色产品标准，建立绿色产品分类和评价标准，规范绿色产品、有机产品标识。构建节能节水、绿色采购、垃圾分类、制止餐饮浪费、绿色出行、绿色居住等绿色生活标准。分类建立绿色公共机构评价标准，合理制定消耗定额和垃圾排放指标。

五、加快城乡建设和社会建设标准化进程

（十六）推进乡村振兴标准化建设

强化标准引领，实施乡村振兴标准化行动。加强高标准农田建设，加快智慧农业标准研制，加快健全现代农业全产业链标准，加强数字乡村标准化建设，建立农业农村标准化服务与推广平台，推进地方特色产业标准化。完善乡村建设及评价标准，以农村环境监测与评价、村容村貌提升、农房建设、农村生活垃圾与污水治理、农村卫生厕所建设改造、公共基础设施建设等为重点，加快推进农村人居环境改善标准化工作。推进度假休闲、乡村旅游、民宿经济、传统村落保护利用等标准化建设，促进农村一二三产业融合发展。

（十七）推动新型城镇化标准化建设

研究制定公共资源配置标准，建立县城建设标准、小城镇公共设施建设标准。研究制定城市体检评估标准，健全城镇人居环境建设与质量评价标准。完善城市生态修复与功能完善、城市信息模型平台、建设工程防灾、更新改造及海绵城市建设等标准。推进城市设计、城市历史文化保护传承与风貌塑造、老旧小区改造等标准化建设，健全街区和公共设施配建标准。建立智能化城市基础设施建设、运行、管理、服务等系列标准，制定城市休闲慢行系统和综合管理服务等标准，研究制定新一代信息技术在城市基础设施规划建设、城市管理、应急处置等方面的应用标准。健全住房标准，完善房地产信息数据、物业服务等标准。推动智能建造标准化，完善建筑信息模型技术、施工现场监控等标准。开展城市

标准化行动，健全智慧城市标准，推进城市可持续发展。

（十八）推动行政管理和社会治理标准化建设

探索开展行政管理标准建设和应用试点，重点推进行政审批、政务服务、政务公开、财政支出、智慧监管、法庭科学、审判执行、法律服务、公共资源交易等标准制定与推广，加快数字社会、数字政府、营商环境标准化建设，完善市场要素交易标准，促进高标准市场体系建设。强化信用信息采集与使用、数据安全和个人信息保护、网络安全保障体系和能力建设等领域标准的制定实施。围绕乡村治理、综治中心、网格化管理，开展社会治理标准化行动，推动社会治理标准化创新。

（十九）加强公共安全标准化工作

坚持人民至上、生命至上，实施公共安全标准化筑底工程，完善社会治安、刑事执法、反恐处突、交通运输、安全生产、应急管理、防灾减灾救灾标准，织密筑牢食品、药品、农药、粮食能源、水资源、生物、物资储备、产品质量、特种设备、劳动防护、消防、矿山、建筑、网络等领域安全标准网，提升洪涝干旱、森林草原火灾、地质灾害、地震等自然灾害防御工程标准，加强重大工程和各类基础设施的数据共享标准建设，提高保障人民群众生命财产安全水平。加快推进重大疫情防控救治、国家应急救援等领域标准建设，抓紧完善国家重大安全风险应急保障标准。构建多部门多区域多系统快速联动、统一高效的公共安全标准化协同机制，推进重大标准制定实施。

（二十）推进基本公共服务标准化建设

围绕幼有所育、学有所教、劳有所得、病有所医、老有所养、住有所居、弱有所扶等方面，实施基本公共服务标准体系建设工程，重点健全和推广全国统一的社会保险经办服务、劳动用工指导和就业创业服务、社会工作、养老服务、儿童福利、残疾人服务、社会救助、殡葬公共服务以及公共教育、公共文化体育、住房保障等领域技术标准，使发展成果更多更公平惠及全体人民。

（二十一）提升保障生活品质的标准水平

围绕普及健康生活、优化健康服务、倡导健康饮食、完善健康保障、建设健康环境、发展健康产业等方面，建立广覆盖、全方位的健康标准。制定公共体育设施、全民健身、训练竞赛、健身指导、线上和智能赛事等标准，建立科学完备、门类齐全的体育标准。开展养老和家政服务标准化专项行动，完善职业教育、智慧社区、社区服务等标准，加强慈善领域标准化建设。加快广播电视和网络视听内容融合生产、网络智慧传播、终端智能接收、安全智慧保障等标准化建设，建立全媒体传播标准。提高文化旅游产品与服务、消费保障、公园建设、景区管理等标准化水平。

六、提升标准化对外开放水平

（二十二）深化标准化交流合作

履行国际标准组织成员国责任义务，积极参与国际标准化活动。积极推进与共建"一带一路"国家在标准领域的对接合作，加强金砖国家、亚太经合组织等标准化对话，深化东北亚、亚太、泛美、欧洲、非洲等区域标准化合作，推进标准信息共享与服务，发展互利共赢的标准化合作伙伴关系。联合国际标准组织成员，推动气候变化、可持续城市和社区、清洁饮水与卫生设施、动植物卫生、绿色金融、数字领域等国际标准制定，分享我国标准化经验，积极参与民生福祉、性别平等、优质教育等国际标准化活动，助力联合国可持续发展目标实现。支持发展中国家提升利用标准化实现可持续发展的能力。

（二十三）强化贸易便利化标准支撑

持续开展重点领域标准比对分析，积极采用国际标准，大力推进中外标准互认，提高我国标准与国际标准的一致性程度。推出中国标准多语种版本，加快大宗贸易商品、对外承包工程等中国标准外文版编译。研究制定服务贸易标准，完善数字金融、国际贸易单一窗口等标准。促进内外贸质量标准、检验检疫、认证认可等相衔接，推进同线同标同质。创新标准化工作机制，支撑构建面向全球的高标准自由贸易区网络。

（二十四）推动国内国际标准化协同发展

统筹推进标准化与科技、产业、金融对外交流合作，促进政策、规则、标准联通。建立政府引导、企业主体、产学研联动的国际标准化工作机制。实施标准国际化跃升工程，推进中国标准与国际标准体系兼容。推动标准制度型开放，保障外商投资企业依法参与标准制定。支持企业、社会团体、科研机构等积极参与各类国际性专业标准组织。支持国际性专业标准组织来华落驻。

七、推动标准化改革创新

（二十五）优化标准供给结构

充分释放市场主体标准化活力，优化政府颁布标准与市场自主制定标准二元结构，大幅提升市场自主制定标准的比重。大力发展团体标准，实施团体标准培优计划，推进团体标准应用示范，充分发挥技术优势企业作用，引导社会团体制定原创性、高质量标准。加快建设协调统一的强制性国家标准，筑牢保障人身健康和生命财产安全、生态环境安全的底线。同步推进推荐性国家标准、行业标准和地方标准改革，强化推荐性标准的协调配套，防止地方保护和行业垄断。建立健全政府颁布标准采信市场自主制定标准的机制。

（二十六）深化标准化运行机制创新

建立标准创新型企业制度和标准融资增信制度，鼓励企业构建技术、专利、标准联动创新体系，支持领军企业联合科研机构、中小企业等建立标准合作机制，实施企业标准领跑者制度。建立国家统筹的区域标准化工作机制，将区域发展标准需求纳入国家标准体系建设，实现区域内标准发展规划、技术规则相互协同，服务国家重大区域战略实施。持续优化标准制定流程和平台、工具，健全企业、消费者等相关方参与标准制定修订的机制，加快标准升级迭代，提高标准质量水平。

（二十七）促进标准与国家质量基础设施融合发展

以标准为牵引，统筹布局国家质量基础设施资源，推进国家质量基础设施统一建设、统一管理，健全国家质量基础设施一体化发展体制机制。强化标准在计量量子化、检验检测智能化、认证市场化、认可全球化中的作用，通过人工智能、大数据、区块链等新一代信息技术的综合应用，完善质量治理，促进质量提升。强化国家质量基础设施全链条技术方案提供，运用标准化手段推动国家质量基础设施集成服务与产业价值链深度融合。

（二十八）强化标准实施应用

建立法规引用标准制度、政策实施配套标准制度，在法规和政策文件制定时积极应用标准。完善认证认可、检验检测、政府采购、招投标等活动中应用先进标准机制，推进以标准为依据开展宏观调控、产业推进、行业管理、市场准入和质量监管。健全基于标准或标准条款订立、履行合同的机制。建立标准版权制度、呈缴制度和市场自主制定标准交易制度，加大标准版权保护力度。按照国家有关规定，开展标准化试点示范工作，完善对标达标工作机制，推动企业提升执行标准能力，瞄准国际先进标准提高水平。

（二十九）加强标准制定和实施的监督

健全覆盖政府颁布标准制定实施全过程的追溯、监督和纠错机制，实现标准研制、实施和信息反馈闭环管理。开展标准质量和标准实施第三方评估，加强标准复审和维护更新。健全团体标准化良好行为评价机制。强化行业自律和社会监督，发挥市场对团体标准的优胜劣汰作用。有效实施企业标准自我声明公开和监督制度，将企业产品和服务符合标准情况纳入社会信用体系建设。建立标准实施举报、投诉机制，鼓励社会公众对标准实施情况进行监督。

八、夯实标准化发展基础

（三十）提升标准化技术支撑水平

加强标准化理论和应用研究，构建以国家级综合标准化研究机构为龙头，行业、区域和地方标准化研究机构为骨干的标准化科技体系。发挥优势企业在标准化科技体系中的作用。完善专业标准化技术组织体系，健全跨领域工作机制，提升开放性和透明度。建设若干国家级质量标准实验室、国家标准验证点和国家产品质量检验检测中心。有效整合标准技术、检测认证、知识产权、标准样品等资源，推进国家技术标准创新基地建设。建设国家数字标准馆和全国统一协调、分工负责的标准化公共服务平台。发展机器可读标准、开源标准，推动标准化工作向数字化、网络化、智能化转型。

（三十一）大力发展标准化服务业

完善促进标准、计量、认证认可、检验检测等标准化相关高技术服务业发展的政策措施，培育壮大标准化服务业市场主体，鼓励有条件地区探索建立标准化服务业产业集聚区，健全标准化服务评价机制和标准化服务业统计分析报告制度。鼓励标准化服务机构面向中小微企业实际需求，整合上下游资源，提供标准化整体解决方案。大力发展新型标准化服务工具和模式，提升服务专业化水平。

（三十二）加强标准化人才队伍建设

将标准化纳入普通高等教育、职业教育和继续教育，开展专业与标准化教育融合试点。构建多层次从业人员培养培训体系，开展标准化专业人才培养培训和国家质量基础设施综合教育。建立健全标准化领域人才的职业能力评价和激励机制。造就一支熟练掌握国际规则、精通专业技术的职业化人才队伍。提升科研人员标准化能力,充分发挥标准化专家在国家科技决策咨询中的作用,建设国家标准化高端智库。加强基层标准化管理人员队伍建设,支持西部地区标准化专业人才队伍建设。

(三十三)营造标准化良好社会环境

充分利用世界标准日等主题活动,宣传标准化作用,普及标准化理念、知识和方法,提升全社会标准化意识,推动标准化成为政府管理、社会治理、法人治理的重要工具。充分发挥标准化社会团体的桥梁和纽带作用,全方位、多渠道开展标准化宣传,讲好标准化故事。大力培育发展标准化文化。

九、组织实施

(三十四)加强组织领导

坚持党对标准化工作的全面领导。进一步完善国务院标准化协调推进部际联席会议制度,健全统一、权威、高效的管理体制和工作机制,强化部门协同、上下联动。各省(自治区、直辖市)要建立健全标准化工作协调推进领导机制,将标准化工作纳入政府绩效评价和政绩考核。各地区各有关部门要将本纲要主要任务与国民经济和社会发展规划有效衔接、同步推进,确保各项任务落到实处。

(三十五)完善配套政策

各地区各有关部门要强化金融、信用、人才等政策支持,促进科技、产业、贸易等政策协同。按照有关规定开展表彰奖励。发挥财政资金引导作用,积极引导社会资本投入标准化工作。完善标准化统计调查制度,开展标准化发展评价,将相关指标纳入国民经济和社会发展统计。建立本纲要实施评估机制,把相关结果作为改进标准化工作的重要依据。重大事项及时向党中央、国务院请示报告。

"十四五"工业绿色发展规划

一、面临形势

（一）发展基础

"十三五"以来，工业领域以传统行业绿色化改造为重点，以绿色科技创新为支撑，以法规标准制度建设为保障，大力实施绿色制造工程，工业绿色发展取得明显成效。

产业结构不断优化。初步建立落后产能退出长效机制，钢铁行业提前完成 1.5 亿吨去产能目标，电解铝、水泥行业落后产能已基本退出。高技术制造业、装备制造业增加值占规模以上工业增加值比重分别达到 15.1%、33.7%，分别提高了 3.3 个和 1.9 个百分点。

能源资源利用效率显著提升。规模以上工业单位增加值能耗降低约 16%，单位工业增加值用水量降低约 40%。重点大中型企业吨钢综合能耗水耗、原铝综合交流电耗等已达到世界先进水平。2020 年，十种主要品种再生资源回收利用量达到 3.8 亿吨，工业固废综合利用量约 20 亿吨。

清洁生产水平明显提高。燃煤机组全面完成超低排放改造，6.2 亿吨粗钢产能开展超低排放改造。重点行业主要污染物排放强度降低 20%以上。

绿色低碳产业初具规模。截至 2020 年底，我国节能环保产业产值约 7.5 万亿元。新能源汽车累计推广量超过 550 万辆，连续多年位居全球第一。太阳能电池组件在全球市场份额占比达 71%。

绿色制造体系基本构建。研究制定 468 项节能与绿色发展行业标准，建设 2121 家绿色工厂、171 家绿色工业园区、189 家绿色供应链企业，推广近 2 万种绿色产品，绿色制造体系建设已成为绿色转型的重要支撑。

（二）发展环境

我国力争 2030 年前实现碳达峰、2060 年前实现碳中和，是以习近平同志为核心的党中央经过深思熟虑作出的重大战略决策。"十四五"时期，是我国应对气候变化、实现碳达峰目标的关键期和窗口期，也是工业实现绿色低碳转型的关键五年。

当前，我国仍处于工业化、城镇化深入发展的历史阶段，传统行业所占比重依然较高，战略性新兴产业、高技术产业尚未成为经济增长的主导力量，能源结构偏煤、能源效率偏低的状况没有得到根本性改变，重点区域、重点行业污染问题没有得到根本解决，资源环境约束加剧，碳达峰、碳中和时间窗口偏紧，技术储备不足，推动工业绿色低碳转型任务艰巨。同时，绿色低碳发展是当今时代科技革命和产业变革的方向，绿色经济已成为全球产业竞争重点。一些发达经济体正在谋划或推行碳边境调节机制等绿色贸易制度，提高技术要求，实施优惠贷款、补贴关税等鼓励政策，对经贸合作和产业竞争提出新的挑战，增加了我国绿色低碳转型的成本和难度。

面对新形势、新任务、新要求，要提高政治站位，迎难而上，攻坚克难，坚定不移走生态优先、绿色低碳的高质量发展道路。

二、总体思路

（一）指导思想

以习近平新时代中国特色社会主义思想为指导，全面贯彻党的十九大和十九届二中、三中、四中、五中、六中全会精神，深入贯彻习近平生态文明思想，立足新发展阶段，完整、准确、全面贯彻新发展理念，构建新发展格局，落实制造强国、网络强国战略，以推动高质量发展为主题，以供给侧结构性改革为主线，以碳达峰碳中和目标为引领，以减污降碳协同增效为总抓手，统筹发展与绿色低碳转型，深入实施绿色制造，加快产业结构优化升级，大力推进工业节能降碳，全面提高资源利用效率，积极推行清洁生产改造，提升绿色低碳技术、绿色产品、服务供给能力，构建工业绿色低碳转型与工业赋能绿色发展相互促进、深度融合的现代化产业格局，支撑碳达峰碳中和目标任务如期实现。

（二）基本原则

目标导向。坚持把推动碳达峰碳中和目标如期实现作为产业结构调整、促进工业全面绿色低碳转型的总体导向，全面统领减污降碳和能源资源高效利用。

效率优先。坚持把提高能源资源利用效率放在首位，推进能源资源科学配置、高效利用，优化生产流程和工艺，提高单位能源资源产出效率，促进节能降耗、提质增效。

创新驱动。坚持把创新作为第一驱动力，强化科技创新和制度创新，优化创新体系，激发创新活力，加快绿色低碳科技革命，培育壮大工业绿色发展新动能。

市场主导。坚持有效市场和有为政府相结合，发挥企业主体作用，发挥市场机制配置资源的决定性作用，以高质量的绿色供给激发绿色新需求，引导绿色新消费。

系统推进。坚持把绿色低碳发展作为一项多维、立体、系统工程，统筹工业经济增长和低碳转型、绿色生产和绿色消费的关系，协同推进各行业、各地区绿色发展。

（三）主要目标

到 2025 年，工业产业结构、生产方式绿色低碳转型取得显著成效，绿色低碳技术装备广泛应用，能源资源利用效率大幅提高，绿色制造水平全面提升，为 2030 年工业领域碳达峰奠定坚实基础。

碳排放强度持续下降。单位工业增加值二氧化碳排放降低 18%，钢铁、有色金属、建材等重点行业碳排放总量控制取得阶段性成果。

污染物排放强度显著下降。有害物质源头管控能力持续加强，清洁生产水平显著提高，重点行业主要污染物排放强度降低 10%。

能源效率稳步提升。规模以上工业单位增加值能耗降低 13.5%，粗钢、水泥、乙烯等重点工业产品单耗达到世界先进水平。

资源利用水平明显提高。重点行业资源产出率持续提升，大宗工业固废综合利用率达到 57%，主要再生资源回收利用量达到 4.8 亿吨。单位工业增加值用水量降低 16%。

绿色制造体系日趋完善。重点行业和重点区域绿色制造体系基本建成，完善工业绿色低碳标准体系，推广万种绿色产品，绿色环保产业产值达到 11 万亿元。布局建设一批标准、技术公共服务平台。

三、主要任务

（一）实施工业领域碳达峰行动

加强工业领域碳达峰顶层设计，提出工业整体和重点行业碳达峰路线图、时间表，明确实施路径，推进各行业落实碳达峰目标任务、实行梯次达峰。

制定工业碳达峰路线图。深入落实《2030 年前碳达峰行动方案》，制定工业领域和钢铁、石化化工、有色金属、建材等重点行业碳达峰实施方案，统筹谋划碳达峰路线图和时间表。强化标准、统计、核算和信息系统建设，提升降碳基础能力。结合不同行业技术现状和发展趋势，力争有条件的行业率先实现碳达峰。

明确工业降碳实施路径。基于流程型、离散型制造的不同特点，明确钢铁、石化化工、有色金属、建材等行业的主要碳排放生产工序或子行业，提出降碳和碳达峰实施路径。推动煤炭等化石能源清洁高效利用，提高可再生能源应用比重。加快氢能技术创新和基础设施建设，推动氢能多元利用。支持企业实施燃料替代，加快推进工业煤改电、煤改气。对以煤、石油焦、渣油、重油等为燃料的锅炉和工业窑炉，采用清洁低碳能源替代。通过流程降碳、工艺降碳、原料替代，实现生产过程降碳。发展绿色低碳材料，推动产品全生命周期减碳。探索低成本二氧化碳捕集、资源化转化利用、封存等主动降碳路径。

开展降碳重大工程示范。发挥中央企业、大型企业集团示范引领作用，在主要碳排放行业以及绿色氢能与可再生能源应用、新型储能、碳捕集利用与封存等领域，实施一批降碳效果突出、带动性强的重大工程。推动低碳工艺革新，实施降碳升级改造，支持取得突破的低碳零碳负碳关键技术开展产业化示范应用，形成一批可复制、可推广的技术和经验。

加强非二氧化碳温室气体管控。有序开展对氧化亚氮、氢氟碳化物、全氟化碳、六氟化硫等其他温室气体排放的管控。落实《〈蒙特利尔议定书〉基加利修正案》，启动聚氨酯泡沫、挤出基苯乙烯泡沫、工商制冷空调等重点领域含氢氯氟烃淘汰管理计划，加强生产线改造、替代技术研究和替代路线选择，推动含氢氯氟烃削减。

专栏1　工业碳达峰推进工程

降碳重大工程示范。开展非高炉炼铁、水泥窑高比例燃料替代、二氧化碳耦合制化学品、可再生能源电解制氢、百万吨级二氧化碳捕集利用与封存等重大降碳工程示范。

绿色低碳材料推广。推广低碳胶凝、节能门窗、环保涂料、全铝家具等绿色建材和生活用品，发展聚乳酸、聚丁二酸丁二醇酯、聚羟基烷酸、聚有机酸复合材料、椰油酰氨基酸等生物基材料。

降碳基础能力建设。制修订重点行业碳排放核算标准，推动建立工业碳排放核算体系，加强碳排放数据统计分析，建立碳排放管理信息系统，培育一批碳排放核算专业化机构。

（二）推进产业结构高端化转型

加快推进产业结构调整，坚决遏制"两高"项目盲目发展，依法依规推动落后产能退出，发展战略性新兴产业、高技术产业，持续优化重点区域、流域产业布局，全面推进产业绿色低碳转型。

推动传统行业绿色低碳发展。加快钢铁、有色金属、石化化工、建材、纺织、轻工、机械等行业实施绿色化升级改造，推进城镇人口密集区危险化学品生产企业搬迁改造。落实能耗"双控"目标和碳排放强度控制要求，推动重化工业减量化、集约化、绿色化发展。对于市场已饱和的"两高"项目，主要产品设计能效水平要对标行业能耗限额先进值或国际先进水平。严格执行钢铁、水泥、平板玻璃、电解铝等行业产能置换政策，严控尿素、磷铵、电石、烧碱、黄磷等行业新增产能，新建项目应实施产能等量或减量置换。强化环保、能耗、水耗等要素约束，依法依规推动落后产能退出。

壮大绿色环保战略性新兴产业。着力打造能源资源消耗低、环境污染少、附加值高、市场需求旺盛的产业发展新引擎，加快发展新能源、新材料、新能源汽车、绿色智能船舶、绿色环保、高端装备、能源电子等战略性新兴产业，带动整个经济社会的绿色低碳发展。推动绿色制造领域战略性新兴产业融合化、集群化、生态化发展，做大做强一批龙头骨干企业，培育一批专精特新"小巨人"企业和制造业单项冠军企业。

优化重点区域绿色低碳布局。在严格保护生态环境前提下，提升能源资源富集地区能源资源的绿色供给能力，推动重点开发地区提高清洁能源利用比重和资源循环利用水平，引导生态脆弱地区发展与资源环境相适宜的特色产业和生态产业，鼓励生态产品资源丰富地区实现生态优势向产业优势转化。加快打造以京津冀、长三角、粤港澳大湾区等区域为重点的绿色低碳发展高地，积极推动长江经济带成为我国生态优先绿色发展主战场，扎实推进黄河流域生态保护和高质量发展。

专栏 2　重点区域绿色转型升级工程

京津冀地区。推动区域资源综合利用协同发展，建设大规模尾矿和废石生产砂石骨料等项目。加强高耗水行业废水、海水和再生水等非常规水高效利用。鼓励龙头企业开展绿色伙伴供应商管理，整合优化区域绿色产业链。

长三角。推进生态环境共保联治，统筹区域产业结构调整，促进传统行业绿色升级改造、产业转移、产业链跨地区协同、产业高效聚集，推进区域能源资源优化配置，高水平建设长三角生态绿色一体化发展示范区。

粤港澳大湾区。推动粤港澳大湾区炼化、造纸、建材等传统行业绿色改造，实施大湾区"清洁生产伙伴计划"，加大再生资源回收利用。推动建设绿色发展示范区，开展绿色低碳发展评价，加强绿色低碳技术交流合作。

长江经济带。加强化工园区整治提升和污染治理，长江干支流 1 公里范围内严禁新建扩建化工项目，开展沿江工业节水减污。中上游地区加强磷石膏、冶炼渣、粉煤灰、废旧金属、废塑料、废轮胎等资源综合利用。

黄河流域。按照以水定产原则，严控煤化工、有色金属、钢铁等行业盲目扩张。引导新型煤化工产业与石化化工、钢铁、建材等产业耦合发展。推动钢铁、煤化工等行业水资源循环利用，充分利用市政污水和再生水等。

（三）加快能源消费低碳化转型

着力提高能源利用效率，构建清洁高效低碳的工业用能结构，将节能降碳增效作为控制工业领域二氧化碳排放的关键措施，持续提升能源消费低碳化水平。

提升清洁能源消费比重。鼓励氢能、生物燃料、垃圾衍生燃料等替代能源在钢铁、水泥、化工等行业的应用。严格控制钢铁、煤化工、水泥等主要用煤行业煤炭消费，鼓励有条件地区新建、改扩建项目实行用煤减量替代。提升工业终端用能电气化水平，在具备条件的行业和地区加快推广应用电窑炉、电锅炉、电动力设备。鼓励工厂、园区开展工业绿色低碳微电网建设，发展屋顶光伏、分散式风电、多元储能、高效热泵等，推进多能高效互补利用。

提高能源利用效率。加快重点用能行业的节能技术装备创新和应用，持续推进典型流程工业能量系统优化。推动工业窑炉、锅炉、电机、泵、风机、压缩机等重点用能设备系统的节能改造。加强高温散料与液态熔渣余热、含尘废气余热、低品位余能等的回收利用，对重点工艺流程、用能设备实施信息化数字化改造升级。鼓励企业、园区建设能源综合管理系统，实现能效优化调控。积极推进网络和通信等新型基础设施绿色升级，降低数据中心、移动基站功耗。

完善能源管理和服务机制。加快节能标准更新，强化新建项目能源评估审查。依据节能法律法规和强制性节能标准，定期对各类项目特别是"两高"项目进行监督检查。规范节能监察执法、创新监察方式、强化结果应用，探索开展跨地区节能监察，实现重点用能行业企业、重点用能设备节能监察全覆盖。强化以电为核心的能源需求侧管理，引导企业提高用能效率和需求响应能力。开展节能诊断，为企业节能管理提供服务。

专栏3　工业节能与能效提升工程

先进工艺流程节能。重点推广钢铁行业铁水一罐到底、近终形连铸直接轧制，石化化工行业原油直接生产化学品、先进煤气化，建材行业水泥流化床悬浮煅烧与流程再造技术、玻璃熔窑全氧燃烧，有色金属行业高电流效率低能耗铝电解、钛合金等离子冷床炉半连续铸造等先进节能工艺流程。

重点用能设备节能。重点推广特大功率高压变频变压器、可控热管式节能热处理炉、三角形立体卷铁芯结构变压器、稀土永磁无铁芯电机、变频无级变速风机、磁悬浮离心风机、电缸抽油机、新一代高效内燃机、高效蓄热式烧嘴等新型节能设备。

数据中心和基站节能。推动数据中心建设全模块化、预制化，加快发展液冷系统、高密度集成 IT 设备，提升间接式蒸发冷却系统、列间空调等高效制冷系统应用水平。强化数据中心运维与环境调控，通过智能化手段实现机械制冷与自然制冷协同。探索依托河湖、海洋、地热等优势资源建设全时自然冷数据中心。构建基站设备、站点和网络三级节能体系，结合人工智能、深度休眠、下行功率优化、错峰用电等技术，实现基站节能。

（四）促进资源利用循环化转型

坚持总量控制、科学配置、全面节约、循环利用原则，强化资源在生产过程的高效利用，削减工业固废、废水产生量，加强工业资源综合利用，促进生产与生活系统绿色循环链接，大幅提高资源利用效率。

推进原生资源高效化协同利用。统筹国际国内两大资源来源，加强资源跨区域跨产业优化配置，全面合理开发铁矿石、磷矿石、有色金属等矿产资源，加强钒钛磁铁矿中钒钛资源、磷矿石中氟资源等共伴生矿产资源的开发。加强钢铁、有色金属、建材、化工企业间原材料供需结构匹配，促进有效、协同供给，强化企业、园区、产业集群之间的循环链接，提高资源利用水平。

推进再生资源高值化循环利用。培育废钢铁、废有色金属、废塑料、废旧轮胎、废纸、废弃电器电子产品、废旧动力电池、废油、废旧纺织品等主要再生资源循环利用龙头骨干企业，推动资源要素向优势企业集聚，依托优势企业技术装备，推动再生资源高值化利用。统筹用好国内国际两种资源，依托互联网、区块链、大数据等信息化技术，构建国内国际双轨、线上线下并行的再生资源供应链。鼓励建设再生资源高值化利用产业园区，推动企业聚集化、资源循环化、产业高端化发展。统筹布局退役光伏、风力发电装置、海洋工程装备等新兴固废综合利用。积极推广再制造产品,大力发展高端智能再制造。

推进工业固废规模化综合利用。推进尾矿、粉煤灰、煤矸石、冶炼渣、工业副产石膏、赤泥、化工渣等大宗工业固废规模化综合利用。推动钢铁窑炉、水泥窑、化工装置等协同处置固废。以工业资源综合利用基地为依托,在固废集中产生区、煤炭主产区、基础原材料产业集聚区探索建立基于区域特点的工业固废综合利用产业发展模式。鼓励有条件的园区和企业加强资源耦合和循环利用,创建"无废园区"和"无废企业"。实施工业固体废物资源综合利用评价,通过以评促用,推动有条件的地区率先实现新增工业固废能用尽用、存量工业固废有序减少。

专栏4 资源高效利用促进工程

再生资源回收利用。建设一批大型一体化废钢铁、废有色金属、废纸等绿色分拣加工配送中心。提升再生铜、铝、钴、锂等战略金属资源回收利用比例,推动多种有价组分综合回收。落实塑料污染治理要求,实施废塑料综合利用行业规范条件,鼓励开展废塑料化学循环利用。到2025年,力争废钢、废纸、废有色金属回收利用量分别达到3.2亿吨、6000万吨、2000万吨,其中,再生铜、再生铝、再生铅产量达到400万吨、1150万吨、290万吨。

工业固废综合利用。推动大宗工业固废在建筑材料生产、基础设施建设、地下采空区充填等领域的规模化应用。提取固废中有价元素,生产纤维材料、白炭黑、微晶玻璃、超细填料、节能建材等。到2025年,冶炼渣(不含赤泥)、工业副产石膏综合利用率分别达到73%、73%。

废旧动力电池回收利用。完善动力电池回收利用法规制度,探索推广"互联网+回收"等新型商业模式,强化溯源管理,鼓励产业链上下游企业共建共用回收渠道,建设一批集中型回收服务网点。推动废旧动力电池在储能、备电、充换电等领域的规模化梯次应用,建设一批梯次利用和再生利用项目。到2025年,建成较为完善的动力电池回收利用体系。

高端智能再制造。修订再制造产品认定管理办法,建立自愿认证和自我声明相结合的产品合格评定制度,规范发展再制造产业。推动在国家自由贸易试验区开展境外高技术含量、高附加值产品的再制造。

培育行业标杆。遴选发布一批符合行业规范条件的再生资源回收利用企业名单，建设 50 个工业资源综合利用基地，培育一批工业资源综合利用"领跑者"企业。推进电器电子、汽车等产品生产者责任延伸试点，强化示范引领。

推进水资源节约利用。按照以水定产的原则，加强对高耗水行业的定额管理，开展水效对标达标。推进企业、园区用水系统集成优化，实现串联用水、分质用水、一水多用和梯级利用。鼓励重点行业加大对市政污水及再生水、海水、雨水、矿井水等非常规水的利用，减少新水取用量。推动企业建立完善节水管理制度，建立智慧用水管理平台，实现水资源高效利用。开展工业废水循环利用试点示范，引导重点行业、重点地区加强工业废水处理后回用。

专栏 5　工业节水增效工程

优化取水结构。引导企业、园区与市政开展合作，加大应用市政生活污水、再生水。

鼓励沿海地区直接利用海水作为循环冷却水，建设海水淡化设施。鼓励建设雨水收集、储存和综合利用设施。鼓励宁东、蒙西、陕北、晋西等能源基地煤炭矿井水分级处理、分质利用。

强化过程管理。鼓励年用水量超过 10 万立方米的企业或园区设立水务经理，定期接受节水技术、标准、管理规范等方面培训。开展工业节水诊断，培育一批专业第三方工业节水及水处理服务机构。在重点行业建设一批智慧用水管理云平台。

加大废水循环利用。推动炼油污水集成再生回用、钢铁废水和市政污水联合再生回用、焦化废水电磁强氧化深度处理，煤化工浓盐废水深度处理和回用，纺织印染废水深度处理和回用，食品发酵有机废水生物处理和回用。在严重缺水地区创建产城融合废水高效循环利用试点。建设一批废水循环利用示范企业和园区。

开展节水评价。加强工业节水标准制修订，开展水效对标达标，树立工业节水典范。到 2025 年，在钢铁、炼化、煤化工、造纸、食品、纺织印染等高耗水行业，遴选 50 家水效"领跑者"企业，创建节水标杆。

（五）推动生产过程清洁化转型

强化源头减量、过程控制和末端高效治理相结合的系统减污理念，大力推行绿色设计，引领增量企业高起点打造更清洁的生产方式，推动存量企业持续实施清洁生产技术改造，引导企业主动提升清洁生产水平。

健全绿色设计推行机制。强化全生命周期理念，全方位全过程推行工业产品绿色设计。在生态环境影响大、产品涉及面广、产业关联度高的行业，创建绿色设计示范企业，探索行业绿色设计路径，带动产业链、供应链绿色协同提升。构建基于大数据和云计算等技术的绿色设计平台，强化绿色设计与绿色制造协同关键技术供给，加大绿色设计应用。聚焦绿色属性突出、消费量大的工业产品，制定绿色设计评价标准，完善标准采信机制。引导企业采取自我声明或自愿认证的方式，开展绿色设计评价。

减少有害物质源头使用。严格落实电器电子、汽车、船舶等产品有害物质限制使用管控要求，减少铅、汞、镉、六价铬、多溴联苯、多溴二苯醚等使用。研究制定道路机动车辆有害物质限制使用管理办法，更新电器电子产品管控范围的目录，制修订电器电子、汽车产品有害物质含量限值强制性标准，编制船舶有害物质清单及检验指南，持续推进有害物质管控要求与国际接轨。强化强制性标准约束作用，大力推广低（无）挥发性有机物含量的涂料、油墨、胶黏剂、清洗剂等产品。推动建立部门联动的监管机制，建立覆盖产业链上下游的有害物质数据库，充分发挥电商平台作用，创新开展大数据监管。

削减生产过程污染排放。针对重点行业、重点污染物排放量大的工艺环节，研发推广过程减污工艺和设备，开展应用示范。聚焦京津冀及周边地区、汾渭平原、长三角地区等重点区域，加大氮氧化物、挥发性有机物排放重点行业清洁生产改造力度，实现细颗粒物（PM2.5）和臭氧协同控制。聚焦长江、黄河等重点流域以及涉重金属行业集聚区，实施清洁生产水平提升工程，削减化学需氧量、氨氮、重金属等污染物排放。严格履行国际环境公约和有关标准要求，推动重点行业减少持久性有机污染物、有毒有害化学物质等新污染物产生和排放。制定限期淘汰产生严重环境污染的工业固体废物的落后生产工艺设备名录。

升级改造末端治理设施。在重点行业推广先进适用环保治理装备，推动形成稳定、高效的治理能力。在大气污染防治领域，聚焦烟气排放量大、成分复杂、治理难度大的重点行业，开展多污染物协同治理应用示范。深入推进钢铁行业超低排放改造，稳步实施水泥、焦化等行业超低排放改造。加快推进有机废气（VOCs）回收和处理，鼓励选取低耗高效组合工艺进行治理。在水污染防治重点领域，聚焦涉重金属、高盐、高有机物等高难度废水，开展深度高效治理应用示范，逐步提升印染、造纸、化学原料药、煤化工、有色金属等行业废水治理水平。

专栏 6　重点行业清洁生产改造工程

纺织行业。实施小浴比染色、无聚乙烯醇上浆织造、再生纤维素纤维绿色制浆、超临界二氧化碳流体染色、针织物平幅染色、涤纶织物少水连续式染色等技术和装备改造。

（六）引导产品供给绿色化转型

增加绿色低碳产品、绿色环保装备供给，引导绿色消费，创造新需求，培育新模式，构建绿色增长新引擎，为经济社会各领域绿色低碳转型提供坚实保障。

加大绿色低碳产品供给。构建工业领域从基础原材料到终端消费品全链条的绿色产品供给体系，鼓励企业运用绿色设计方法与工具，开发推广一批高性能、高质量、轻量化、低碳环保产品。打造绿色消费场景，扩大新能源汽车、光伏光热产品、绿色消费类电器电子产品、绿色建材等消费。倡导绿色生活方式，继续推广节能、节水、高效、安全的绿色智能家电产品。推动电商平台设立绿色低碳产品销售专区，建立销售激励约束机制，支持绿色积分等"消费即生产"新业态。

大力发展绿色环保装备。研发和推广应用高效加热、节能动力、余热余压回收利用等工业节能装备，低能耗、模块化、智能化污水、烟气、固废处理等工业环保装备，源头分类、过程管控、末端治理等工艺技术装备。加快农作物秸秆、畜禽粪污等生物质供气、供电及农膜污染治理等农村节能环保装备推广应用。发展新型墙体材料一体化成型、铜铝废碎料等工业固废智能化破碎分选及综合利用成套装备，退役动力电池智能化拆解及高值化回收利用装备。发展工程机械、重型机床、内燃机等再制造装备。

创新绿色服务供给模式。打造一批重点行业碳达峰碳中和公共服务平台，面向企业、园区提供低碳规划和低碳方案设计、低碳技术验证和碳排放、碳足迹核算等服务。建立重点工业产品碳排放基础数据库，完善碳排放数据计量、收集、监测、分析体系。推广合同能源管理、合同节水管理、环境污染第三方治理等服务模式。积极培育绿色制造系统解决方案、第三方评价、城市环境服务等专业化绿色服务机构，提供绿色诊断、研发设计、集成应用、运营管理、评价认证、培训等服务，积极参与绿色服务国际标准体系和服务贸易规则制定。

专栏 7　绿色产品和节能环保装备供给工程

绿色产品。大力发展和推广新能源汽车，促进甲醇汽车等替代燃料汽车推广。利用"以旧换新"等方式，继续推广高效照明、节能空调、节能冰箱、节水洗衣机等绿色智能家电产品。鼓励使用低挥发性有机物含量的涂料、清洗剂，加快发展生物质、木制、石膏等新型建材。提高再生材料消费占比。到 2025 年，开发推广万种绿色产品。

绿色环保装备。重点发展污染治理机器人、基于机器视觉的智能垃圾分选技术装备、干式厌氧有机废物处理技术装备、高效低耗难处理废水资源化技术装备、非电领域烟气多污染物协同深度治理技术装备、高效连续的挥发性有机物吸附-脱附、蓄热式热氧化/催化燃烧技术装备。

新能源装备。发展大尺寸高效光伏组件、大功率海上风电装备、氢燃料燃气轮机、超高压氢气压缩机、高效氢燃料电池、一体化商用小型反应堆等新能源装备。推动智能光伏创新升级和行业特色应用。

（七）加速生产方式数字化转型

以数字化转型驱动生产方式变革，采用工业互联网、大数据、5G 等新一代信息技术提升能源、资源、环境管理水平，深化生产制造过程的数字化应用，赋能绿色制造。

建立绿色低碳基础数据平台。加快制定涵盖能源、资源、碳排放、污染物排放等数据信息的绿色低碳基础数据标准。分行业建立产品全生命周期绿色低碳基础数据平台，统筹绿色低碳基础数据和工业大数据资源，建立数据共享机制，推动数据汇聚、共享和应用。基于平台数据，开展碳足迹、水足迹、环境影响分析评价。

推动数字化智能化绿色化融合发展。深化产品研发设计、生产制造、应用服役、回收利用等环节的数字化应用，加快人工智能、物联网、云计算、数字孪生、区块链等信息技术在绿色制造领域的应用，提高绿色转型发展效率和效益。推动制造过程的关键工艺装备智能感知和控制系统、过程多目标优化、经营决策优化等，实现生产过程物质流、能量流等信息采集监控、智能分析和精细管理。打造面向产品全生命周期的数字孪生系统，以数据为驱动提升行业绿色低碳技术创新、绿色制造和运维服务水平。推进绿色技术软件化封装，推动成熟绿色制造技术的创新应用。

实施"工业互联网+绿色制造"。鼓励企业、园区开展能源资源信息化管控、污染物排放在线监测、地下管网漏水检测等系统建设,实现动态监测、精准控制和优化管理。加强对再生资源全生命周期数据的智能化采集、管理与应用。推动主要用能设备、工序等数字化改造和上云用云。支持采用物联网、大数据等信息化手段开展信息采集、数据分析、流向监测、财务管理,推广"工业互联网+再生资源回收利用"新模式。

(八)构建绿色低碳技术体系

推动新技术快速大规模应用和迭代升级,抓紧部署前沿技术研究,完善产业技术创新体系,强化科技创新对工业绿色低碳转型的支撑作用。

加快关键共性技术攻关突破。针对基础元器件和零部件、基础工艺、关键基础材料等实施一批节能减碳研究项目。集中优势资源开展减碳零碳负碳技术、碳捕集利用与封存技术、零碳工业流程再造技术、复杂难用固废无害化利用技术、新型节能及新能源材料技术、高效储能材料技术等关键核心技术攻关,形成一批原创性科技成果。开展化石能源清洁高效利用技术、再生资源分质分级利用技术、高端智能装备再制造技术、高效节能环保装备技术等共性技术研发,强化绿色低碳技术供给。

加强产业基础研究和前沿技术布局。加强基础理论、基础方法、前沿颠覆性技术布局,推进碳中和、二氧化碳移除与低成本利用等前沿绿色低碳技术研究。开展智能光伏、钙钛矿太阳能电池、绿氢开发利用、一氧化碳发酵制酒精、二氧化碳负排放技术以及臭氧污染、持久性有机污染物、微塑料、游离态污染物等新型污染物治理技术装备基础研究,稳步推进团聚、微波除尘等技术集成创新。

加大先进适用技术推广应用。定期编制发布低碳、节能、节水、清洁生产和资源综合利用等绿色技术、装备、产品目录,遴选一批水平先进、经济性好、推广潜力大、市场亟需的工艺装备技术,鼓励企业加强设备更新和新产品规模化应用。重点推广全废钢电弧炉短流程炼钢、高选择性催化、余热高效回收利用、多污染物协同治理超低排放、加热炉低氮燃烧、干法粒化除尘、工业废水深度治理回用、高效提取分离、高效膜分离等工艺装备技术。组织制定重大技术推广方案和供需对接指南。优化完善首台(套)重大技术装备、重点新材料首批次应用保险补偿机制,支持符合条件的绿色低碳技术装备、绿色材料应用。鼓励各地方、各行业探索绿色低碳技术推广新机制。

> **专栏8　绿色低碳技术推广应用工程**
>
> 降碳技术。推进低碳冶金、洁净钢冶炼、绿氢炼化、新型低碳胶凝材料、二氧化碳耦合制甲醇、高效低碳铝电解、高参数煤气发电、二氧化碳驱油、超低氮多孔介质无焰燃烧等技术的推广应用。
>
> 减污技术。推进离子交换法脱硫脱硝、无磷水处理剂循环冷却水处理、纳米陶瓷膜污水处理、工业窑炉协同处置、原位热脱附土壤修复、污泥低温真空干化处理、高盐废水催化氧化处理等技术的推广应用。
>
> 节能技术。推进铸轧一体化无头轧制、中低温余热利用、清洁高效水煤浆气化、高热值固体废物燃料替代、微电网储能、间接冷凝蒸发（数据中心）、铁合金冶炼专用炭电极替代电极糊等技术推广应用。
>
> 节水技术。推进循环冷却水空冷节水、高含盐水淡化管式膜、余能低温多效海水淡化、焦化废水高级催化氧化深度处理回用、固碱蒸发碱性冷凝水处理回用、MBR+反渗透印染废水回用等技术推广应用。
>
> 资源高效利用技术。推进全固废免烧胶凝材料、全固废生产绿色混凝土、钢渣高效蒸汽粉磨、赤泥无害化制环保砖、工业副产石膏生产高强石膏粉及其制品、低值废塑料热裂解、退役动力电池精细化自动拆解等技术推广应用。

激发各类市场主体创新活力。以市场为导向，鼓励绿色低碳技术研发，实施绿色技术创新攻关行动，在绿色低碳领域培育建设一批制造业创新中心、产业创新中心、工程研究中心、技术创新中心等创新平台，着力解决跨行业、跨领域关键共性技术问题。强化企业创新主体地位，支持企业整合科研院所、高校、产业园区等力量建立市场化运行的绿色技术创新联合体。加速科技成果转化，支持建立绿色技术创新项目孵化器、创新创业基地。加快绿色低碳技术工程化产业化突破，发挥大企业支撑引领作用，培育制造业绿色竞争新优势。支持创新型中小微企业成长为创新重要发源地。

（九）完善绿色制造支撑体系

健全绿色低碳标准体系，完善绿色评价和公共服务体系，强化绿色服务保障，构建完整贯通的绿色供应链，全面提升绿色发展基础能力。

健全绿色低碳标准体系。立足产业结构调整、绿色低碳技术发展需求，完善绿色产品、绿色工厂、绿色工业园区和绿色供应链评价标准体系，制修订一批低碳、节能、节水、资源综合利用等重点领域标准及关键工艺技术装备标准。鼓励制定高于现行标准的地方标准、团体标准和企业标准。强化先进适用标准的贯彻落实，扩大标准有效供给。推动建立绿色低碳标准采信机制，推进重点标准技术水平评价和实施效果评估，畅通迭代优化渠道。推进绿色设计、产品碳足迹、绿色制造、新能源、新能源汽车等重点领域标准国际化工作。

打造绿色公共服务平台。优化自我评价、社会评价与政府引导相结合的绿色制造评价机制，强化对社会评价机构的监督管理。培育一批绿色制造服务供应商，提供产品绿色设计与制造一体化、工厂数字化绿色提升、服务其他产业绿色化等系统解决方案。完善绿色制造公共服务平台，创新服务模式，面向重点领域提供咨询、检测、评估、认定、审计、培训等一揽子服务。

强化绿色制造标杆引领。围绕重点行业和重要领域，持续推进绿色产品、绿色工厂、绿色工业园区和绿色供应链管理企业建设，遴选发布绿色制造名单。鼓励地方、行业创建本区域、本行业的绿色制造标杆企业名单。实施对绿色制造名单的动态化管理，探索开展绿色认证和星级评价，强化效果评估，建立有进有出的动态调整机制。将环境信息强制性披露纳入绿色制造评价体系，鼓励绿色制造企业编制绿色低碳发展年度报告。

贯通绿色供应链管理。鼓励工业企业开展绿色制造承诺机制，倡导供应商生产绿色产品，创建绿色工厂，打造绿色制造工艺、推行绿色包装、开展绿色运输、做好废弃产品回收处理，形成绿色供应链。推动绿色产业链与绿色供应链协同发展，鼓励汽车、家电、机械等生产企业构建数据支撑、网络共享、智能协作的绿色供应链管理体系，提升资源利用效率及供应链绿色化水平。

打造绿色低碳人才队伍。推进相关专业学科与产业学院建设，强化专业型和跨领域复合型人才培养。充分发挥企业、科研机构、高校、行业协会、培训机构等各方作用，建立完善多层次人才合作培养模式。依托各类引知引智计划，构筑集聚国内外科技领军人才和创新团队的绿色低碳科研创新高地。建立多元化人才评价和激励机制。推动国家人才发展重大项目对绿色低碳人才队伍建设支持。

完善绿色政策和市场机制。建立与绿色低碳发展相适应的投融资政策，严格控制"两高"项目投资，加大对节能环保、新能源、碳捕集利用与封存等的投融资支持力度。发挥国家产融合作平台作用，建设工业绿色发展项目库，推动绿色金融产品服务创新。推动运用定向降准、专项再贷款、抵押补充贷款等政策工具，引导金融机构扩大绿色信贷投放。健全政府绿色采购政策，加大绿色低碳产品采购力度。进一步完善惩罚性电价、差别电价、差别水价等政策。推进全国碳排放权和全国用能权交易市场建设，加强碳排放权和用能权交易的统筹衔接。

四、保障措施

（一）加强规划组织实施

强化部际、部省、央地间协同合作，建立责任明确、协调有序、监管有力的工作体系。加强沟通协调，强化跨部门、跨区域协作，各地要结合实际制定出台配套政策，落实规划总体要求、目标和任务，打好政策"组合拳"。开展规划实施情况的动态监测和评估，推进规划落实。发挥行业协会、智库、第三方机构等的桥梁纽带作用，助力重点行业和重要领域绿色低碳发展。组织开展全国节能宣传周、全国低碳日、中国水周等活动，加强各类媒体、公益组织舆论引导，宣传工业绿色发展政策法规、典型案例、先进技术。

（二）健全法律法规政策

推动修订《节约能源法》《循环经济促进法》《清洁生产促进法》等法律法规。贯彻落实《固体废物污染环境防治法》，健全配套政策。制定工业节能监察、工业资源综合利用、新能源汽车动力电池回收利用、绿色制造体系建设等管理办法。完善节能减排约束性指标管理。建立企业绿色信用等级评定机制，加大评定结果在财政、信贷、试点示范等方面的应用。完善企业信息披露制度，促进企业更好履行节能节水、减污降碳和职工责任关怀等社会责任。

（三）加大财税金融支持

鼓励地方财政加大对绿色低碳产业发展、技术研发等的支持力度，创新支持方式，引导更多社会资源投入工业绿色发展项目。扩大环境保护、节能节水等企业所得税优惠目录范围。开展绿色金融产品和工具创新，完善绿色金融激励机制，有序推进绿色保险。加强产融合作，出台推动工业绿色发展的产融合作专项政策，推动完善支持工业绿色发展的绿色金融标准体系和信息披露机制，支持绿色企业上市融资和再融资，降低融资费用，研究建立绿色科创属性判定机制。

（四）深化绿色国际合作

推动建立绿色制造国际伙伴关系，进一步拓展多边和双边合作机制建设，加强与有关国际组织在绿色制造领域的合作交流。鼓励有条件的地方建设中外合作绿色工业园区，推动绿色技术创新成果在国内转化落地。大力建设绿色"一带一路"，扩大绿色贸易，共建一批绿色工厂和绿色供应链，加快绿色产品标准、认证、标识国际化步伐。依托重点科研院所、高校、企业，探索建立国际绿色低碳技术创新合作平台和培训基地。鼓励以绿色低碳技术装备为依托进行境外工程承包和劳务输出。

"十四五"全国清洁生产推行方案

推行清洁生产是贯彻落实节约资源和保护环境基本国策的重要举措，是实现减污降碳协同增效的重要手段，是加快形成绿色生产方式、促进经济社会发展全面绿色转型的有效途径。为贯彻落实清洁生产促进法、"十四五"规划和 2035 年远景目标纲要，加快推行清洁生产，制定本方案。

一、总体要求

（一）指导思想

以习近平新时代中国特色社会主义思想为指导，全面贯彻党的十九大和十九届二中、三中、四中、五中全会精神，深入贯彻习近平生态文明思想，按照党中央、国务院决策部署，立足新发展阶段，完整、准确、全面贯彻新发展理念，构建新发展格局，推动高质量发展，以节约资源、降低能耗、减污降碳、提质增效为目标，以清洁生产审核为抓手，系统推进工业、农业、建筑业、服务业等领域清洁生产，积极实施清洁生产改造，探索清洁生产区域协同推进模式，培育壮大清洁生产产业，促进实现碳达峰、碳中和目标，助力美丽中国建设。

（二）主要目标

到 2025 年，清洁生产推行制度体系基本建立，工业领域清洁生产全面推行，农业、服务业、建筑业、交通运输业等领域清洁生产进一步深化，清洁生产整体水平大幅提升，能源资源利用效率显著提高，重点行业主要污染物和二氧化碳排放强度明显降低，清洁生产产业不断壮大。

到 2025 年，工业能效、水效较 2020 年大幅提升，新增高效节水灌溉面积 6000 万亩。化学需氧量、氨氮、氮氧化物、挥发性有机物（VOCs）排放总量比 2020 年分别下降 8%、8%、10%、10%以上。全国废旧农膜回收率达 85%，秸秆综合利用率稳定在 86%以上，畜禽粪污综合利用率达到 80%以上。城镇新建建筑全面达到绿色建筑标准。

二、突出抓好工业清洁生产

（三）加强高耗能高排放项目清洁生产评价

对标节能减排和碳达峰、碳中和目标，严格高耗能高排放项目准入，新建、改建、扩建项目应采取先进适用的工艺技术和装备，单位产品能耗、物耗和水耗等达到清洁生产先进水平。钢铁、水泥熟料、平板玻璃、炼油、焦化、电解铝等行业新建项目严格实施产能等量或减量置换。对不符合所在地区能耗强度和总量控制相关要求、不符合煤炭消费减量替代或污染物排放区域削减等要求的高耗能高排放项目予以停批、停建，坚决遏制高耗能高排放项目盲目发展。

（四）推行工业产品绿色设计

健全工业产品绿色设计推行机制。引导企业改进和优化产品和包装物的设计方案，减少产品和包装物在整个生命周期对环境的影响。在生态环境影响大、产品涉及面广、行业关联度高的行业，创建工业产品生态（绿色）设计示范企业，探索行业绿色设计路径。健全绿色设计评价标准体系。鼓励行业协会发布产品绿色设计指南，推广绿色设计案例。

专栏 1　工业产品生态（绿色）设计示范企业工程

重点实施轻量化、无害化、节能降耗、资源节约、易制造、易回收、高可靠性和长寿命等关键绿色设计技术应用示范，培育发展 100 家工业产品生态（绿色）设计示范企业，制修订 100 项绿色设计评价标准，推广万种绿色产品。

（五）加快燃料原材料清洁替代

加大清洁能源推广应用，提高工业领域非化石能源利用比重。对以煤炭、石油焦、重油、渣油、兰炭等为燃料的工业炉窑、自备燃煤电厂及燃煤锅炉，积极推进清洁低碳能源、工业余热等替代。因地制宜推行热电联产"一区一热源"等园区集中供能模式，替代小散工业燃煤锅炉，减少煤炭用量，实现大气污染和二氧化碳排放源头削减。推进原辅材料无害化替代，围绕企业生产所需原辅材料及最终产品，减少优先控制化学品名录所列化学物质及持久性有机污染物等有毒有害物质的使用，促进生产过程中使用低毒低害和无毒无害原料，降低产品中有毒有害物质含量，大力推广低（无）挥发性有机物含量的油墨、涂料、胶粘剂、清洗剂等使用。

（六）大力推进重点行业清洁低碳改造

严格执行质量、环保、能耗、安全等法律法规标准，加快淘汰落后产能。全面开展清洁生产审核和评价认证，推动能源、钢铁、焦化、建材、有色金属、石化化工、印染、造纸、化学原料药、电镀、农副食品加工、工业涂装、包装印刷等重点行业"一行一策"绿色转型升级，加快存量企业及园区实施节能、节水、节材、减污、降碳等系统性清洁生产改造。在国家统一规划的前提下，支持有条件的重点行业二氧化碳排放率先达峰。在钢铁、焦化、建材、有色金属、石化化工等行业选择 100 家企业实施清洁生产改造工程建设，推动一批重点企业达到国际清洁生产领先水平。

三、加强清洁生产科技创新和产业培育

（七）加强科技创新引领

加强清洁生产领域基础研究和应用技术创新性研究。围绕工业产品绿色设计、能源清洁高效低碳安全利用、污水资源化、农业节水灌溉控制、多污染物协同减排、固体废弃物资源化等方向，突破一批核心关键技术，研制一批重大技术装备。

（八）推动清洁生产技术装备产业化

积极引导、支持企业开发具有自主知识产权的清洁生产技术和装备，着力提高供给能力。发挥清洁生产相关协会和联盟等平台作用，大力推进源头减量、过程控制、末端治理等清洁生产技术装备应用，加快清洁生产关键共性技术装备的产业化发展。

（九）大力发展清洁生产服务业

创新清洁生产服务模式，探索构建以绩效为核心的清洁生产服务支付机制。加快建立规范的清洁生产咨询服务市场，鼓励具有竞争力的第三方清洁生产服务企业为用户提供咨询、审核、评价、认证、设计、改造等"一站式"综合服务。探索建立第三方服务机构责任追溯机制，健全清洁生产技术服务体系。

四、深化清洁生产推行模式创新

（十）创新清洁生产审核管理模式

鼓励各地探索推行企业清洁生产审核分级管理模式，对高耗能、高耗水、高排放的企业以及生产、使用、排放涉及优先控制化学品名录中所列化学物质的企业严格实施清洁生产审核，对其他企业可适当简化审核工作程序。鼓励企业开展自愿性清洁生产评价认证，对通过评价认证且满足清洁生产审核要求的，视同开展清洁生产审核。积极推动清洁生产审核与节能审查、节能监察、环境影响评价和排污许可等管理制度有效衔接。鼓励有条件的地区开展行业、园区和产业集群整体审核试点。研究将碳排放指标纳入清洁生产审核。

> **专栏 2　清洁生产审核创新试点工程**
>
> 　　以钢铁、焦化、建材、有色金属、石化化工、印染、造纸、化学原料药、电镀、农副食品加工、工业涂装、包装印刷等行业为重点，选取 100 个园区或产业集群开展整体清洁生产审核创新试点，探索建立具有引领示范作用的审核新模式，形成可复制、可推广的先进经验和典型案例。

（十一）探索清洁生产区域协同推进

　　在实施京津冀协同发展等区域发展重大战略中，探索建立清洁生产协同推进机制，统一清洁生产评价认证和审核要求，联合开展技术推广，协同推进重点行业清洁生产改造。京津冀及周边地区、汾渭平原、长三角地区、珠三角地区、成渝地区等区域重点实施钢铁、石化化工、焦化、包装印刷、工业涂装等行业清洁生产改造，推动细颗粒物（PM2.5）和臭氧（O_3）协同控制。长江、黄河等流域重点实施造纸、印染、化学原料药、农副食品加工等行业清洁生产改造，减少氨氮和磷污染物排放。

五、组织保障

（十二）加强组织实施

　　国家发展改革委加强组织协调，充分发挥清洁生产促进工作部门协调机制作用，推动本方案实施，生态环境部、工业和信息化部、科技部、财政部、住房和城乡建设部、交通运输部、农业农村部、商务部、市场监管总局等部门按照职能分工抓好重点任务落实。地方政府要落实主体责任，加大力度鼓励和促进清洁生产，结合实际确定本地区清洁生产重点任务，制定具体实施措施。

（十三）完善法律法规标准

　　推动修订清洁生产促进法，加强与相关法律法规的衔接协调，强化相关主体权利义务。鼓励各地结合实际制定促进清洁生产的地方性法规。建立健全清洁生产标准体系，组织修订清洁生产评价指标体系编制通则，研究制定清洁生产团体标准管理办法。编制发布清洁生产先进技术目录。

（十四）强化政策激励

各级财政积极探索有效方式，支持清洁生产工作。依法落实和完善节能节水、环境保护、资源综合利用相关税收优惠政策，强化绿色金融支持，引导企业扩大清洁生产投资。加强清洁生产审核和评价认证结果应用，将其作为阶梯电价、用水定额、重污染天气绩效分级管控等差异化政策制定和实施的重要依据。建立健全清洁生产激励制度，按照国家有关规定对工作成效突出的单位和个人依法给予表彰和奖励。

（十五）加强基础能力建设

推动建设清洁生产信息化公共服务平台。依托省级清洁生产中心或相关社会组织加强地方清洁生产能力建设。鼓励组建清洁生产专家库，开展多层次的清洁生产培训。深入开展清洁生产宣传教育活动，积极营造全社会共同推行清洁生产的良好氛围，推动形成绿色生产生活方式。

"十四五"职业技能培训规划（节选）

开展大规模职业技能培训，是提升劳动者就业创业能力、缓解结构性就业矛盾、促进扩大就业的重要举措，是推动高质量发展的重要支撑。本规划依据《中华人民共和国国民经济和社会发展第十四个五年规划和 2035 年远景目标纲要》编制，提出了"十四五"时期加强职业技能培训工作的指导思想、基本原则、主要目标、重点任务和保障措施，是推动职业技能培训高质量发展的工作指引。

一、规划背景

"十三五"时期，坚持以人民为中心的发展思想，职业技能培训大规模开展。2019年，国务院决定从失业保险基金结余中拿出 1000 亿元组织实施职业技能提升行动，面向企业职工、就业重点群体和贫困劳动力组织实施职业技能培训。五年来，全国共组织开展补贴性职业技能培训近 1 亿人次；其中，培训企业职工超过 3000 万人次，农民工超过4000 万人次，贫困劳动力超过 900 万人次。全国技能人才总量超过 2 亿人，高技能人才超过 5000 万人，均比"十二五"期末有较大幅度增长。技能人才总量扩大，结构逐步优化，就业质量不断提升。

"十四五"时期，我国开启全面建设社会主义现代化国家、向第二个百年奋斗目标进军新征程。党中央、国务院部署建设技能型社会，实施就业优先战略和技能提升行动，健全终身职业技能培训制度，为职业技能培训发展提供了根本保证。我国已进入高质量发展阶段，实施新时代人才强国战略，推进制造强国、质量强国建设，发展实体经济，亟需加强创新型、应用型、技能型人才培养，壮大高技能人才队伍，为职业技能培训发展创造广阔空间。新一轮科技革命和产业变革突飞猛进，就业新增长点、新就业形态不断发展，劳动者参加培训提升人力资本和专业技能的内在动力逐渐增强。

但也要看到，"十四五"时期职业技能培训面临新的挑战。产业转型升级、技术进步对劳动者技能素质提出了更高要求，人才培养培训不适应市场需求的现象进一步加剧。"就业难"与"招工难"并存，高校毕业生等重点群体和农村转移劳动力就业创业能力与用人需求存在差距。职业技能培训难以适应数字技术、人工智能发展要求，培训基础能力薄弱，针对性有效性需要进一步提高，支持服务体系亟需完善，尊重技能尊重劳动的社会氛围有待进一步优化。职业技能培训的规模质量与建设技能型社会需求仍有差距，必须深刻认识职业技能培训工作的短板和不足，全面分析面临的困难和挑战，坚持问题导向，加大工作力度，发动全社会力量，共同推动职业技能培训高质量发展，建设规模宏大、质量过硬、结构合理的技能劳动者队伍。

二、总体要求

（一）指导思想

高举中国特色社会主义伟大旗帜，以习近平新时代中国特色社会主义思想为指导，深入贯彻党的十九大和十九届二中、三中、四中、五中、六中全会精神，认真落实党中央、国务院决策部署，立足新发展阶段，完整、准确、全面贯彻新发展理念，构建新发展格局，推动高质量发展，以深化供给侧结构性改革为主线，以改革创新为动力，推进技能型社会建设，全面实施技能中国行动，进一步健全完善劳动者终身职业技能培训制度，充分发挥市场在资源配置中的决定性作用，配合实施国家重大战略、区域协调发展战略，加大职业技能培训力度，吸引更多劳动者技能就业技能成才，为全面建设社会主义现代化国家提供有力的人才和技能支撑。

（二）基本原则

——坚持立德树人、德技并修。大力弘扬和培育劳模精神、劳动精神、工匠精神，坚持工学结合、知行合一、德技并修，聚焦劳动者技能素质提升，注重培养劳动者的职业道德和技能素养。

——坚持就业导向、提质扩容。牢固树立职业技能培训为就业服务的理念，不断提升培训质量，扩大培训规模，为劳动者储备就业技能，促进就业创业，提高工作能力。

——坚持共建共享、协同发力。加强对职业技能培训资源的统筹利用，发挥公共实训基地和职业院校（含技工院校，下同）等功能作用，鼓励支持龙头企业、社会资源依法参与职业技能培训，推动共建共享，形成工作合力。

——坚持市场引导、政府支持。构建以企业为主体、职业院校为基础、政府推动与社会支持相结合的职业技能培训体系，引导劳动者根据社会需要和个人需求积极参与职业技能培训。

（三）主要目标

到 2025 年，要实现以下目标：

——终身职业技能培训制度更加完善。深入实施职业技能提升行动，形成贯穿劳动者学习工作终身，覆盖劳动者职业生涯全程，适应就业创业和人才成长需要以及经济社会发展需求的终身职业技能培训制度，推进终身职业技能培训组织实施。

——共建共享职业技能培训体系更加健全。健全职业技能培训共建共享机制，持续推动公共职业技能培训扩容提质，优化公共职业技能培训资源供给。加大政府、企业、社会等各类培训资源优化整合力度，提高培训供给能力，提升职业技能培训的精准性和实效性。

——创新型、应用型、技能型人才队伍不断发展壮大。稳步扩大培训规模，持续提升培训质量，技能劳动者队伍结构不断优化，就业创业能力明显提高，高技能人才不断涌现。破除学历、身份等限制，技能人才成长通道更加顺畅，多元化评价方式不断完善，技能等级与薪酬分配的联系更加密切，职业技能竞赛引领和推动技能成才的作用更加显著。

——职业技能培训服务更加有效。培训与就业的衔接更加紧密，形成个人投入、企业支持、政府补贴共同投入的机制，鼓励社会资本投入，形成职业技能培训多元供给体系，市场引导和政府补贴的职业技能培训共同推进，职业技能培训公共服务力度更大、效率更高，见表 1。

表 1　"十四五"时期职业技能培训主要指标

主要指标	2021～2025 年目标	属性
开展补贴性职业技能培训	≥7500 万人次	预期性
其中：农民工参加职业技能培训	≥3000 万人次	预期性
新增取得职业资格证书或职业技能等级证书	≥4000 万人次	预期性
其中：新增高技能人才（取得高级工及以上职业资格证书或职业技能等级证书）	≥800 万人次	预期性
新建公共实训基地	200 个	预期性

三、健全完善终身职业技能培训体系

（四）深入实施职业技能提升行动

健全终身职业技能培训制度，深入实施职业技能提升行动和重点群体专项职业培训计划，广泛开展新业态新模式从业人员技能培训，有效提高培训质量。制定出台加强新时代技能人才队伍建设政策措施，着力完善培养、使用、评价、激励机制，持续增强技能人才发展动力和创新创造活力。以企业自主培训、市场化培训为主要供给，以政府补贴培训为有益补充，以行业企业、公共实训基地、普通高校、职业院校、职业技能培训机构等为主要载体，以就业技能培训、岗位技能提升培训和创业培训为主要形式，构建资源充足、布局合理、结构优化、载体多元的培训组织实施体系，持续大规模开展职业技能培训。探索"互联网+""智能+"培训新形态，推动培训方式变革创新。

（五）大力开展企业职工岗位技能提升培训

充分发挥企业培训主体作用，推动企业建立健全职工技能培训机制，支持各类企业广泛开展职工岗位技能提升培训，突出高技能人才培训、产业紧缺人才培训、安全技能提升培训、转岗转业培训、通用职业素质和数字技能普及性培训等，支持开展订单式、定向式及项目制培训。发挥行业协会、龙头企业和培训机构作用，引导帮助中小微企业开展职工培训。鼓励企业与参训职工协商调整工作及培训时间，依法保障职工参训期间的工资福利待遇。落实培训经费税前扣除政策。深化高危行业领域安全技能提升行动，按规定开展危险化学品、矿山等高危行业企业从业人员和各类特种作业人员安全技能培训。

（六）强化重点群体就业技能培训

实施青年专项技能培训计划。以高校和职业院校毕业年度毕业生和其他青年群体为培训对象，以提升就业创业能力为核心，开展青年职业技能培训，增强青年群体适应产业发展、岗位需求和基层就业的能力。实施青年学徒培养计划，通过企校双师带徒、工学交替，培养适合企业发展和岗位需要的高技能人才。对城乡未继续升学的初高中毕业生开展劳动预备制培训。大力开展青年创业培训、新职业培训、技能提升培训。

实施退役军人培训计划。结合退役军人实际和就业愿望，推行适应性培训，强化思想政治引领，引导合理就业预期。开展职业技能培训，推动各地对接共享优质教育培训资源，逐步实现退役军人跨省异地培训。依托高校、职业院校、社会培训机构、创业孵化基地等现有资源挂牌建立退役军人就业创业园地，发挥示范作用。

实施农村转移劳动力等职业技能提升计划。面向农村转移劳动力、返乡农民工、脱贫劳动力，开展职业技能培训和安全知识培训。以输出地为主，组织当地农民工和返乡入乡农民工开展就业创业培训，促进其就近就业创业。以输入地为主，大力开展促进农民工就业的技能培训和新职业新业态培训，提升其就业能力。要注重对准备外出就业青年农民工的职业指导和培训工作，依托职业院校和职业技能培训机构等为其提供有针对性的培训服务，促进其职业技能提升。积极推进乡村建设所需的农业农村本地人才技能培训，培养一批农业农村高技能人才和乡村工匠。强化高素质农民先进实用技术技能培训，推进各类现代农业技术培训和其他涉农技术培训，提升农业农村产业发展能力和新型农业经营主体经营管理能力。

做好其他群体就业技能培训工作。做好妇女职业技能培训，组织适合女性就业的育婴、家政等急需紧缺职业培训和编织、手工制作等专项技能培训。结合失业人员特点，提供有针对性的就业创业指导、就业技能培训等就业服务，提升转岗就业技能和创业能力。做好长江流域禁捕退捕渔民职业技能培训。对服刑人员、强制隔离戒毒人员和社区矫正对象，开展以回归社会为目的的就业技能培训。

开展技能帮扶工作。对符合条件的脱贫家庭（含监测帮扶对象家庭）、困难职工家庭、社会救助对象和残疾人，重点依托职业院校，实施技能帮扶千校行动、雨露计划、残疾人职业技能提升计划。

（七）加强创业培训和新业态新模式从业人员技能培训

深入实施创业培训"马兰花计划"。实现创业阶段全覆盖，组织准备创业和创业初期的人员参加创业意识、创办企业、网络创业、创业（模拟）实训、企业经营发展等培训，提升参训人员的项目选择、市场评估、创业计划等能力。实施农村创业创新带头人培育行动，加强专业人员队伍建设，为返乡入乡创业创新人员提供培训指导服务。适应平台经济、共享经济发展，广泛开展数字技能、媒体运营、电子商务等新业态新模式从业人员技能培训。

四、提升职业技能培训供给能力

（八）加大公共职业技能培训供给

健全培训资源共建共享机制，实施职业技能培训场地、设备共建共享行动。开展县域职业技能培训场地、设备共建共享试点，完善企业、职业院校、培训机构等利用公共实训基地开展技能实训有关制度，逐步形成覆盖全国的公共职业技能培训和创业实训网络。支持公共职业培训机构按市场和产业发展需求设立培训项目。聚焦服务农民工等就业重点群体、推动制造业高质量发展、增加短期实用性职业技能培训供给，优先在巩固拓展脱贫攻坚成果任务重、劳动力资源相对丰富、返乡入乡创业就业工作成效明显的地区，利用中央预算内投资重点支持建设一批公共实训基地。实施国家乡村振兴重点帮扶地区职业技能提升工程，增加职业技能培训公共资源供给，开展送培下乡、送培上门，加大对乡村振兴重点帮扶县技能人才智力支持，增强其内生发展能力。

专栏 1　职业技能培训场地、设备共建共享行动

1. 实施公共实训基地建设项目。优化公共实训基地区域布局，通过中央预算内投资支持新建一批公共实训基地，遴选培育一批为残疾人等特殊群体服务的实习实训机构。

2. 推动公共实训基地场地、设备共建共享。强化公共实训基地的公共性、公益性、开放性、综合性，做好公共实训基地与院校、企业实训基地的有效衔接。支持各地以公共实训基地为平台，统筹整合运用院校、行业协会、企业及其他社会组织的培训资源，提高培训资源的综合利用效率和使用质量。支持危化企业集中的地区依托公共实训基地建立或改扩建安全技能实训基地，开展从业人员安全技能实操实训。力争到"十四五"期末，每个化工园区都有配套服务的化工安全技能实训基地。

3. 开展县域职业技能培训场地、设备共建共享。优化县域职业技能培训资源供给，推动县域层面各类职业技能培训资源统筹融合，选取部分县级行政区开展试点，赋予其更多职业技能培训资源整合使用的自主权。

4. 促进农民工职业技能培训场地、设备共建共享。制定农民工职业技能培训场地、设备共建共享实施方案，结合农民工就业意愿和需求，为其提供职业技能培训服务，注

重提高培训的精准性和实效性。

5.实施高技能人才培训基地、技能大师工作室建设项目。依托职业院校、企业等建设一批国家级高技能人才培训基地和技能大师工作室。加强制造业和现代服务业高技能人才培养培训、研修交流。

专栏 2   国家乡村振兴重点帮扶地区职业技能提升工程

1.建设一批技工院校。支持生源数量较充足、具备发展技工教育条件的国家乡村振兴重点帮扶县，通过优化布局结构等方式，建好技工院校。健全人力资源社会保障领域常态化帮扶机制，加大东西部职业技能开发对口协作力度，对西藏、南疆四地州等地技工院校予以重点帮扶。

2.设立一批高技能人才培训基地和技能大师工作室。落实高技能人才培训基地建设支持政策，支持在国家乡村振兴重点帮扶地区分层分级设立一批高技能人才培训基地。根据地区产业发展需要，支持在国家乡村振兴重点帮扶地区分层分级设立一批技能大师工作室，发挥带徒传技、技能攻关、技能推广等带动作用。

3.举办乡村振兴职业技能大赛。每两年举办一届全国乡村振兴职业技能大赛。引导支持国家乡村振兴重点帮扶县，结合当地特色产业发展状况，举办具有地方特色的职业技能竞赛。

（九）鼓励企业建设职业技能培训基地

鼓励各类企业特别是规模以上企业建立职工培训中心、网络学习平台、职业院校，开展职工培训。积极建设培育一批产训结合型企业，鼓励企业设立高技能人才培训基地和技能大师工作室，企业应通过职工教育经费提供相应的资金支持，政府按规定通过就业补助资金给予补助。

（十）推进院校开展职业技能培训工作

突出职业技术（技工）教育类型特色，深入推进改革创新，扩大技术技能人才培训规模。大力发展技工教育，支持技师学院建设。充分发挥职业院校培训资源优势，提升培训规范化、专业化水平。实施院校职业技能培训行动，动员和支持各类职业院校积极开展职业培训，推行"学历证书+职业技能等级证书"制度，积极为毕业年度学生提供职业技能培训服务并纳入职业培训补贴范畴。符合条件的职业院校可按规定承担政府补贴的职业技能培训任务。支持职业院校强化校企合作，为学生提供全方位技能培训服务。

专栏3　院校职业技能培训行动

1. 为毕业生提供职业指导专项 服务。组建专业化就业创业导师队伍，围绕人力资源市场需求和新职业发展动向，推出线上线下课程，为毕业年度学生提供职业规划、职业体验、求职指导服务。

2. 提升毕业生就业能力。创造条件为毕业年度学生开设中短期技能培训班，技能培训内容要适应新职业、新技能和新就业形态的变化，对接人力资源市场、企业和学生需求，因材施教，特色办班。

3. 提升毕业生创业能力。面向有创业意愿和培训需求的毕业年度学生，开展有针对性的创业培训，加强创业意识教育、创业项目指导和网络创业等培训。

（十一）支持民办培训机构和线上培训平台规范发展

依法鼓励支持民办职业培训机构规范发展。通过优化审批服务等方式，支持社会资源提供民办职业培训服务。强化对民办培训机构办学质量的督导，建立行业自律机制。鼓励各地依托企业、高等学校、职业院校、社会培训机构的数字职业技能培训资源，推进培训资源库开发应用，支持职业技能线上培训平台建设。加速推进规范化管理，形成线上培训平台审核、评价与退出机制，探索开展"互联网+职业技能培训"，按规定将相关线上培训平台及数字资源纳入当地培训机构目录。

五、提高职业技能培训质量

（十二）大力弘扬劳模精神、劳动精神、工匠精神

加强职业素质和职业道德培育，研究编制职业素质纲要。坚持工学结合、知行合一、德技并修。结合世界技能大赛、全国技能大赛、职业教育活动周、世界青年技能日等重大赛事、活动，广泛开展宣传。依托博物馆、文化宫、青少年宫等场所，推动设立技能角、技能园地等技能展示、技能互动、职业体验区域，引导全社会关注技能、学习技能，投身技能报国，营造劳动光荣的社会风尚和精益求精的敬业风气。

（十三）增强职业技能培训的针对性有效性

探索中国特色学徒制。全面推行企业新型学徒制和现代学徒制。依托各类企业，组织企业技能岗位新招用员工、转岗员工和在职职工参加学徒培训，通过企业、院校培养中高级技能人才。在危险化学品、矿山等高危行业企业，对风险偏高的技能操作型岗位新招录员工大力推行学徒制。健全与现代学徒制相适应的教学管理与运行机制，校企共订人才培养方案，共担培养成本。

加大高技能人才培养力度。加强先进制造业、战略性新兴产业、现代服务业、建筑业以及现代农业等产业高技能人才培养。加大技师、高级技师、特级技师研修培训，组织实施高技能领军人才和产业紧缺人才培训。对企业关键岗位的高技能人才，开展新知识、新技术、新工艺等方面培训。

加大能工巧匠培养力度。加强专项职业能力开发，组织同业交流，做好关键技能和绝招绝技传承。通过举办手工技能大赛，挖掘培养乡村手工业者、传统艺人、传统建设修缮技艺传承人和工匠。鼓励传统技艺传承人走进当地中小学校，开展手工技艺传承人教育。积极推进乡村建设工匠等本土人才技能培训，培养一批高素质乡村建设人才。创建特色劳务品牌、"一村一品"示范村镇，加强技能培训、示范引导、品牌培育。鼓励各地根据本地区产业发展需要，培育一批服务乡村振兴的能工巧匠。

加强急需紧缺人才培养。建立技术工人需求动态监测分析体系，做好急需紧缺技术工种目录编制发布工作。对接技能密集型产业，引导培训资源向市场急需、企业生产必需等环节集中，重点开展急需紧缺职业（工种）培训。大力培养先进制造业技术工人，着力开展现代服务业职业技能培训。

（十四）高质量推动产训结合

开展产训结合建设试点行动，促进产业链和职业技能培训链有效衔接。立足促进区域经济发展，服务产业发展需求和企业生产需要，开展产训结合城市和企业试点，促进企业生产和培训有效衔接。鼓励行业龙头企业、大型企业建设职工培训中心，面向产业链上下游中小微企业职工开展培训，提升全产业链职业技能培训质量和效益。

专栏4　产训结合建设试点行动

1.产训结合试点城市。在主导产业突出、基础条件较好的城市开展产训结合试点，为当地产业发展提供高质量技能人才培训和就业服务。试点城市应具有较强的经济产业基础和相对丰富的技能培训资源，能够推出切实有效的改革举措，发挥先行引领带动作用。

2.产训结合试点企业。在行业龙头骨干企业中开展试点，积极发挥企业在职业技能培训中的主体作用，促进企业生产实训与公共职业技能培训有效衔接。

3.产训结合试点公共职业技能培训平台。充分发挥各类公共培训机构（包括公共实训基地）的培训功能，建设一批高质量、服务大规模开展职业技能培训的公共职业技能培训平台。

（十五）加强全民数字技能培训

适应数字经济发展，加快培养全民数字技能，实现信息服务全覆盖。加大人工智能、云计算、大数据、数字营销等新技术培训力度。引导企业加强数字工作场所的职工技能培训。

专栏5　数字技能提升行动

1.加强数字技能相关标准建设。修订职业分类大典，对数字技能类职业进行标注。积极开发数字技能类新职业，制定数字技能类职业的职业标准和评价规范。

2.编制数字技能相关职业国家基本职业培训包。发布培训标准和课程方案，加大数字技能相关职业技能培训教材开发力度，组织开发面向全体劳动者的数字技能通用素质培训教材。

3.推进数字技能类人才评价工作。推进数字技能相关职业技能等级认定工作。引入数字技术，创新评价方式。

4.开展数字技能类职业技能竞赛。各地各行业在举办职业技能竞赛时，设立与数字技能相关赛项，全面推动数字技能提升。

5.提升数字技能培训基础能力建设。统筹利用现有资源，培育一批具有数字技能培养优势的高技能人才培训基地和技能大师工作室。遴选培育一批数字技能培训优质职业院校。打造一批功能突出、资源共享的区域性数字技能公共实训基地，全面提升数字技能实训能力。

六、加强职业技能培训标准化建设

（十六）建立健全职业培训工作多元化、多层次标准框架体系

健全符合我国国情的现代职业分类体系，完善职业分类动态调整机制。组织修订《中华人民共和国职业分类大典》，探索利用数字化技术开展职业分类。围绕新经济、新模式、新业态和急需紧缺职业，加快新职业发布及国家职业标准开发，动态修订完善国家职业标准。建立健全由职业标准、评价规范、专项职业能力考核规范等构成的多层次、相互衔接、国际可比的职业标准体系。

（十七）加强职业培训教材与数字资源建设

贯彻国家教材工作总体要求，落实职业培训教材管理工作有关规定，以国家职业标准、职业培训课程规范为依据，建立完善适应新时代技能人才培训需求的高质量职业培训教材与数字资源体系。定期完善职业培训教材与数字资源建设规划目录，鼓励符合规定条件的单位积极参与规划教材编写与数字资源开发。强化劳模精神、劳动精神、工匠精神、职业道德、法律意识、质量意识、安全环保等通用职业素质培训教材精品化开发，加强职业培训教材开发更新，加快开发新兴产业、新技术、新职业、数字技能职业培训教材，加速推进职业培训数字资源建设。组织有关专家或第三方机构加强教材与数字资源审核，加强教材与数字资源使用情况检查督导。

（十八）加强师资队伍建设

实施培训教师素质提升计划，把师德师风作为评价师资队伍素质的第一标准并贯穿教师管理全过程。建立和完善培训教师在职培训和到企业实践制度，开展师资技能提升培训，持续开展师资专项培训计划。加快培养既能讲授专业知识又能传授操作技能的一体化师资队伍，鼓励行业组织、企业共同参与职业教育教师培养和培训。实行专兼职教师制度，从企业高技能人才与技能劳动者中着力培养、充实职业技能培训师资和能承担培训任务的人员，完善培训教师和有关人员执教执训履历档案。建立公共职业技能培训师资库，支持将高技能领军人才、世界技能大赛和全国技能竞赛优秀选手纳入师资库。建立创业培训师资库，持续组织全国"马兰花创业培训"讲师大赛。鼓励优秀创业培训师资等成立创业指导工作室。

专栏 6　职业技能培训标准化建设工程

1.职业标准开发。结合科技发展、技术更新，制定或修订颁布 250 个国家职业标准。

2.职业培训包开发应用。由相关部门推荐专业人员，通过国家职业培训包专家委员会工作机制，修订完善和组织开发一批培训需求量大的国家基本职业培训包。在全国范围内培育一批职业培训包应用培训机构。

3.职业技能培训师资研修。依托企业、职业院校、公共实训基地、社会培训机构等建设一批职业技能培训师资研修中心和企业实践基地，组织师资培训和研修交流活动。

（十九）推动职业技能培训信息化建设

构建与终身职业技能培训制度相适应的信息化服务体系，加强信息化建设。依托金保工程，加快推进职业技能培训实名制管理工作，建立以社会保障卡为载体的劳动者终身职业技能培训电子档案。依托社会保障卡持卡人员基础信息库和全国社会保障卡服务平台，实现培训对象实名认证，探索通过社会保障卡缴纳职业技能培训费和领取补贴费。统筹利用现有资源，提升全国职业技能鉴定等级认定考务管理和技能人才评价信息服务水平。

七、完善技能人才职业发展通道

（二十）拓宽技术工人职业发展通道

促进技术工人成长，完善职业发展通道，形成纵向有阶梯、横向可贯通的人才发展路径。鼓励企业设立首席技师、特级技师等，提升技术工人职业发展空间。扩大技能人才与专业技术人才职业发展贯通领域，推动融合发展。畅通非公有制经济组织、社会组织和自由职业人员技能等级认定渠道。探索建立技能学分，与国家学分银行互联互通。研究探索职业技能等级证书与学历证书间的学习成果认定、积累和转换机制。

（二十一）完善技能人才评价体系

健全以职业能力为导向、以工作业绩为重点、注重工匠精神培育和职业道德养成的技能人才评价体系。建立与国家职业资格制度相衔接、与终身职业技能培训制度相适应的职业技能等级制度。健全以职业资格评价、职业技能等级认定和专项职业能力考核等为主要内容的技能人才评价制度。全面推行企业技能人才自主评价，并将评价结果与技能人才使用、待遇挂钩。加大社会培训评价组织的征集遴选力度，大力推行社会化职业技能等级认定，加强技术支持和工作指导。加强对行业组织开展职业技能等级认定的支持和指导。鼓励地方紧密结合乡村振兴、特色产业和非物质文化遗产传承项目等，组织开发专项职业能力考核项目。有序开展新职业培训评价试点工作。推动技能人才评价提质扩面。

（二十二）提高技能人才待遇水平

大力提高技术工人待遇，推动技能人才薪酬分配指引落地落企，引导企业建立健全符合技能人才特点的工资分配制度。指导企业对技能人才建立以岗位价值、能力素质、业绩贡献等为参考的岗位绩效工资制，合理评价技能要素贡献。推动企业建立工资正常增长机制，探索技能激励机制。定期发布工资价位，指导企业合理确定技能劳动者的工资水平。做好职业院校毕业生参加事业单位公开招聘工作，切实维护、保障职业院校毕业生参加机关企事业单位招聘的合法权益和平等竞争机会。推动高技能人才纳入城市直接落户范围，其配偶、子女按有关规定享受公共就业、教育、住房等保障服务。

（二十三）加强高技能人才表彰奖励

完善以国家奖励为导向、用人单位奖励为主体的技能人才表彰奖励体系。加大对高技能人才在各级各类表彰中的倾斜力度。做好中华技能大奖和全国技术能手评选表彰工作。组织开展高技能领军人才技能研修交流和节日慰问活动。按照国家有关规定，对培育、使用技能人才成效突出的职业院校、职业技能培训机构和企业进行表彰。

（二十四）广泛开展职业技能竞赛活动

完善以世界技能大赛为引领、中华人民共和国职业技能大赛为龙头、全国行业职业技能竞赛和地方各级职业技能竞赛为主体、企业和院校职业技能竞赛为基础的具有中国特色的职业技能竞赛体系。完善职业技能竞赛管理办法，通过以赛代训引领职业技能培训发展。做好世界技能大赛参赛和筹办工作，依托院校、企业等资源，培育世界技能大赛综合训练中心、世界技能大赛中国研究（研修）中心和世界技能大赛中国集训基地。指导上海建设世界技能博物馆。定期举办全国技能大赛。加强职业技能竞赛工作队伍建设，提高竞赛工作信息化管理水平，开展相关理论研究和成果转化。

八、完善规划落实机制

（二十五）加强统筹规划和组织领导

各地要切实承担主体责任，做好本地区职业技能培训发展与本规划的衔接和组织实施，确保规划重点任务和行动落到实处。及时总结工作进展情况，按照国家有关规定对作出突出贡献的集体和个人进行表彰。加强组织协调，形成省级统筹、部门参与、市县实施的工作格局。人力资源社会保障、教育、发展改革、财政、工业和信息化、民政、住房城乡建设、农业农村、退役军人、应急、乡村振兴、残联等部门和单位要发挥各自职能作用，加大职业技能培训资源统筹、共享力度，形成工作合力，提升职业技能培训效果。

（二十六）加大职业技能培训投入力度

多方筹集资金，做好职业技能培训资金保障。健全市场化投入机制，鼓励社会资本投入。加强中央预算内投资对公共实训基地建设等的支持。对购买用于培训的相关设备，可按规定享受现行税收优惠政策。统筹利用就业补助资金、失业保险基金和已有职业培训资金（含职业技能提升行动专账结余资金），按规定对符合条件的参训人员给予职业培训补贴、技能提升补贴和生活费补贴。建立培训补贴标准动态评估调整机制，适时调整补贴标准。高危行业企业要在职工教育培训经费和安全生产费用预算中足额安排安全技能培训资金，用于从业人员安全技能培训。有条件的地区可结合实际情况安排经费，对职业技能培训教材建设、职业培训包开发应用、师资和管理人员培训、教学改革以及职业技能培训公共服务平台建设运行等基础工作给予支持，对培训组织动员工作进行奖补。

（二十七）加强管理服务和监管

健全职业技能培训综合管理服务和督导评估体系，加强对职业技能培训工作的绩效评估和信息公开，对培训机构、培训项目、培训资金等进行规范管理。运用"双随机、一公开"等方式对培训组织实施和资金管理使用进行全过程监管。推进"制度+科技""人防+技防"体系建设，大力推进"互联网+监管"，优化业务流程和工作模式。引入第三方机构强化社会监督。加大对违法违规行为的查处力度，并依法依规严惩。

（二十八）推动职业技能培训国际合作

加强国际合作，推动与各国在职业技能领域交流互鉴。完善国际区域培训交流机制和对话平台。聚焦世界科技前沿和国内紧缺技能，引进高水平师资、课程、教材等资源。探索"中文+职业技能"的国际化发展模式，推动职业教育走出去。支持职业院校青年学生、毕业生参加青年实习生交流计划。支持职业院校探索与其他国家院校开展合作办学，师生交流互访。积极举办"一带一路"国际技能大赛等，推动对外技能合作交流，充分展示中国技能发展成就。

（二十九）营造良好发展氛围

充分利用报刊、广播、电视、门户网站、政务微博、政务微信、手机客户端等平台和载体，大力宣传加强职业技能培训工作的方针政策，大力推广技能人才培养典型经验，不断强化"劳动光荣、技能宝贵、创造伟大"的社会导向，营造有利于技能人才成长成才的社会环境。

"十四五"促进中小企业发展规划

中小企业是国民经济和社会发展的生力军，是建设现代化经济体系、推动经济实现高质量发展的重要基础，是扩大就业、改善民生的重要支撑。为贯彻落实党中央、国务院决策部署和《中华人民共和国中小企业促进法》，按照《中华人民共和国国民经济和社会发展第十四个五年规划和 2035 年远景目标纲要》总体要求，促进"十四五"时期中小企业高质量发展，制定本规划。

一、发展背景

（一）发展回顾

"十三五"时期，党中央、国务院高度重视中小企业发展，法律政策支持体系不断健全，公共服务体系加快完善，中小企业持续健康发展，综合实力、核心竞争力和社会责任能力不断增强，在国民经济和社会发展中的地位进一步凸显，尤其是在保市场主体、稳定增长、扩大就业、应对新冠肺炎疫情等方面发挥了十分重要的作用。

1.发展实力不断增强

"十三五"时期，中小企业数量大幅增加，吸纳就业作用更加显著，经营实力不断加强，经济贡献稳步提高。截至 2020 年底，全国市场主体总数超 1.4 亿户，其中，企业数达 4331 万户，分别较 2015 年底的 7746.9 万户和 2185 万户大幅增长。以 2020 年规模以上企业（包括规模以上工业、服务业，有资质的建筑业，限额以上批发和零售业、住宿和餐饮业企业）为例，其中，中小企业户数 90.9 万户，占全部规模以上企业的 95.68%，营业收入 137.3 万亿元，占全部规模以上企业的 60.83%，资产总额 168.3 万亿元，占全部规模以上企业的 55.01%，地位作用突显；与 2015 年相比，中小企业户数增长了 12.8%，营业收入增长了 16.5%，资产总额增长了 40.2%，各方面稳步增长。

2.创新能力不断提升

中小企业成为技术创新和模式创新的生力军，2020 年规模以上工业企业中，有研发活动的小微企业占全部有研发活动企业的比重为 81.1%，研发经费比 2015 年增长 102.5%，有效发明专利数比 2015 年增长 233.2%。中小企业创新活力迸发，培育专精特新"小巨人"企业 1832 家、省级"专精特新"中小企业 3 万多家，纳入培育库 11.3 万家；培育入库科技型中小企业 22.3 万家。新一代信息技术应用能力进一步提高，小微企业两化融合发展水平从 2015 年的 36.4 提高到 2020 年的 46.1。创新创业环境不断优化，培育 212 家大众创业万众创新示范基地、343 家国家小型微型企业创业创新示范基地和 2500 多家省级小型微型企业创业创新示范基地、1.4 万多家众创空间和孵化器，支持 30 个城市开展"小微企业创业创新基地城市示范"工作，培育支持 200 家实体开发区打造大中小企业融通型、专业资本集聚型等创新创业特色载体。全国"双创"活动周、"创客中国"中小企业创新创业大赛、中国创新创业大赛等活动深入开展。

3. 服务体系更加完善

培育认定国家中小企业公共服务示范平台 585 家、省级示范平台 3300 多家，中小企业公共服务平台网络带动近 10 万家社会化服务机构为中小企业提供服务，超过 4000 家高校院所等单位的 9.4 万台（套）大型科研仪器向企业开放共享。各类互联网信息服务平台加快搭建，深入开展数字化赋能专项行动和电子商务公共服务惠民惠企行动，中小企业数字化网络化智能化水平稳步提升。建立计量服务中小企业公共服务平台，开展"计量服务中小企业行"活动。管理咨询、企业诊断、人才培训不断推进，累计完成中小企业经营管理领军人才培训 7000 多人。公益化服务普遍开展，疫情期间仅助力复工复产志愿者累计注册 30 万人。企业合法权益保护力度加大，清理拖欠民营企业中小企业账款专项行动累计清偿政府部门和大型国有企业拖欠民营企业中小企业款项 8500 多亿元。对外交流合作不断深化，14 个中外中小企业合作区建设稳步推进，对接交流平台进一步拓展，中小企业参与"一带一路"建设和国际贸易程度不断加深。

4. 发展环境进一步改善

《中华人民共和国中小企业促进法》修订出台，全国人大常委会开展执法检查推动法律贯彻落实，《保障中小企业款项支付条例》制定出台，《关于促进中小企业健康发展的指导意见》《关于健全支持中小企业发展制度的若干意见》等系列政策文件相继印发，省级以上人民政府均建立促进中小企业发展工作协调机制。企业营商环境不断改善，商事制度改革效果明显，市场准入负面清单制度、公平竞争审查制度稳步实施，开展减轻企业负担和促进中小企业发展专项督查、中小企业发展环境第三方评估。财税支持力度不断加大，2016～2020 年中央财政中小企业发展专项资金累计安排 362 亿元支持中小企业发展，政府采购中授予中小企业金额占比超过 70%；实施降低增值税税率、降低社会保险费率、阶段性减免社会保险费、小微企业普惠性税收减免等政策，享受税收优惠政策的范围不断扩大，"十三五"期间全国新增减税降费累计超过7.6万亿元。金融服务中小企业能力稳步提升，2016~2020 年中央财政累计拨付普惠金融发展专项资金467 亿元，2020年末中小微市场主体贷款余额 76 万亿元，其中普惠小微贷款余额 15.1 万亿元、支持小微经营主体 3228 万户。设立国家融资担保基金，政府性融资担保体系不断健全。设立科创板，并在科创板、创业板试点注册制，推动注册制改革，深化新三板改革，设立国家中小企业发展基金、国家新兴产业创业投资引导基金，中小企业直接融资市场更加广阔，规模不断扩大。

与此同时，我国中小企业发展仍然存在一些问题，中小企业平等待遇仍缺乏有效保障，损害企业权益现象时有发生；融资难融资贵问题尚未有效缓解，融资促进措施有待进一步创新和落实；公共服务供给与需求不够匹配，创新资源获取渠道不够畅通，中小企业发展水平区域间不平衡问题突出；促进中小企业发展的工作机制亟待进一步完善，效能有待进一步提升。

（二）发展形势

当今世界正经历百年未有之大变局，新一轮科技革命和产业变革深入发展，国际力量对比深刻调整，和平与发展仍然是时代主题。"十四五"时期是我国全面建成小康社会、实现第一个百年奋斗目标之后，乘势而上开启全面建设社会主义现代化国家新征程、向第二个百年奋斗目标进军的第一个五年，中小企业面临的机遇和挑战将发生新的变化。

从机遇来看，"十四五"期间，新发展理念的贯彻落实，科教兴国战略、人才强国战略、创新驱动发展战略以及制造强国、网络强国、质量强国等战略的全面推进，将推动中小企业政策体系更加完善，为中小企业转型升级，提升创新能力、竞争力和综合实力提供有力的政策保障。新发展格局的逐步构建，以人为核心的新型城镇化战略和乡村振兴战略的深入实施，居民消费水平和层次的不断提升，将促进国内国际市场布局、产业循环、商品结构、贸易方式不断优化，有利于充分发挥我国国内超大规模市场优势，为中小企业带来更加广阔的市场空间。有效市场和有为政府的更好结合，将推动高标准市场体系加快建设，公平竞争机制不断完善，同时加速转变政府职能，持续推进"放管服"改革，为中小企业提供更为有利的发展环境。新一轮科技革命和产业变革的迅猛发展，将改变以往的资源配置方式、生产组织方式和价值创造方式，引导传统产业优化升级、未来产业加速形成，推动创新资源加速向中小企业汇聚，促进中小企业成长为创新重要发源地，不断提升核心竞争力和综合实力。

从挑战来看，世界经济陷入低迷期，经济全球化遭遇逆流，新冠肺炎疫情影响广泛深远，不稳定性不确定性明显增加，产业链供应链循环受阻，中小企业转型升级、市场开拓面临的挑战加大。国内经济结构调整任重道远，生态环境保护压力加大，实现碳达峰、碳中和目标任务艰巨，中小企业传统发展模式难以为继。垄断、资本无序扩张等问题依然存在，保障中小企业公平参与市场竞争的外部环境有待进一步完善。中小企业自身主要分布在传统产业和价值链中低端，资源能源利用效率、创新能力和专业化水平不高；内部治理结构不完善、财务不规范等问题普遍存在；抗风险能力不强，面对贸易摩擦、疫情冲击等因素叠加影响，受到冲击较大。

综合判断，"十四五"时期中小企业仍处于重要战略机遇期，机遇和挑战共存，使命和责任同担。中小企业是我国经济韧性、就业韧性的重要支撑，在新形势下要承担起更多新的重要使命，成为保市场主体、保居民就业的主力军，推动国内国际双循环的有力支撑，保持产业链供应链稳定性和竞争力的关键环节，解决关键核心技术卡脖子问题的重要力量，为实现共同富裕奠定坚实的基础。

二、发展思路和目标

（一）指导思想

以习近平新时代中国特色社会主义思想为指导，深入落实习近平总书记关于中小企业发展的重要指示批示精神，贯彻党的十九大和十九届二中、三中、四中、五中、六中全会精神，完整、准确、全面贯彻新发展理念，深入实施《中华人民共和国中小企业促进法》，以推动中小企业高质量发展为主题，以改革创新为根本动力，坚持"两个毫不动摇"，围绕"政策体系、服务体系、发展环境"三个领域，聚焦"缓解中小企业融资难、融资贵，加强中小企业合法权益保护"两个重点，紧盯"提升中小企业创新能力和专业化水平"一个目标，构建"321"工作体系，支持中小企业成长为创新重要发源地，进一步增强中小企业综合实力和核心竞争力，推动提升产业基础高级化和产业链现代化水平，为加快发展现代产业体系、巩固壮大实体经济根基、构建新发展格局提供有力支撑。

（二）基本原则

坚持创业兴业，激发市场活力。培育壮大市场主体，扩大就业规模。弘扬创业精神，拓宽创业渠道，完善创业服务，加强创业兴业指导和政策扶持。大力发展民营经济，破除各类体制机制障碍，保障企业依法平等使用资源要素，公平参与市场竞争。

坚持创新驱动，提升发展质量。推动中小企业理念、技术、组织、管理和模式创新，增强创新动力，提升创新能力，提高企业全要素生产率。立足构建新发展格局，坚持创新牵引供给，供给创造需求，推动中小企业以创新驱动、数字化转型、高质量供给，提升整体发展水平。

坚持绿色集约，促进协同发展。以绿色发展为导向，以特色产业集群、产业园区为载体，推动中小企业集聚化、绿色化发展。聚焦重点产业链供应链，促进上下游、产供销、大中小企业协同配套、融通发展。优化产业布局，加大产业转移与交流合作力度，推动区域间中小企业协同发展。

坚持分类指导，提高服务效能。加强对不同类型、不同成长阶段、不同区域中小企业的分类指导，突出重点，精准施策。健全政府公共服务、市场化服务、社会化公益服务相结合的中小企业服务体系，促进服务标准化、精准化、特色化、便捷化，提升企业的获得感和满意度。

（三）发展目标

1. 整体发展质量稳步提高

中小企业数量稳步增长，运营效益稳步提升，吸纳就业能力稳步提高，单位产值能耗稳步下降，在提升产业基础高级化和产业链现代化水平方面的作用更加突出，对经济发展的支撑作用进一步巩固。中小企业人均营业收入增长 18%以上。

2. 创新能力和专业化水平显著提升

规模以上小型工业企业研发经费年均增长 10%以上，专利申请数年均增长 10%以上，有效发明专利数年均增长 15%以上。中小企业数字化网络化智能化绿色化转型步伐明显加快。推动形成一百万家创新型中小企业、十万家"专精特新"中小企业、一万家专精特新"小巨人"企业。培育 200 个中小企业特色产业集群和 10 个中外中小企业合作区，大中小企业融通创新、产学研协同创新向纵深发展，中小企业创新生态不断完善。

3.经营管理水平明显提高

中小企业现代企业制度不断完善，内部治理结构不断优化，优秀企业家、专业技术人才和职业技能人才大幅增加，质量管理水平、合规经营水平和国际化水平持续提升，品牌影响力、核心竞争力和抗风险能力明显增强，安全生产意识和社会责任意识进一步提高。

4.服务供给能力全面提升

政府公共服务、市场化服务、社会化公益服务协同促进的服务体系进一步完善。培育一批影响力大、实力强、服务效果突出的中小企业服务机构，服务覆盖面不断扩大，服务内容更加丰富，服务方式更加优化，服务质量持续提升。中小企业获取服务更加便捷，满意度稳步提升。

5.发展环境进一步优化

市场准入制度更加稳定公开透明可预期，税费负担进一步减轻，维护中小企业合法权益机制逐步建立，营商环境持续改善。金融促进中小企业发展的机制更加完善，小微企业贷款同比增速不低于各项贷款同比增速，授信户数持续增加，综合融资成本稳中有降，直接融资占比明显提高。中小企业双多边合作机制进一步深化和拓展。

三、主要任务

（一）培育壮大市场主体

落实就业优先政策，支持吸纳就业能力强的中小企业发展。深入实施大众创业万众创新政策，大力弘扬创业精神，倡导宽容失败的创业文化，积极营造大众创业社会氛围。继续举办各类中小企业创新创业活动，优化各类创业载体布局，完善创业孵化、创业辅导和创业支撑服务体系。完善中小企业人才培养和管理咨询服务机制，引导中小企业加强现代企业制度建设，优化企业人才结构，实施"增品种、提品质、创品牌"战略。总结推广"小升规、规改股、股上市"等经验做法，支持企业兼并重组和做大做强。聚焦特色产业和细分领域，打造中小企业集群、园区等载体。支持欠发达地区、少数民族地区中小企业发展壮大。

（二）健全政策支持体系

全面实施《中华人民共和国中小企业促进法》，依法加快出台公平竞争、促进就业、鼓励创新、融资促进等法律配套政策和制度，修订出台《中小企业划型标准规定》。提高财政支持的精准度和有效性，通过中小企业发展专项资金重点引导支持国家级专精特新"小巨人"企业高质量发展，并支持中小企业公共服务示范平台强化服务水平。强化政府采购支持中小企业政策机制，落实预留份额、价格评审优惠等措施，提高中小企业在政府采购中的份额。落实有利于小微企业发展的税收政策，依法对符合条件的小微企业实行缓征、减征、免征企业所得税、增值税等措施，简化税收征管程序。落实行政事业性收费清费降费政策，减轻小微企业负担。

（三）建立高效服务体系

建立健全横向集聚政府公共服务、市场化服务、社会化公益服务各类服务资源，纵向贯穿国家、省、市、县四级的网络化、智慧化、生态化服务体系。持续推进"放管服"改革，重点推进商事制度改革、"证照分离"改革，提升政务服务水平，推动登记注册便利化，降低制度性交易成本。完善政务信息发布渠道，健全跨部门政策信息互联网发布平台，支持建设中小企业信息、技术、进出口和数字化转型综合性服务平台。推动市场化服务机构加快发展，探索建立服务激励和效果评价机制，促进扩大服务供给、丰富服务内容、提高服务质量、提升服务响应速度、规范服务收费，不断满足中小企业个性化服务需求。推动开展中小企业志愿服务和公益性服务，探索建立规范成熟的志愿服务和公益性服务模式。加大中小企业海外服务体系建设力度。

（四）完善公平竞争环境

坚持权利平等、机会平等、规则平等，对各类所有制市场主体一视同仁。落实《反垄断法》《反不正当竞争法》，加大反垄断监管力度，着力预防和制止排除、限制中小企业公平参与市场竞争的垄断行为，严厉打击各类不正当竞争行为，加强对中小企业合法经营活动的保护。防止资本无序扩张，促进各类生产要素有序流动、高效配置，保护中小企业经营者的合法权益。进一步优化公平竞争政策顶层设计，强化公平竞争审查刚性约束，保障中小企业在市场准入和退出、获得资源要素、享受优惠政策、接受行政监管等方面平等待遇，为中小企业发展营造公平有序的竞争环境。

（五）提高融资可得性

综合运用货币、财政等政策工具及差异化监管措施，引导金融机构加大对小微企业信贷支持力度，促进形成敢贷、愿贷、能贷、会贷的长效机制。健全信用信息共享机制，支持金融机构运用金融科技创新金融产品和服务，推动供应链金融场景化和生态化，加强对创新型中小企业的支持。进一步规范涉企金融服务收费，推动小微企业综合融资成本稳中有降。健全政府性融资担保体系，完善融资担保风险补偿机制和绩效考核激励机制。增强多层次资本市场融资功能，完善差异化制度安排，扩大中小企业直接融资规模。发挥政府投资基金带动作用，引导创业投资机构和社会资本投早、投小、投长期、投创新、投绿色。

（六）加强合法权益保护

依法保护中小企业及其出资人的财产权和其他合法权益，保护企业经营者人身和财产安全。贯彻落实《保障中小企业款项支付条例》，建立预防和化解拖欠中小企业款项问题的长效机制。健全知识产权纠纷多元化解机制和知识产权维权援助机制，加大对知识产权的保护力度。完善中小企业维权救济制度，建立健全中小企业应急救援救济机制。加强普法宣传，开展中小企业合法权益维护活动，完善维权援助线上服务，提高中小企业维权意识和能力。

（七）提升创新能力和专业化水平

深入实施创新驱动发展战略，发挥市场在创新资源配置中的决定性作用，完善中小企业创新服务体系，营造鼓励和保护创新的制度环境，激发企业创新内生动力。推动土地、资本、技术、人才、数据等要素资源向创新型中小企业集聚，引导高等院校、科研院所和大型企业等与中小企业广泛开展产学研合作，引导大型企业开放场景应用、共享生产要素、搭建共性技术平台，鼓励产业链上中下游、大中小企业融通创新。健全科技成果转化机制，鼓励将符合条件的由财政资金支持形成的科技成果以合适方式许可给中小企业使用，推动降低中小企业获取专利技术门槛。引导中小企业应用先进技术、工艺等，加快数字化网络化智能化绿色化转型步伐。支持中小企业集聚集约化发展，针对细分市场或专门客户群体，开发专项技术或生产工艺，形成比较优势。

四、重点工程

（一）优质中小企业培育工程

1. 构建创新型中小企业评价体系

研究制定创新型中小企业评价标准和流程，构建"全网上、一站式"企业自主评价机制，从创新能力、发展活力、经营效益等方面开展创新型中小企业客观评价，为优质中小企业培育提供支撑。构建"专精特新"中小企业、专精特新"小巨人"企业标准体系和评价机制，为优质中小企业精准"画像"。建立覆盖创新型中小企业、"专精特新"中小企业、专精特新"小巨人"企业的数据库，形成动态调整入库机制。加强对入库企业的跟踪分析，为入库企业提供政策智能推送、管理咨询、商业价值评估等定制化、智能化的服务。

2. 建立中小企业梯度培育体系

建立部门协同、上下联动的工作机制，聚焦创新型中小企业、"专精特新"中小企业、专精特新"小巨人"企业，构建从孵化培育、成长扶持到推动壮大的全生命周期梯次培育体系。建立创新型中小企业孵化机制，引导各类创新创业服务载体加大资源整合，提升企业孵化产业化、企业服务专业化水平，为创新型中小企业提供精准化、智能化服务。建立"专精特新"中小企业培育机制，对具有"专精特新"发展潜力的中小企业早发现、早培育，推动技术、资金、人才、数据等要素资源向"专精特新"中小企业集聚，支持服务机构重点向"专精特新"中小企业提供融资、创新等服务。加快培育主营业务突出、竞争能力强、成长性好、专注于细分市场、具有较强创新能力的专精特新"小巨人"企业，并推动向制造业单项冠军企业发展。发挥优质中小企业示范引领作用，引导中小企业走"专精特新"发展道路。

3. 加强中小企业人才培养

建设优秀经营管理人才队伍，搭建各类企业家学习交流平台，开展中小企业经营管理领军人才培训，加强国际人才交流，提升企业家在制定企业战略、完善治理机制、把握创新方向、融资引智等方面的能力；注重年轻一代企业家培养，引导企业家健康成长和企业代际稳健传承。优化"企业微课"线上培训平台，完善课程体系，丰富教学内容，提高课程质量。提高专业技术人才的综合素质、专业水平和创新能力，壮大高水平工程师和高技能人才队伍，培育一批在市场中成长起来的、具有较强竞争力的青年科技人才和创新团队。支持企业自主开展人才评价、岗位技能提升和转岗转业培训；全面推行企业新型学徒制培训，形成新时期中国特色"师带徒"机制。健全技术人才和技能人才培养、使用、评价、激励制度，扩大中小企业高质量就业容量。完善中小企业创新人才引进制度，健全引进人才服务机制和配套措施。推动高校、科研院所等事业单位科研人员通过挂职、项目合作、兼职创新等模式与中小企业开展合作。探索研究型企事业单位与创新型中小企业之间的人才柔性流动机制。

4.塑造企业文化

引导中小企业建设先进企业文化，增强企业专业化、凝聚力、协作性等方面软实力，营造良好企业形象。弘扬企业家精神，引导和支持企业家开拓创新、敢想敢干、勇闯市场，在爱国、创新、诚信、社会责任和国际视野等方面不断提升。弘扬科学精神，营造尊重知识、崇尚创新、尊重人才、热爱科学、献身科学的浓厚氛围，激励和引导广大企业科技工作者大胆探索、锐意创新、攻坚克难、勇攀高峰；构建良好创新创业生态，为科技工作者进入中小企业、创办中小企业提供支持和服务。弘扬工匠精神，厚植工匠文化，倡导尊崇工匠精神的社会风尚，引导广大技术技能人才践行执着专注、精益求精、一丝不苟、追求卓越的工匠精神，推动培育一批大国工匠。

（二）中小企业创新能力和专业化水平提升工程

1.聚焦细分领域补短板、锻长板

支持中小企业积极参与产业基础再造工程、制造业强链补链行动、国家重大科技项目和重点产品、工艺"一条龙"示范应用等，聚焦新一代信息技术、新能源、新材料、高端装备等关系国家安全和制造业核心竞争力的重点领域，针对基础零部件、基础元器件、基础材料等方面细分需求多、产品差异大的特点，深耕细分市场，掌握独门绝技，定点突破一批重要产品和核心技术，提升重点产业链配套协作能力，加快补齐短板、锻造长板。完善首台（套）重大技术装备保险补偿机制试点工作，更新重点新材料首批次应用示范指导目录；鼓励大型企业与配套中小企业建立利益共享、风险共担机制，加快创新产品先试首用，形成创新产品"快速试用、快速反馈、快速迭代"机制，促进创新产品快速优化升级。着眼未来科技和产业发展制高点，瞄准人工智能、先进制造、新型材料等前沿必争领域，发挥中小企业机动灵活、单点深入的优势，培育一批瞪羚企业和创新"尖兵"，加强前沿技术的研发、成果转化和产业化，抢占未来新兴产业的制高点，推动一批中小企业迅速成长为未来新兴产业的骨干企业。

2.支持新业态新模式发展

推动现代服务业中小企业和先进制造业、现代农业等深度融合，深化业务关联、链条延伸、技术渗透，大力发展服务型制造、现代农业服务业和生产性服务业，探索新模式，催生新服务。推动产业链、创新链和价值链的融合与重塑，鼓励制造业中小企业探索众创、众包、云外包、平台分包等共享制造新模式，发展大数据营销、体验营销等新型营销模式，促进制造业发展模式和企业形态变革。聚焦增强全产业链优势，鼓励大型企业剥离售后服务、呼叫中心等非核心业务外包给中小企业；引导中小企业聚焦产业链上细分环节提供专业化、精细化配套服务。引导中小企业在智慧城市、商贸流通、健康养老、家政服务、文体旅游等方面推进数字化网络化智能化改造和跨界融合，加快生活性服务业品质化发展。引导中小企业围绕能源资源梯级利用、废物循环利用和污染物集中处置，发展循环农业、再制造产业和静脉产业等新业态，推广合同能源管理、合同节水管理、环境污染第三方治理、碳排放交易等新模式。

3. 加速产学研协同、大中小企业融通创新

通过建立产业技术创新联盟或创新联合体、发展技术交易市场、培育社会化技术转移机构等方式，探索实行科技成果转化收益分享事先约定等激励政策，推动中小企业与高校院所、大型企业加强战略合作，开展订单式研发，促进技术创新成果快速转移转化。支持中小企业参与共建国家级和省级重点实验室、工程技术研究中心、制造业创新中心等，引导高等院校、科研院所、大型企业将科研仪器、实验设施、中试小试基地、数据库知识库模型库等创新资源向中小企业开放。发挥大中小企业融通型特色载体作用，实施大中小企业融通创新专项行动，总结推广"龙头+孵化"等成功模式的经验，推动大中小企业深度融合、相互嵌入式合作。

4. 提升中小企业知识产权创造和运用水平

深入实施中小企业知识产权战略推进工程，支撑中小企业知识产权高质量发展。支持中小企业提升知识产权创造能力，开发拥有知识产权的技术和产品，利用专利导航发掘目标专利、加强核心技术与关键环节的专利布局。推动中小企业提升知识产权运用能力，实施专利转化专项计划，鼓励高校院所向中小企业转让专利，引导大型国有企业"先使用后缴纳许可费"等方式降低中小企业专利技术获取门槛，组织高校院所、国有企业深入开展中小企业专利技术对接活动，发挥知识产权交易平台作用，强化专利技术供需对接服务。组织开展全国知识产权服务万里行活动，支持知识产权服务机构为中小企业提供成果转化、知识产权托管、质押融资等服务。

5. 引导中小企业集聚化、专业化发展

支持各地根据产业发展定位和资源禀赋，围绕产业链培育一批产业定位聚焦、配套设施齐全、运营管理规范的中小企业特色产业集群。引导中小企业特色产业集群发挥政策集

中、智慧集聚、要素集约、服务集成的功能，探索管理服务新模式，培育中小企业专业化竞争新优势。引导各地立足县域经济、乡村经济特点，培育一批民族手工业、农牧加工业等县域特色产业集群。发挥龙头企业带动作用，强化中小企业特色产业集群专业化协作和配套能力，积极参与先进制造业集群培育建设。鼓励打造集群内共性技术平台和产业技术研究院，为企业提供技术创新、检验检测、试验验证等服务。推进专业化配套服务机构与中小企业特色产业集群对接联动，推动缓解中小企业在创新、人才、信息、协作、融资、物流等方面难题。

（三）中小企业服务机构能力提升工程

1. 健全中小企业服务质量标准体系

完善中小企业服务机构服务标准，引导服务机构开展贯标活动，增强质量意识，完善服务质量保障体系，建立服务质量承诺制度，提高服务质量和标准化、规范化水平。引导服务机构完善服务人才培训机制，鼓励服务机构联合高校和职业院校建立专业服务人才培养基地，提升服务人才专业化能力和水平，打造高素质的服务人才队伍。

2. 建立中小企业服务机构评价制度

建立中小企业服务机构评价体系，依据服务机构的服务能力、服务质量、企业满意度等划分等级，实现动态评价，引导服务资源向高等级服务机构倾斜，形成对服务机构正向激励机制。搭建中小企业服务机构库，开展入库服务机构评价和服务情况跟踪，建立动态筛选制度，推动建设一批综合实力强、市场覆盖广、服务质量好、服务效率高、企业评价优的专业服务机构。

3. 加大服务机构和载体建设力度

加大体制机制改革创新力度，推进各级中小企业服务中心主动适应时代变革和企业需求，内强素质、外树形象，转变服务方式，创新服务产品，提升服务能力，打造"服务中小企业之家"。发挥国家和省级中小企业公共服务示范平台带动作用，引导各类主体兴办市场化、专业化中小企业服务机构，提供规范化、精细化、个性化服务。加大小型微型企业创业创新示范基地建设力度，为各类主体创业创新提供有效支撑。鼓励有条件的大型企业和行业龙头企业建设面向产业链上中小企业的服务平台，推动服务资源向中小企业开放共享。

4. 推动服务方式变革升级

探索运用大数据、工业互联网、云计算、人工智能、5G、区块链等新一代信息技术，整合线上线下服务资源，创新电子商务、远程服务、视频服务等服务方式，推动更多优质社会服务资源直达企业。推动服务机构建立"产品（项目）库"，探索通过"数字+"服务、菜单式服务、定制化服务等方式，为各类中小企业全生命周期提供多样化、精准化、便捷化服务。逐步完善志愿服务模式，打造相对稳定的志愿服务专家队伍，建设志愿服务信息系统，建立健全志愿服务体系，扩大公益性服务覆盖面。

（四）中小企业融资促进工程

1. 提高间接融资供给质量

综合运用存款准备金率、支小再贷款、再贴现等货币政策工具，引导金融机构加大对小微企业信贷资金支持力度，大幅增加小微企业首贷、信用贷、无还本续贷和中长期贷款，推广随借随还贷款。进一步提升商业银行中小微企业金融服务能力，推动其优化资源配置、考核激励、风险管理等内部机制，落实不良贷款容忍、授信尽职免责等政策，进一步细化完善尽职免责的内部认定标准和实施流程。发挥国家融资担保基金、政府性融资担保机构作用，继续实施小微企业融资担保降费奖补政策，鼓励加大银担合作，研究对资本实力强、经营稳健、财务状况良好的政府性融资担保机构提供担保的银行贷款，结合银行业金融机构实际承担的风险责任比例，适当降低风险权重。

2. 促进中小企业直接融资

稳步开展区域性股权市场制度和业务创新试点，优化新三板市场化融资机制和并购重组机制，持续优化企业上市条件。完善和发挥好上海、深圳、北京三个证券交易所功能和作用，拓宽优质中小企业上市融资渠道。组织开展优质中小企业上市培育，鼓励地方加大对小升规、规改股、股上市企业的支持，推动符合条件的企业对接资本市场。加强债券市场品种创新，稳步推进支持创新创业领域的公司信用类债券，完善中小企业债券融资增信机制。组织开展中小企业投融资对接及项目路演，发挥国家中小企业发展基金等政府投资基金的引导作用，推动社会资本扩大优质中小企业直接投资规模。

3. 创新金融服务模式

支持金融机构综合运用新一代信息技术等手段，创新服务模式，改进授信审批和风险管理模型，拓展服务中小企业的各类生产经营场景。推动完善动产融资统一登记公示系统，充分发挥应收账款融资服务平台作用。加强供应链票据平台的票据签发、流转、融资相关系统功能建设。发挥信托、租赁、保理等在中小企业融资中的作用。探索建立小微企业政府统保平台，为小微企业提供知识产权、出口信用等保险产品和服务。鼓励保险机构增加营业中断险、仓单财产保险等供应链保险产品供给，提供抵押质押、纯信用等多种形式的保证保险服务。支持期货公司为中小企业提供便捷、高效的风险管理服务。提高供应链金融数字化水平，强化供应链各方信息协同，通过"金融科技+供应链场景"，实现核心企业"主体信用"、交易标的"物的信用"、交易信息产生的"数据信用"一体化的信息系统和风控系统，科学评估企业商业价值。依法合规发展绿色金融，创新基于排污权、用能权、用水权、碳排放权等环境权益的金融产品。稳步推进普惠金融试验区建设，鼓励先行先试，创新有利于满足中小微企业融资需求的产品和服务。

4. 加强融资配套体系建设

建立健全中小企业信用信息依法归集、共享、查询、公开机制，推动地方政府、公用事业单位及市场主体所掌握的各类涉企信息整合应用，破解中小企业融资服务中信息不对称问题。支持征信机构发展针对中小企业融资的征信产品和服务，鼓励信用评级机构为中小企业开展高质量评级服务，推动扩大信用评级机构评级在中小企业融资中的采信应用程度。鼓励各地建设区域性中小企业融资综合服务平台，推动信息互通和共享应用，促进金融机构与中小企业融资对接。开展小微企业金融知识普及教育活动，打造普及性教育与个性化辅导相结合的教育培训机制，提高小微企业金融知识储备和融资能力。

（五）中小企业合法权益维护工程

1. 保障中小企业款项及时支付

全面实施《保障中小企业款项支付条例》，完善相关配套制度，建立预防和化解拖欠中小企业款项长效机制。整合现有各类投诉平台（系统），优化投诉事项受理、处理流程，推动机关、事业单位和大型企业及时支付中小企业款项。依法建立实施失信惩戒制度，严格查处违反《保障中小企业款项支付条例》规定的机关、事业单位和直接责任人员。

2. 加强中小企业知识产权保护

加强对中小企业专利权、商标权、著作权和商业秘密等知识产权的保护，综合运用互联网、大数据等手段，通过源头追溯、实时监测、在线识别等方式，提升打击侵犯中小企业知识产权行为的力度和精准度。建立健全知识产权快速协同保护机制，推动建设一批知识产权保护中心和快速维权中心，为中小企业提供集快速审查、快速确权、快速维权为一体的知识产权"一站式"综合服务。将保护关口前移，开展商业秘密保护试点创新。

3. 开展中小企业维权援助服务

畅通中小企业表达诉求渠道，受理中小企业对权益侵害等方面投诉。落实好涉企收费目录清单制度，开展涉企收费专项治理，加大对中介机构、行业协会商会、交通物流、水电气暖等公用事业、商业银行等领域不合理收费问题的监督查处力度。开展中小企业公益性法律援助服务活动，通过线上公益培训帮助中小企业提高维权意识和能力。发挥应急救援救助组织机构作用，帮助中小企业应对自然灾害、事故灾难、公共卫生事件和社会安全事件等不可抗力事件。

4. 保障中小企业公平参与市场竞争

深入实施公平竞争审查制度，完善第三方审查和评估机制，建立健全公平竞争审查抽查考核制度。统一市场准入负面清单制度，放开竞争性业务准入，推动取消工业产品生产许可，深入推进食品相关产品生产许可告知承诺改革。加强和改进反垄断和反不正当竞争执法，研究制定互联网平台价格行为规则，着力规范平台收费。严格质量安全监管，加大对生产销售不合格产品、侵权、假冒等违法犯罪行为的打击力度，严厉查处一些具有相对优势地位的企业恶意补贴、低价倾销，挤压中小企业市场份额的行为。

（六）中小企业数字化促进工程

1. 推动中小企业数字化转型

推动中小企业数字化发展，培育一批数字化可信服务商，面向中小企业数字化转型需求，开发和推广一批数字化产品和服务；引导工业互联网平台、数字化服务商面向技术、管理、生产、产品、服务等全过程的细分场景，开发使用便捷、成本低廉的场景数字化解决方案，以场景数字化带动中小企业整体数字化转型。推动中小企业网络化协同，支持中小企业加快传统制造设备上云和业务系统向云端迁移，满足中小企业研发设计、生产制造、经营管理、市场营销等云化服务需求；支持大型企业立足中小企业共性需求，基于工业互联网平台搭建资源和能力共享平台，通过观摩、体验、试用等多种形式为中小企业开放和提供数字化应用场景，在重点领域实现设备共享、产能对接、生产协同，促进中小企业深度融入大型企业的供应链、创新链，打造产业链共同体。推动中小企业智能化升级，深化新一代信息技术与先进制造业深度融合，着力推进智能制造，促进中小企业生产过程柔性化及系统服务集成化，建设智能生产线、智能车间和智能工厂，实现精益生产、敏捷制造、精细管理和智能决策，发展智能化制造、网络化协同、个性化定制、服务化延伸、数字化管理等新技术新模式新业态。

2. 推动中小企业数字产业化发展

鼓励中小企业参与新一代信息技术集成创新和融合应用，积极融入 5G、工业互联网的应用场景和产业生态。支持互联网、软件等领域数字化创业，引导平台服务型中小企业加强数据、产品和内容等的资源整合共享，扩大在线教育、协同办公、互联网医疗、在线文旅等在线服务覆盖面，提升企业数字化服务能力。深化共享经济在生活服务领域的应用，依托互联网搭建新型就业创业平台。加强中小企业数字资源权益保护。推动中小企业加快智能化产品、服务的优化和价值拓展，培育智慧零售、无人配送、智能制造等新增长点。

3. 夯实中小企业数字化服务基础

推动中小企业运用数字化手段，通过结成跨企业协同网络获得规模经济与成本优势，增强抗风险能力。支持传统产业集群搭建"虚拟"产业平台，分阶段分步骤推进资源要素数字化、产业数据共享化、创新服务集约化、集群治理协同化。鼓励培育虚拟产业集群，依靠现代通信与网络技术，通过平台资源共享，为中小企业搭建跨区域协作的虚拟化集合体，促进上下游、产供销协同联动。引导小型微型企业创业创新示范基地等建设中小企业数字化公共技术服务平台，面向中小企业数字化发展特点，提供数字化转型服务。组织发布一批中小企业数字化转型的典型经验和案例，发挥示范带动作用，带动全行业加速推广。

（七）中小企业绿色发展促进工程

1. 支持中小企业开展绿色技术创新

支持中小企业参与开展低碳、节能、节水、环保、清洁生产、资源综合利用等领域共性技术研发，支持新能源、新材料、碳捕捉封存利用、有害物质替代与减量化、工业固体废物减量化和资源化等关键技术突破及产业化发展，推出一批绿色低碳产品与服务，助力构建节能低碳的产业体系。鼓励中小企业联合高等院校、科研院所、产业园区等，形成绿色技术创新联合体，开展绿色技术攻关。引导中小企业参与新能源技术装备、节能环保装备等研发设计。

2.推动中小企业实施绿色化改造

支持中小企业实施绿色战略、绿色标准、绿色管理和绿色生产，开展绿色企业文化建设，提升品牌绿色竞争力。深入实施绿色制造工程，综合运用质量、安全、环保等标准助推中小企业结构调整，引导中小企业应用高效节能技术工艺装备，加大可再生能源使用，推动电能、氢能、生物质能替代化石燃料。鼓励中小企业采用先进的清洁生产技术和高效末端治理装备，推动水、气、固体废弃物资源化利用和无害化处置。推动中小企业利用大数据采集生产和管理流程中的关键数据，实现生产过程能量流、物质流等关键资源环境信息数字化采集、智能化分析和精细化管理。引导中小企业通过共享制造、柔性制造、精益生产等方式，开展全要素全流程的"绿色化+智能化"改造。大力推行绿色设计，引导中小企业使用绿色包装。大力推广绿色标识。

3.强化中小企业绿色发展政策支持与服务

引导各类要素资源向绿色低碳领域不断聚集，创新绿色金融产品和服务，健全政府绿色采购制度。培育一批专业化绿色发展服务机构，开发适合中小企业特点的绿色制造系统解决方案，为中小企业提供能源审计、能效评估、能源监测、技术咨询等服务。实施工业节能诊断服务行动，为基础薄弱的中小企业开展节能诊断及改造提供服务。持续开展能源资源计量服务示范活动，促进能源资源节约和绿色发展。鼓励各地探索建立绿色综合服务平台，为中小企业提供碳中和登记公示、技术支撑、绿色金融、培训研究等服务。树立一批清洁生产、能效提升、节水治污、循环利用等方面的绿色发展中小企业典型，形成示范效应。

（八）中小企业质量品牌提升工程

1.提高中小企业质量管理水平

引导中小企业把质量诚信落实到生产经营全过程，加强技术改造和智能生产线、智能车间、智能工厂建设，推广先进工艺流程、智能制造技术、精益生产模式和先进质量管理方法，提高产品性能、稳定性及质量一致性。完善国家质量基础设施，建设标准计量、认证认可、检验检测、试验验证等产业技术基础公共服务平台，为中小企业提供高水平的"一站式"服务。开展"小微企业质量管理体系认证提升行动"，实施《小微企业应用ISO 9001提升质量管理的实施指南》《中小企业质量管理评价指南》，开展质量管理培训、诊断服务，推广优良案例，提供专业技术服务和质量管理体系成熟度评价，帮助中小企业识别和改进质量管理中的短板，建立科学有效的质量管理体系，引导小微企业提升质量管理水平。开展"计量服务中小企业行"活动，引导中小企业完善测量管理体系，提升计量保障能力。实施企业标准"领跑者"制度，开展对标达标活动，推进中小企业标准化良好行为创建工作，指导中小企业积极参与国际国内标准制定，促进中小企业应用标准进行质量技术创新，提升产品质量水平。运用产品质量安全监管大数据，针对"专精特新"中小企业，开展产品质量技术帮扶"巡回问诊"活动。

2. 加强中小企业品牌建设

引导中小企业增强品牌意识，制定品牌发展战略，构建品牌管理体系，加大品牌建设投入，丰富产品品种，提升产品品质，拓展营销传播渠道，创建自主品牌，促进中小企业向价值链中高端迈进。推进产业集群区域品牌建设，引导集群打造品牌服务平台，指导集群内企业加强品牌塑造，通过完善标准、注册集体商标和证明商标、加强地理标志保护等方式提升产业竞争力和区域品牌影响力。鼓励优势品牌中小企业开展国际交流合作，推动提高品牌产品出口比重。扶持一批品牌培育和运营专业服务机构，发挥商标品牌指导站、行业协会等作用，为中小企业提供品牌创建与培育、咨询评估、品牌保护等服务。开展"中国品牌日"等活动，拓宽中小企业品牌展示渠道，营造有利于中小企业品牌成长的社会氛围。

3. 推动工业设计赋能中小企业

支持设立工业设计工作室，培育一批中小型工业设计机构，发挥国家级工业设计中心、国家工业设计研究院等工业设计机构作用，提升工业设计服务能力和水平，为中小企业提供覆盖全生命周期的系统性工业设计服务。加快建设设计类中小企业公共服务平台，面向中小企业建立开放共享的工业设计基础数据资源库。鼓励小型微型企业创业创新示范基地、中小企业特色产业集群等载体引入工业设计服务机构，为中小企业提供专业化、精准化、特色化工业设计服务。推动中小企业工业设计由外观造型设计向功能化设计发展，工业设计创新范围由产品设计向新材料新工艺设计、创新结构设计、品牌设计、服务设计拓展，引导中小企业将工业设计理念贯穿到研发、生产、管理、营销、售后的全过程，提升企业品牌美誉度、产品和服务附加值。

（九）中小企业国际化促进工程

1. 完善国际合作机制建设

拓展与"一带一路"沿线国家和重点国家在中小企业领域的双多边合作机制，深化与二十国集团、亚太经合组织、金砖国家等多边合作机制，积极发展全球伙伴关系，促进中小企业融入全球供应链和价值链。坚持平等协商、互利共赢，进一步提升机制各方在中小企业促进政策、贸易投资、技术创新、数字化发展等领域的务实合作水平。鼓励各地及行业组织等发展多层次、多维度的合作机制，为促进中小企业国际合作搭建有效平台、营造良好环境。

2. 推进中外中小企业合作区建设

加强国际合作指导，引导中外中小企业合作区结合实际创新发展思路，加大建设力度，办出特色，办出水平，更好地服务区域改革开放新格局。进一步发挥合作区引进先进技术、管理经验和高素质人才的载体作用，支持园区内企业加强国际产能合作，创新中小企业国际化发展的有益做法，探索市场化国际化的中小企业园区建设模式。加强中外中小企业合作区建设发展典型案例推广与宣传。推动开展合作区示范作用第三方评估工作。巩固提升沿海地区合作区水平，加大中西部合作区建设力度，新设立一批中外中小企业合作区，进一步发挥合作区对外开放的示范引领作用。

3. 开发利用好中小企业国际合作平台

推动中小企业积极参与国际交流合作，促进贸易投资技术合作，宣传介绍中国促进中小企业发展的成功经验和做法。继续办好中国国际中小企业博览会、APEC中小企业技术交流暨展览会、中小企业国际合作高峰论坛等，探索办展办会新模式。深化"政企银"合作，继续开展金融机构跨境撮合业务。夯实中小企业国际化发展服务机制，发挥APEC中小企业信息化促进中心、中小企业"一带一路"合作服务平台等机构机制的作用，加大中小企业海外服务体系建设力度，为中小企业提供及时有效的国际化服务。

4. 提升中小企业国际市场开拓能力

支持中小企业利用电子支付、远程工作等数字技术手段和数字化解决方案开展经营活动，广泛参与国际贸易合作，提升在专业化细分领域的国际竞争力。推动构建多主体协同应对的工作格局，指导和帮助中小企业防范和应对贸易摩擦。建立健全预警机制，帮助中小企业及时了解、预研预判、有效规避和妥善应对潜在的政治经济和投资经营风险。发挥"中国中小企业中心"、企业跨境综合支援平台等作用，为中小企业提供跨境磋商、法律政策咨询、商务考察、案件应对等服务，帮助中小企业与全球市场精准有序对接，维护中小企业在海外的合法权益。

五、保障措施

（一）加强党的全面领导

将党的领导贯穿促进中小企业发展工作全过程，确保正确的政治方向。各级相关部门要坚持将促进中小企业发展纳入全局中心工作统一谋划、统一部署、统一推进、统一考核，强化工作机制建设，推动政策落地见效。引导中小企业加强基层党组织建设，发挥党建引领作用，发扬党在思想、组织、制度、作风、文化建设等方面的先进性，把党的政治优势转化为中小企业的创造力和竞争力。

（二）加强政策协同和评估督导

充分发挥国务院促进中小企业发展工作领导小组统筹协调作用，加大跨部门协调力度，明确任务分工，强化政策协同，加强业务指导，特别是对中西部欠发达地区的指导；推动各地强化促进中小企业发展工作协调机制、组织机构、工作队伍建设，加强交流培训，促进规划实施。完善中小企业发展环境评估指标体系，深入开展中小企业发展环境第三方评估工作，推动各地以评促建、以评促改、以评促优。适时开展中小企业发展情况督查。

（三）加强运行监测和政策研究

加强对中小企业经营、融资等发展情况的动态监测，充分利用大数据等手段对中小企业进行结构化分析研判，研究编制中小企业发展指数，为政府及相关部门决策提供有效支撑。办好中小企业研究院等高端智库，带动利用社会资源开展中小企业政策研究与咨询，做好政策储备。

（四）营造良好舆论环境

加强中小企业舆论宣传、政策解读和舆情引导工作，报道中小企业发展情况以及在完整、准确、全面贯彻新发展理念，构建新发展格局中发挥的重要作用，弘扬正能量，稳定发展预期。发挥先进典型的示范引领作用，按照国家有关规定表彰在促进中小企业发展工作中涌现出的先进典型，推动青年文明号等创建。总结推广中小企业培育和服务工作的经验做法，开展全国中小企业发展宣传报道优秀作品征集活动，营造全社会关心支持中小企业发展的舆论环境。

关于振作工业经济运行
推动工业高质量发展的实施方案

工业是国民经济的主体，工业稳则经济稳。为深入贯彻习近平新时代中国特色社会主义思想，认真落实党中央、国务院决策部署，坚持稳中求进工作总基调，立足新发展阶段，完整、准确、全面贯彻新发展理念，加快构建新发展格局，推动高质量发展，坚持以深化供给侧结构性改革为主线，统筹疫情防控和经济社会发展，坚持目标导向、问题导向，做好宏观政策预调微调和跨周期调节，精准打通产业链供应链堵点卡点，挖掘市场需求潜力，强化政策扶持，优化发展环境，保持良好增长预期，激发市场主体活力，振作工业经济运行，推动工业高质量发展，国家发展改革委、工业和信息化部会同有关方面制定了本实施方案。

一、打通堵点卡点，确保工业经济循环畅通

（一）扎实推进能源安全保供

充分发挥煤电油气运保障工作部际协调机制作用，加强资源统筹调度，推进煤炭优质产能充分释放，提高发电供热化肥用煤中长期合同履约水平，推动煤电企业提高发电出力。制定好能源保供应急预案，做实做细能源电力保供工作，保障民生和重点用户用能需求。对煤电和供热企业今年四季度的应缴税款全部暂缓缴纳。完善能耗双控有关政策，严格能耗强度管控，多措并举有效增强能源消费总量管理弹性，保障工业发展合理用能。严厉打击散布虚假信息、哄抬价格等各类违法行为和资本无序炒作。（发展改革委、工业和信息化部、财政部、国资委、税务总局、市场监管总局、能源局按职责分工负责）

（二）做好大宗原材料保供稳价

持续密切监测大宗原材料市场供需和价格变化，大力增加大宗原材料市场有效供给，灵活运用国家储备开展市场调节。实施好《重要商品和服务价格指数行为管理办法（试行）》，加强信息发布解读，促进规范运行。进一步强化大宗商品期现货市场监管，坚决遏制过度投机炒作。（发展改革委、工业和信息化部、商务部、国资委、市场监管总局、证监会按职责分工负责）

（三）保持重点产业链供应链顺畅

强化对重点行业的运行监测，建立完善产业链供应链苗头性问题预警机制，加强问题分析研判，积极应对突发情况，及时处置潜在风险。加快关键核心技术创新和迭代应用，加大"首台套""首批次"应用政策支持力度。发挥"链主"企业作用，优化产业链资源配置。聚焦新能源汽车、医疗装备等重点领域，实施重点领域"1+N"产业链供应链贯通工程，推动产业链上中下游、大中小企业融通创新，促进产业链供应链贯通发展。深入开展全国供应链创新与应用示范创建。完善国家质量基础设施，推行一站式服务，深入开展质量提升行动。（发展改革委、科技部、工业和信息化部、商务部、国资委、市场监管总局按职责分工负责）

二、挖掘需求潜力，拓展工业经济市场空间

（四）促进重大项目落地见效

加快"十四五"规划重大工程、区域重大战略规划及年度工作安排明确的重大项目实施，推进具备条件的重大项目抓紧上马，能开工的项目尽快开工建设，在建项目加快建设进度，争取早日竣工投产。在 5G、千兆光网等领域布局一批新型基础设施项目。尽快启动一体化大数据中心枢纽节点建设工程和中西部中小城市基础网络完善工程。发挥国家和地方重大外资项目专班作用，加快推动先进制造业等领域重大外资项目落地实施。（发展改革委、工业和信息化部、商务部、国资委按职责分工负责）

（五）大力推动企业技术改造

修订产业结构调整指导目录，引导企业加快技术改造和设备更新。实施工业企业技术改造投资升级导向计划。在钢铁、有色、建材、石化、煤电等重点领域组织开展技术改造，推动智能制造示范工厂建设，实施生产线和工业母机改造，补齐关键技术短板，提高产品供给质量。加快工业互联网建设和普及应用，促进传统产业企业依托工业互联网开展数字化转型。开展质量技术帮扶"巡回问诊"，鼓励企业建立质量追溯机制，有效落实企业质量主体责任。（发展改革委、工业和信息化部、市场监管总局、能源局按职责分工负责）

（六）培育新业态新模式

深入推进国家战略性新兴产业集群发展工程，构建一批各具特色、优势互补、结构合

理的战略性新兴产业增长引擎。前瞻谋划未来产业，组织实施未来产业孵化与加速计划，推动建设一批国家未来产业先导试验区。支持制造业大型企业为产业链上下游企业提供研发设计、创业孵化、计量测试、检验检测等服务。深化新一代信息技术与制造业融合应用。深入开展科创服务领域标准化建设行动，推动制造服务业标准体系逐步完善。（发展改革委、科技部、工业和信息化部、市场监管总局按职责分工负责）

（七）释放重点领域消费潜力

加快新能源汽车推广应用，加快充电桩、换电站等配套设施建设。健全家电回收处理体系，实施家电生产者回收目标责任制。鼓励有条件的地方在家电等领域推出新一轮以旧换新行动。鼓励开展新能源汽车、智能家电、绿色建材下乡行动。面向北京冬奥会转播等重大场景促进超高清视频落地推广。推动传统线下业态供应链和运营管理数字化改造，发展新型信息消费。加大线上线下融合力度，扩大自主品牌消费和线上新型消费，促进老字号创新发展，高水平办好中国品牌日活动。（发展改革委、工业和信息化部、财政部、商务部、国资委、能源局按职责分工负责）

（八）提高外资利用水平

出台 2021 年版外资准入负面清单，进一步放宽制造业等领域限制。开展国际产业投资合作系列活动，搭建外资企业和地方沟通交流平台。适时修订《鼓励外商投资产业目录》，鼓励外商投资制造业。（发展改革委、商务部按职责分工负责）

（九）推动外贸稳定发展

落实好稳外贸政策措施，巩固提升出口信用保险作用，抓实抓好外贸信贷投放。依托国家物流枢纽，拓展海运、空运、铁路国际运输线路，推动构建支撑"全球采购、全球生产、全球销售"的国际物流服务网络，推动国际物流降本增效。（发展改革委、商务部、银保监会按职责分工负责）

三、强化政策扶持，健全工业经济保障措施

（十）完善重点行业发展政策

持续巩固提升钢铁化解过剩产能工作成果，对违法违规问题保持零容忍高压态势。完善汽车产业投资管理，统筹优化产业布局，支持新能源汽车加快发展。优化石化产业规划布局，有序推进炼化一体化项目建设。积极推动绿色智能船舶示范应用，加快推进沿海、

内河老旧船舶更新改造。实施 5G 应用"扬帆"行动计划（2021—2023 年）。组织开展先进制造业和现代服务业融合发展试点，探索推广"两业融合"新路径新模式。（发展改革委、工业和信息化部、国资委按职责分工负责）

（十一）优化重点区域政策体系

聚焦粤港澳大湾区、长三角、京津冀等重点区域产业发展重大任务，落实长江经济带、黄河流域等区域发展有关重大部署，结合区域特点制定完善当地发展规划、产业政策以及优化营商环境行动方案，加大精准支持力度，提升产业支撑能力。发挥国家级新区、承接产业转移示范区等作用，有序承接国内外产业转移。鼓励地方立足自身特色和优势，打造战略性新兴产业集群，培育发展先进制造业集群，构建各具特色、优势互补、结构合理的集群发展格局。不断总结和宣传推广地方和企业振作工业经济好经验好做法。（发展改革委、工业和信息化部、全国工商联按职责分工负责）

（十二）强化能效标准引领

科学确定石化、有色、建材等重点领域能效标杆水平和基准水平，明确目标方向，突出标准引领，严格能效约束，组织一批节能降碳技术改造项目，开展节能降碳技术示范应用，提高行业节能降碳水平。推动钢铁、电解铝、水泥、平板玻璃等重点行业和数据中心加大节能力度，加快工业节能减碳技术装备推广应用。加大能耗标准制修订、宣贯推广工作力度，建立动态提高能效标杆水平和基准水平机制，完善能源核算、检测认证、评估、审计等配套标准。（发展改革委、工业和信息化部、市场监管总局按职责分工负责）

（十三）加大制造业融资支持

紧密结合制造业企业生产经营周期，合理确定融资期限，增加制造业中长期贷款投放，提升融资支持的精准性和有效性。完善制造业中长期融资考核评价机制。开展"补贷保"联动试点。支持符合条件的企业发行公司信用类债券，推广以信息共享为基础的"信易贷"模式。稳妥推进基础设施领域不动产投资信托基金（REITs）试点，完善配套支持机制。深化产融合作，完善绿色金融标准体系和评价机制，落实产融合作推动工业绿色发展专项政策，建立工业绿色发展指导目录和项目库，发挥国家产融合作平台作用，引导金融资源向工业绿色低碳领域汇聚。（发展改革委、工业和信息化部、人民银行、银保监会、证监会按职责分工负责）

（十四）破解企业用工难题

开展大规模多层次职业技能培训，促进产业用工需求和职业技能培训有效衔接，提高劳动者适应产业转型升级能力。提升公共就业服务质量，完善劳动力供需双方信息发布和对接机制，大力发展人力资源服务业，严厉打击侵害劳动者就业权益行为，规范用工市场，提高人力资源配置效率。加快完善中西部和东北地区基础设施，提升产业集聚区公共服务效能，引导制造业向中西部和东北地区有序梯度转移，吸纳当地劳动力就业。（发展改革委、人力资源社会保障部按职责分工负责）

四、优化发展环境，促进工业经济行稳致远

（十五）减轻中小企业负担

落实好支持制造业中小企业的助企纾困政策，加大对涉企违规收费的整治力度。加大保障中小企业款项支付条例落实力度，运用市场化法治化手段规范款项支付秩序，健全防范和化解拖欠账款长效机制。鼓励地方安排中小企业纾困专项资金，对符合条件的中小企业给予资金等支持。用好直达实体经济货币政策工具和支小再贷款，加大普惠小微企业信用贷款投放。鼓励有条件的地方建立支持小微企业的贷款风险分担补偿机制。用好小微企业融资担保降费奖补资金，促进扩大小微企业担保业务规模，降低融资担保成本。落实减税降费政策，对制造业中小微企业延缓缴纳今年四季度部分税费。研究并适时出台部分惠企政策到期后的接续政策，鼓励地方有针对性出台帮扶措施。对确有困难的纳税人，地方可按现行规定减免房产税、城镇土地使用税。（发展改革委、工业和信息化部、财政部、人力资源社会保障部、人民银行、国资委、税务总局、市场监管总局按职责分工负责）

（十六）优化市场环境

建立完善《优化营商环境条例》专项执法检查常态化机制，督促各地区严格落实条例规定。建立健全制度化的政企互动机制，落实好企业家参与涉企政策制定机制，推动构建亲清政商关系。加强制定政策的事先评估和事后评价。鼓励和支持各地区结合本地产业发展特点，在保护市场主体权益、完善政务服务等方面出台更为有力有效的改革举措，分批复制推广。大力弘扬工业经济优秀企业家精神。（发展改革委、全国工商联按职责分工负责）

各有关方面要切实把思想和行动统一到党中央、国务院决策部署上来，进一步提高站

位、坚定信心，统筹发展和安全，强化责任担当、主动作为，以高度的责任感和使命感，抓好政策落地落细落实，同时加强对工业经济运行态势的跟踪监测，深入分析研判苗头性倾向性潜在性问题，强化预研预判，做好政策储备，全力以赴振作工业经济运行，推动工业高质量发展。

为"专精特新"中小企业办实事清单

为贯彻落实党中央、国务院决策部署，进一步支持"专精特新"中小企业（含省级"专精特新"中小企业和国家级专精特新"小巨人"企业）高质量发展，带动更多中小企业走"专精特新"发展之路，特制定本清单。

一、加大财税支持力度

（1）2021 年底前，中央财政安排不少于 30 亿元，支持 1300 家左右专精特新"小巨人"企业（简称"小巨人"企业）高质量发展，为其提供"点对点"服务，同时引导地方财政加大对"专精特新"中小企业支持力度。（财政部、工业和信息化部负责）

（2）开展税收服务"春雨润苗"专项行动，开通税费服务直通车，为"专精特新"中小企业提供"点对点"精细服务，建立"一户一档"，实施"一户一策"，进行滴灌式辅导培训，推送红利账单，确保税费政策直达快享、应享尽享。（税务总局负责）

二、完善信贷支持政策

（3）建立"专精特新"中小企业名单推送共享机制，鼓励银行业金融机构围绕"专精特新"中小企业需求，量身定制金融服务方案，打造专属信贷产品、加大信贷支持力度、优化相关服务。（人民银行、银保监会、工业和信息化部按职责分工负责）

（4）推动银行业金融机构应用金融科技手段，综合利用行内交易结算以及外部征信、税务、市场监管等信息，提升信用评价和风险管控能力，加大对"专精特新"中小企业信用贷款投放。支持"专精特新"中小企业开展应收账款、存货、仓单融资等业务，鼓励保险机构为"专精特新"中小企业提供信用保险服务。（人民银行、银保监会负责）

（5）鼓励开发银行在业务范围内为符合条件的"专精特新"中小企业技术改造和转型升级提供金融支持。（开发银行负责）

三、畅通市场化融资渠道

（6）证券交易所、新三板为有上市或挂牌意向的"专精特新"中小企业提供全流程、全周期咨询服务，优化中小上市公司再融资机制，研究扩大分类审核适用范围。在区域性股权市场推广设立"专精特新"专板。（证监会负责）

（7）对拟上市"专精特新"中小企业开展分类指导、精准培育、投融资对接，提高企业在资本市场融资的能力。国家中小企业发展基金加快推进子基金遴选，引导社会资本加大对"专精特新"中小企业的股权投资规模。（工业和信息化部、证监会会同各地方按职责分工负责）

（8）支持"专精特新"中小企业开展债券融资，通过市场化机制开发更多适合中小企业的债券品种，完善中小企业债券融资增信机制，扩大债券融资规模。（人民银行、证监会、发展改革委、工业和信息化部按职责分工负责）

（9）支持更多符合条件的"专精特新"中小企业上市、挂牌融资，探索为"专精特新"中小企业申请在新三板挂牌开辟绿色通道。（证监会、工业和信息化部负责）

四、推动产业链协同创新

（10）按产业链梳理"小巨人"企业，推荐参与重点产品和工艺"一条龙"示范应用，支持融入行业龙头企业供应链创新链，推动行业龙头企业对"小巨人"企业开放资源要素。（工业和信息化部、国资委负责）

（11）面向"专精特新"中小企业组织实施一批工程化应用验证项目，促进优质产品先试首用。（工业和信息化部负责）

（12）结合企业意愿进行分类筛选，制定推荐目录，向大型骨干企业定向推荐不少于1000 家"小巨人"企业，不少于 1500 项技术产品。（工业和信息化部、国资委、全国工商联按职责分工负责）

（13）面向重点行业龙头企业征集技术产品问题，组织"专精特新"中小企业等创新创业主体揭榜，以比赛激发创新创业活力，促进产业链大中小企业融通创新。（工业和信息化部、财政部负责）

五、提升企业创新能力

（14）支持有条件的"专精特新"中小企业优先参与玻璃新材料、智能语言、智能家电等新培育的制造业创新中心建设。在产业基础再造和制造业高质量发展专项项目遴选

中，对"小巨人"企业牵头申报的项目给予加分。（工业和信息化部负责）

（15）面向高校、科研院所等征集一批技术成果转移目录，面向"专精特新"中小企业征集一批技术研发需求目录，推动供需双向"揭榜"，促进产学研协同创新。（工业和信息化部、教育部、科技部按职责分工负责）

（16）支持知识产权服务机构为中小企业提供从创新到运用全过程服务，开展全国知识产权服务万里行活动，惠及 1 万家以上中小企业。组建中小企业知识产权服务专家团，提供公益性知识产权咨询和信息服务。到 2022 年底，将 5000 家"小巨人"企业纳入各级知识产权优势企业培育对象。（知识产权局、工业和信息化部负责）

（17）组织节能诊断机构开展公益性节能诊断服务，到 2022 年底，完成 2000 家以上中小企业节能诊断。（工业和信息化部负责）

（18）工业和信息化部所属事业单位对"小巨人"企业减半收取非强制测试认证服务费。支持计量技术机构为"小巨人"企业提供计量技术服务。（工业和信息化部、市场监管总局负责）

六、推动数字化转型

（19）打造一批数字化标杆企业，到 2022 年底，组织 100 家以上工业互联网平台和数字化转型服务商为不少于 10 万家中小企业提供数字化转型评价诊断服务和解决方案，推动 10 万家中小企业业务"上云"。（工业和信息化部会同各地方按职责分工负责）

（20）组织开展智能制造进园区活动，面向"专精特新"中小企业开展标准宣贯、现场诊断和供需对接，推广 1000 个以上应用场景，培育智能制造新模式。（工业和信息化部负责）

七、加强人才智力支持

（21）组织"专精特新"中小企业人才培训，到 2022 年底，培训经营管理人才不少于 2 万名，对"小巨人"企业实现培训服务全覆盖。中德中小企业经营管理人员培训向"小巨人"企业倾斜。（工业和信息化部会同各地方按职责分工负责）

（22）梳理"专精特新"中小企业人才需求，推动各地建设一批工程师协同创新中心，为企业搭建高层次人才供给通道，在国家人才计划中对"小巨人"企业予以倾斜。

（工业和信息化部会同各地方按职责分工负责）

（23）推动各地建立专家志愿服务团或服务工作站，为"专精特新"中小企业提供专家辅导服务。（工业和信息化部、民政部会同各地方按职责分工负责）

八、助力企业开拓市场

（24）在中国国际中小企业博览会、APEC 中小企业技术交流暨展览会设立"专精特新"展区，为"专精特新"中小企业搭建产品、技术展示平台，助力拓展国内外市场。（工业和信息化部、市场监管总局、有关地方按职责分工负责）

（25）开展中小企业跨境撮合活动，到 2022 年底，服务不少于 2 万家中小企业，助力疫情下中小企业国际合作。（工业和信息化部负责）

（26）充分发挥政策性出口信用保险作用，为"小巨人"企业提供出口信用保险支持，运用资信数据优势帮助企业开拓国际市场，提高风险管理能力。（中国出口信用保险公司负责）

九、提供精准对接服务

（27）建设全国中小企业服务一体化平台移动端，线上集聚政策、融资、创业空间等各类服务资源，实现政策的主动匹配、创新人才的供需对接、服务的"一站式"获取。（工业和信息化部负责）

（28）推动省级以上中小企业公共服务示范平台和小微企业创业创新示范基地，为"专精特新"中小企业定制专属服务包，提供个性化服务产品。（工业和信息化部会同各地方按职责分工负责）

（29）举办全国"专精特新"中小企业高峰论坛，编印"小巨人"企业典型案例，加强经验交流和宣传报道，进一步形成全社会支持中小企业"专精特新"发展共识。（工业和信息化部、中央宣传部负责）

十、开展万人助万企活动

（30）为每家"专精特新"中小企业配备一名服务专员，一企一策，精准培育。开展"专精特新万企行"活动，2022 年底前，推动地方对全部"专精特新"中小企业实地走

访，为每家企业至少解决 1 项困难。（各地方负责）

（31）充分发挥地方政府贴近企业、了解企业的优势，结合本地实际，创造性地提出支持"专精特新"中小企业发展的务实举措，重点在设立资金推动提升创新能力和专业化水平、应对和防范风险以及人才落户、住房、子女教育等方面提供更多支持，为中小企业技术人员、高技能人才档案管理、职称评定、奖励申报等方面提供绿色通道；在制定土地供应计划中，优先考虑"专精特新"中小企业用地需求，切实提升企业获得感。

关于进一步实施小微企业"六税两费"减免政策的公告

为进一步支持小微企业发展，现将有关税费政策公告如下：

一、由省、自治区、直辖市人民政府根据本地区实际情况，以及宏观调控需要确定，对增值税小规模纳税人、小型微利企业和个体工商户可以在 50%的税额幅度内减征资源税、城市维护建设税、房产税、城镇土地使用税、印花税（不含证券交易印花税）、耕地占用税和教育费附加、地方教育附加。

二、增值税小规模纳税人、小型微利企业和个体工商户已依法享受资源税、城市维护建设税、房产税、城镇土地使用税、印花税、耕地占用税、教育费附加、地方教育附加其他优惠政策的，可叠加享受本公告第一条规定的优惠政策。

三、本公告所称小型微利企业，是指从事国家非限制和禁止行业，且同时符合年度应纳税所得额不超过 300 万元、从业人数不超过 300 人、资产总额不超过 5000 万元等三个条件的企业。

从业人数，包括与企业建立劳动关系的职工人数和企业接受的劳务派遣用工人数。所称从业人数和资产总额指标，应按企业全年的季度平均值确定。具体计算公式如下：

季度平均值＝（季初值＋季末值）÷2

全年季度平均值＝全年各季度平均值之和÷4

年度中间开业或者终止经营活动的，以其实际经营期作为一个纳税年度确定上述相关指标。

小型微利企业的判定以企业所得税年度汇算清缴结果为准。登记为增值税一般纳税人的新设立的企业，从事国家非限制和禁止行业，且同时符合申报期上月末从业人数不超过 300 人、资产总额不超过 5000 万元等两个条件的，可在首次办理汇算清缴前按照小型微利企业申报享受第一条规定的优惠政策。

四、本公告执行期限为 2022 年 1 月 1 日至 2024 年 12 月 31 日。

特此公告。

2022 年关税调整方案

一、进口关税税率

根据《中华人民共和国进出口关税条例》《商品名称及编码协调制度》2022 年转版、多双边经贸协定以及我国产业发展情况，调整以下税率：

（一）最惠国税率

（1）根据税则转版和税目调整情况，相应调整最惠国税率及普通税率。

（2）自 2022 年 7 月 1 日起，对《中华人民共和国加入世界贸易组织关税减让表修正案》附表所列信息技术产品最惠国税率实施第七步降税。

（3）对 954 项商品（不含关税配额商品）实施进口暂定税率；自 2022 年 7 月 1 日起，取消 7 项信息技术协定扩围产品进口暂定税率。

（4）对原产于塞舌尔共和国、圣多美和普林西比民主共和国的进口货物适用最惠国税率。

（二）关税配额税率

继续对小麦、玉米、稻谷和大米、糖、羊毛、毛条、棉花、化肥等 8 类商品实施关税配额管理，税率不变。其中，对尿素、复合肥、磷酸氢铵 3 种化肥的配额税率继续实施进口暂定税率，税率不变。继续对配额外进口的一定数量棉花实施滑准税，税率不变。

（三）协定税率

（1）根据我国与有关国家或地区已签署并生效的自贸协定和优惠贸易安排，对 17 个协定项下、原产于 28 个国家或地区的部分进口货物实施协定税率：一是中国与新西兰、秘鲁、哥斯达黎加、瑞士、冰岛、韩国、澳大利亚、巴基斯坦、格鲁吉亚、毛里求斯自贸协定进一步降税；中国—瑞士自贸协定按照有关规定自 2022 年 7 月 1 日起针对部分信息技术协定扩围产品降低协定税率。二是中国与东盟、智利、新加坡自贸协定，以及内地与香港、澳门《关于建立更紧密经贸关系的安排》（CEPA）和《海峡两岸经济合作框架协议》（ECFA）已完成降税，继续实施协定税率。三是亚太贸易协定继续实施，自 2022 年 7 月 1 日起针对部分信息技术协定扩围产品降低协定税率。

（2）根据《区域全面经济伙伴关系协定》（RCEP），对原产于日本、新西兰、澳大利亚、文莱、柬埔寨、老挝、新加坡、泰国、越南等 9 个已生效缔约方的部分进口货物实施协定第一年税率；后续生效缔约方实施时间由国务院关税税则委员会另行公布。按照协定"关税差异"等条款规定，根据进口货物的 RCEP 原产国来适用我国在 RCEP 项下对其他已生效缔约方相应的协定税率。同时允许进口商申请适用我国在 RCEP 项下对其他已生效缔约方的最高协定税率；或者在进口商能够提供有关证明的情况下，允许其申请适用我国对与该货物生产相关的其他已生效缔约方的最高协定税率。

（3）根据《中华人民共和国政府和柬埔寨王国政府自由贸易协定》，对原产于柬埔寨的部分进口货物实施协定第一年税率。

（4）当最惠国税率低于或等于协定税率时，协定有规定的，按相关协定的规定执行；协定无规定的，二者从低适用。

（四）特惠税率

对与我国建交并完成换文手续的安哥拉共和国等 44 个最不发达国家实施特惠税率。

二、出口关税税率

继续对铬铁等 106 项商品实施出口关税，提高黄磷以外的其他磷和粗铜等 2 项商品的出口关税。

三、税则税目

我国进出口税则税目随《商品名称及编码协调制度》2022 年转版同步调整，并根据国内需要，对部分税则税目、注释进行调整。调整后，2022 年税则税目数共计 8930 个。

四、实施时间

以上方案，除另有规定外，自 2022 年 1 月 1 日起实施。

统计篇

2021 年全球地区及国家 GDP 增长情况

国家及地区	2020 年（%）	2021 年（%）	国家及地区	2020 年（%）	2021 年（%）
美国	−3.5	5.6	中国	2.3	8.1
德国	−4.9	2.7	印度	−8.0	9.0
法国	−8.2	6.7	东盟五国	−3.4	3.1
意大利	−8.9	6.2	巴西	−4.1	4.7
西班牙	−11.0	4.9	墨西哥	−8.2	5.3
日本	−4.8	1.6	沙特阿拉伯	−4.1	2.9
英国	−9.9	7.2	尼日利亚	−1.8	3
加拿大	−5.4	4.7	南非	−7.0	4.6
俄罗斯	−3.1	4.5			

数据来源：国际货币基金组织。

2021 年国内社会生产销售及消费情况

类别	2021 年累计（万亿元）	同比（%）
国内生产总值	114.4	8.1
其中：第一产业	8.3	7.1
第二产业	45.1	8.2
第三产业	61.0	8.2
社会消费品零售总额	44.1	12.5
工业增加值	37.3	9.6

数据来源：国家统计局。

2021 年全国用电情况

指标名称	绝对量（亿千瓦时）	同比（%）
全国全社会用电量	83128	10.3
其中：第一产业用电量	1023	16.4
第二产业用电量	56131	9.1
工业用电量	55090	9.1
第三产业用电量	14231	17.8
城乡居民生活用电量	11743	7.3

数据来源：国家能源局。

2021 年跟踪企业经济指标完成情况汇总表

序号	指标名称	同比(%)
1	亏损面	－13.08 百分点
2	营业收入	18.43
3	营业成本	17.90
4	销售费用	15.68
5	管理费用	17.38
6	财务费用	－5.98
7	其中：利息费用	－2.76
8	利润总额	44.23
9	亏损企业亏损额	－45.00
10	资产总计	8.28
11	负债合计	1.87
12	出口交货值	14.73

数据来源：中国棉纺织行业协会。

2016～2021 年棉花及化纤短纤产量情况

项目	2016 年	2017 年	2018 年	2019 年	2020 年	2021 年
棉花（万吨）	494	605	609	591	592	577
粘胶短纤（万吨）	351	364	377	394	379	387
涤纶短纤（万吨）	915	925	889	1020	1053	1077

数据来源：中国棉纺织行业协会、有关单位会商、中国化学纤维工业协会。

2016～2021 年棉纺织行业纱、布总产量

项目	2016 年	2017 年	2018 年	2019 年	2020 年	2021 年
纱（万吨）	1884	1929	1914	1829	1641	1895
布（万吨）	610	610	600	560	460	498

数据来源：中国棉纺织行业协会。

2016～2021 年棉纺用原料加工量

项目	2016 年	2017 年	2018 年	2019 年	2020 年	2021 年
棉纤维（万吨）	715	755	755	690	600	705
粘胶短纤（万吨）	305	340	340	345	317	350
涤纶短纤（含再生）（万吨）	928	900	885	855	782	865
其他（万吨）	30	30	30	30	28	153*

数据来源：中国棉纺织行业协会、中国化学纤维工业协会。

注：带*含直接用于织布的纤维原料

2020/2021 年全球棉花供需表（12 月）

单位：万吨

国家和地区	期初库存	产量	进口量	消费量	出口量	期末库存
全球	2164.7	2479.9	939.9	2517.6	940.8	2123.3
美国	157.9	347.3	0	54.4	326.6	124.1
澳大利亚	17.4	52.3	0	0.9	30.5	38.5
孟加拉国	52.7	3.3	150.2	158.9	0	46.8
巴西	313.5	261.3	0.7	65.3	217.7	292.4
中国	803.4	598.8	217.7	827.4	2.8	789.7
印度	389.3	642.3	21.8	522.5	108.9	422
巴基斯坦	73.8	98	102.3	217.7	1.1	54.9
土耳其	60.3	61	95.8	152.4	9.8	54.9
中亚五国	59.2	126.9	0	91.2	34.4	60.5
越南	30.7	0	148.1	148.1	0	30.7

数据来源：美国农业部。

2020/2021 年度世界棉花平衡表

项目	2020/2021 年度
起始存量（百万吨）	21.6
产量（百万吨）	24.8
供应（百万吨）	34.2
消耗（百万吨）	25.2
结存量（百万吨）	21.2
存量/用量（%）	84%

数据来源：美国农业部。

2021 年中国棉纺织行业景气指数

月份	各分项指数							
	棉纺织景气指数	原料采购指数	原料库存指数	生产指数	产品销售指数	产品库存指数	企业经营指数	企业信心指数
1 月	50.8	55.77	53.11	48.48	52.72	49.67	47.57	54.73
2 月	47.97	51.33	50.17	44.4	49.4	49.3	45.09	54.7
3 月	52.46	54.12	50.19	54.61	53.14	50.76	51.97	48.17
4 月	49.2	47.65	48.67	50.17	47.39	49.71	48.77	51.06
5 月	51.24	50.43	48.73	52.07	52.99	51.73	50.66	51.35
6 月	49.96	51.86	48.48	49.15	50.62	49.77	49.34	52.2
7 月	51.82	53.25	49.03	51.42	53.57	51.73	51.8	52.39
8 月	50.05	53.47	50.00	49.94	51.38	48.48	48.5	49.59
9 月	48.06	49.71	49.63	46.65	48.03	47.72	47.96	49.02
10 月	49.39	53.49	48.00	46.99	53.48	49.9	49.26	48.21
11 月	48.2	49.06	48.70	49.02	47.41	48.52	47.88	45.45
12 月	48.43	48.32	48.70	49.32	46.93	49.58	47.96	47.07

注：中国棉纺织景气指数，是由中国棉纺织行业协会通过对棉纺织企业的月度调查统计汇总、编制而成的指数，涵盖了企业采购、生产、销售、经营等主要环节，用于反映棉纺织行业的运营情况。此指数以 50 作为分界点，当高于 50 时，反映行业形势向好；低于 50 时，则反映行业形势下滑。

发布单位：中国棉纺织行业协会

2019～2021 年棉纱线、棉织物进出口情况

项目		2019 年	2020 年	2021 年
棉纱线合计（万吨）	进口	195.3	190	212.8
	出口	37.5	27.4	29.5
棉织物（亿米）	进口	2.8	2	1.9
	出口	79.3	68.3	73.6

数据来源：中国海关总署。

新疆中泰纺织服装集团有限公司

公司简介

　　新疆中泰（集团）有限责任公司（以下简称中泰集团）是2012年7月由新疆维吾尔自治区人民政府出资设立、新疆维吾尔自治区国资委直接监管的国有全资公司。中泰集团立足新疆资源优势，聚焦化工、纺织、农业"三大主业"，打造"七大产业板块"，在我国乌鲁木齐市、昌吉回族自治州、吐鲁番市、巴音郭楞蒙古自治州、阿克苏市、和田市和塔吉克斯坦建成七大产业基地，是全国最大的PVC、烧碱、粘胶纱、BDO生产和棉花加工企业之一。连续三年进入"中国企业500强"，入选"全球化工最有价值品牌25强"第20位。控股上市公司中泰化学荣获第五届"中国工业大奖"，连续五年进入"上市公司500强"。

新疆中泰纺织服装集团有限公司是中泰集团全资子公司。注册资本10亿元，下辖各监管企业50余家，在职员工11008人，劳务用工3万余人。有棉花、粘胶两条产业链：棉花产业链方面，有年产10万亩良种繁育基地，120万亩高标准棉花种植基地，167个棉花加工厂和90万锭的棉纱产业园，2022年度计划收购加工籽棉370万吨，加工皮棉150万吨，占全国皮棉总产量的26.3%；粘胶产业链方面，已形成40万吨浆粕、90万吨粘胶纤维、380万锭粘胶纱产能。粘胶纤维占全国总产能的18.9%，占新疆总产能的94.34%；粘胶纱占全国总产能的14%，占新疆总产能的92.14%；终端纺织品，已形成14万吨非织造布、9500万米梭织布、1.6万吨机织布、450万件（套）定制服装产能。

风采篇

利泰醒狮——纱线的百年情怀

利泰醒狮（太仓）控股有限公司是中国领先的大型棉纺集团企业之一，起源于江苏太仓市，其历史可追溯至 1905 年，是目前国内仅存的少数百年纺纱企业之一。自 2008 年，金昇集团将利泰醒狮纳入麾下，加快了其转型升级和国际化的步伐。利泰醒狮集团国内外四大园区现已建成三百万纱锭规模，其拥有全球单体规模超大的智能化、现代化工厂。各园区配备业内先进的紧密纺、环锭纺、气流纺等智能纺织机械和各类专家系统高度融合的专业智能试验室，形成符合"绿色、智能、定制、共赢、循环"的全新商业模式，致力于高品质全棉纱线产品的研发生产与销售，深得国内外客户的信赖，已与国内外知名面料及服装加工企业建立合作关系，服务于全球各主要知名服装及家用纺织品品牌商，赢得了一致认可和好评。同时将采用 5G、AR、VR 等技术在产业链上游进军互联网+绿色农业，在下游打造 C2B 的全新业态，以纵向一体化战略引领纺织行业转型升级。

利泰醒狮秉承"品质通四海，合力行天下，效率论兴衰，客户定成败"的企业价值观，以高档针织用纱享誉业界，致力成为"针织纱线的领导者"，共纺人类美好生活。选配卓郎赐来福先进的 Autocoro8 与 Autocoro 9 全自动气流机，拥有单体超大规模的气流纺智能工厂，全棉气流纺纱线产能在中国位居行业前列，可生产全品类气流纺品种，如机织、针织、竹节、超柔等，产品覆盖针织、梭织、医卫、牛仔、家纺、蜡染等细分领域，品质得到各细分市场客户的一致认可，拥有较好的口碑及市场影响力，致力成为全棉全品类气流纺纱线的领跑者。同时利泰醒狮一直聚焦"绿色+健康"，以绿色的纯天然棉花为原料，尤以有机棉品种为特色，融入全球中高端供应链中，赢得了客户的一致认可，致力成为可持续纱线的践行者。

从设计之初，利泰醒狮各园区就严格按照智能工厂的思路进行规划，所有设备以及检测仪器都是通过工业互联网平台互联互通，打通数据从底层到顶层的关键通道，充分发挥工业互联网+对生产过程的指导功能。

装备智能化：各工厂均采用目前国际先进的纺纱设备以及配套装置，环锭纺工厂的清梳联、粗细联以及细络联体现了流程的自动化水平；细纱单锭监测装置及粗纱断头自停不但能提升运营效率，还能有效减少用工及用棉；全自动打包装备能有效降低用工及提高用户体验；拥有全套乌斯特检测设备的中心试验室，实现原料、半制品到纱线的全流程产品质量检测，同时通过专家系统将数据实时集成，将生产环节和质量环节紧密结合起来，实现人机料环法的和谐循环，降低沟通成本，提升运行效率。

信息智能化：考虑到机台的数据采集是信息化的基础，每个机台以及每个辅助设备（电表、水表、气表等）都配备了独立的采集通道，能够将机台实时信息及时呈现。关联机台—品种、机台—人员、机台—能耗、机台—质量等因素，从而实现订单的动态成本核算，为信息化建设奠定了坚实的基础。目前，所有工厂均配备了单独的工序管理系统和统一的数据采集系统。通过对数据的搜集、处理，从而辅助管理层进行有效决策、快速决策、精准决策。软件开发方面拥有自己的研发团队，根据生产用户的实际需求，独立开发了设备监测系统、产量报表系统、质量报表系统、仓储管理系统等软件，通过网站服务尤其是移动 APP 的开发，极大地方便员工和管理层对数据的分层、获取和应用。除此之外，企业级别的 OA 系统以及 ERP 系统采用"定位园区、服务集团"的服务策略，通过各园区的中心机房统一提供服务，为整个利泰醒狮四大园区提供强大的运营支撑。

利泰醒狮具有强大的研发队伍，包括纺织工程、机械制造、计算机应用等方面的专业人才队伍，在产品创新、应用创新、技术改造等方面不断提升，拥有多项专利以及软件著作权等软实力指标。配备全套乌斯特仪器的中心试验室已得到"省级技术中心"的授牌，以先进的中心试验室为依托，通过自行申报及第三方（含通信运营商、软硬件供应商、高校科研机构等）联合申报的方式，申请了多个创新型项目，实现产学研用一体化落地。其中 2018 年申请的智能制造综合标准化与新模式应用项目——低功耗环锭纺纱智能工厂建设项目已通过新疆维吾尔自治区工业和信息化厅正式验收，专家组给予了高度评价。

时代在巨变，产业在革新，即使前行的路途中依然有羁绊，利泰醒狮对于未来向好的信心却从未改变。肩负行业使命，构建新发展格局。站在新时代十四五新起点、我国由全面建成小康社会向基本实现社会主义现代化迈进的关键时期、"两个一百年"奋斗目标的历史交汇期，也是全面开启纺织强国建设新征程的重要发展期。后疫情时代，商贸业态正在持续深入转变，精准商贸对接作为联通供需的重要手段更是助力行业克难前行的新动力。利泰醒狮将发挥新作为、新担当，由中国制造向中国智造转型升级，推动行业健康可持续发展。愿随鲲鹏起，长风浩荡几万里。被誉为"一路一带"行业风向标、领军者的国内纱线重点产业集群，利泰醒狮（太仓）控股有限公司从不缺位。仍将一步一个脚印和业界一同见证新时代棉纺织行业的聚与变，共纺第二个一百年。

2021 年中国棉纺织行业协会大事记

一、党政建设

2021 年，在习近平新时代中国特色社会主义思想的指导下，在中国纺织工业联合会的正确领导下，中国棉纺织行业协会（以下简称中棉行协）党支部上下坚持强化思想认识，全面贯彻落实党的十九大精神，扎实推进各项党建工作，主要有几方面。

一是，扩大党员队伍。进一步重视党员教育管理，引导党员坚定共产主义远大理想和中国特色社会主义共同理想，增强党性，提高素质，认真履行义务、正确行使权力，清正廉洁。2021 年中国棉纺织行业协会党支部转入一名党员，接收两名同志为预备党员，确定三名同志为入党发展对象，截至目前，协会内党员（含预备党员、发展对象）占比达到 80%。

二是，加强思想觉悟提升。学习习近平总书记"七一"重要讲话精神、党史学习教育宣讲报告、十九届六中全会精神国资国企系统宣讲报告会等文件和资料共计 20 余次；组织完成国资委党史教育专题网络培训班的学习；支部主要领导干部参加了中国纺联党委组织的党史学习教育专题学习第三期轮训班。全年共召开党员大会 14 次、支委会 12 次、党小组会 48 次、党课 6 次。

三是，开展各类富有意义的党建活动。包括赴"一大会址"实地学党史、参观卢沟桥抗日战争纪念馆等主题活动；开展"健步走/跑"活动；践行社会责任，组织职工公益捐赠困难群众，10 个家庭，10 名学生受益。

二、第六次会员代表大会

2021 年 5 月 24 日，中国棉纺织行业协会第六次会员代表大会暨六届一次理事会和六届一次常务理事会在江苏无锡召开，此次会议有近 300 位企业代表参会。

经到会会员代表逐项审议，会议表决通过了《中国棉纺织行业协会第五届理事会工作报告》《中国棉纺织行业协会第五届理事会财务报告》《中国棉纺织行业协会第六届理事会章程》和《中国棉纺织行业协会第六届理事会会费管理办法》。

经投票选举，董奎勇同志当选中国棉纺织行业协会第六届理事会会长。郑洁雯同志、李杰同志、王耀同志、景慎全同志当选中国棉纺织行业协会第六届理事会驻会副会长，李杰同志兼任秘书长。于拥军、于雅静、王正伟、毛发青、吉宜军、朱宝林、刘子斌、苏建军、李冬梅、宋松继、张月平、张红霞、陈文、郑洪、姜为民、凌力、黄伟、童福友、漆颖斌和魏刚民共 20 位同志当选中国棉纺织行业协会第六届理事会非驻会副会长。朱北娜、覃小红、陈宗立 3 位同志当选中国棉纺织行业协会监事会监事，经监事会第一次会议投票选举，朱北娜同志当选中国棉纺织行业协会监事会监事长。

三、行业发展研究

行业发展探索方面。2021 年，中棉行协圆满完成《棉纺织行业十四五发展指导意见》（简称《意见》），《意见》从"十三五"发展成效，"十四五"发展形势，指导思想和发展目标，重点任务、重点工程及技术，保障措施五个部分展开，为我国棉纺织行业"十四五"发展路径提出了较为明确的方向。

产业安全维护方面。2021 年 3 月，新疆棉花遭恶意抹黑被推向风口浪尖，由行业事件演变为全社会热点事件，产业影响较大，社会关注极高，协会按照中国纺织工业联合会统一部署，完成了大量市场调研、组织协调、文字编写和行业发声等工作，先后参与多部委重要座谈会议，整理了美国海关暂扣令、棉花基因检测、组织认证、BCI 会员构成情况等材料，为国家有关部门有效决策提供了数据支撑和思路参考。

原料保障平衡方面。2021 年，棉花价格屡创新高，市场炒作氛围浓郁，棉纺织企业生产经营风险加大，协会从保障供需稳定棉价角度，向国家相关部门提出多条建议，呼吁足量增发棉花进口配额，取消或降低棉花进口滑准税率，并在棉花价格非理性上涨期间，发布行业预警，提醒企业要根据实际需求，理性购买棉花，高度关注市场风险，多予以关注化学纤维的使用。

产业链对接方面。推广新型纤维的使用，中棉行协积极加大与上游产业链的对接工作，并组织召开中国棉纺织原料产业链大会、中国棉纺织行业协会原料产业链分会与再生纤维素纤维行业绿色发展联盟联席会议，为行业优势企业及产业链上下游提供交流平台。针对一些符合市场趋势的重点新型纤维，加大了定向推广对接力度。推进棉纺织设备优化，召开纺机与棉纺的专业委会会对接会，促进行上下游业交流，提升制造能力。

数据分析与研究方面。中棉行协每月对 260 余户企业和 15 个集群进行运行及行业景气问卷的调查工作，深度调查分析行业运行情况，完成中国棉纺织行业景气指数报告、中国棉纺织行业月度分析报告（生产运行篇）、中国棉纺织行业月度分析报告（经济指标篇）、每周市场动态观察、棉纺织市场大调查、棉纺织集群市场动态、海外棉纺织市场观察等分析材料，为政策研究提供数据基础。

课题研究方面。2021 年，中棉行协积极开展棉花与纱线的供应与发展分析、棉纺织市场运行、棉纺织行业生产成本分析、棉纺织企业数据盘点分析等一系列课题研究工作。完成了《中国棉纺织行业 2020 年度发展研究报告》的出版工作，全书共计 30 万字，免费发放给各会员单位。

四、纺织技术发展

6 月，与纺织之光科技教育基金会、中国纺织工业联合会科技发展部共同在山东临清市举办了"纺织之光"科技走集群精准对接——走进临清棉纺织产业集群活动。

6 月，在浙江绍兴组织召开生物基抗菌纤维应用发展论坛，就生物基抗菌纤维未来创新发展和市场推广应用方向进行了探讨和交流，共谋产业高质量发展新路径。

6 月、11 月，与美国棉花协会合作组织开展了两次线上棉花应用技术交流会，共同交流美棉使用经验。

7 月，在安徽合肥组织召开了 2021 年棉织产业（合肥）发展大会暨全国浆料与浆纱技术年会，会议以"碳达峰与棉织造"为主题，就碳达峰给我国纺织行业带来的影响及机遇，棉纺织行业形势进行了分析，并就织物产品开发、绿色环保上浆等方面进行了研讨交流。

9 月，在山东泰安举办中国棉纺织原料产业链大会暨棉纺织百强企业峰会，会议以"增强原料端保障，促进产业链共赢"为主题，为行业优势企业及产业链上下游提供交流平台。

10 月，在山东济南组织召开中国棉纺织科技大会，会议以科技支撑棉纺织创新发展为主题，集"会、展、服"于一体，涵盖原料应用、品牌建设、智能制造、成果转化四大方向，多角度、多维度探讨行业科技发展。

2021 年，中棉行协继续开展精品与特色基地共建工作，全年共完成三个基地共建项目。

2021 年，中棉行协发布第九批《棉纺织行业绿色制造创新应用目录》，其中绿色制造创新应用项目 28 项，相关技术 4 项，"绿色制造创新型棉纺织企业" 16 家。

2021 年，中棉行协积极推进产学研合作紧密度，促进多家校企成功对接，加快院校科研成果融入到企业实际生产中，多个科研项目荣获纺织之光 2021 年度科技进步奖。

2021 年，中棉行协还进行了中国棉纺织行业协会色织布分会理事扩大会、中国棉纺织产业集群高质量发展工作会议、中国棉织产业（兰溪）发展大会暨全国牛仔布行业年会等活动的策划、准备工作，后因疫情原因延期召开。

五、商贸交流与对外宣传

3 月，yarnexpo 春夏纱线展在上海顺利召开，中棉行协利用展会平台开展了牛仔走秀、创新论坛、流行趋势发布以及新品发布会等活动，并通过云展小程序、微信公众号、视频直播平台等多种途径进行宣传，以线下、线上联动的模式，取得了超预期效果。

9 月，yarnexpo 秋冬纱线展在上海顺利召开，中棉行协积极开展商贸对接工作，打造全产业链宣传互动平台。通过中棉行协视频号开展丰富的活动，拓宽了宣传渠道。

11 月，深圳大湾区纱线展经过展会招展、展位安排、活动策划、展商宣传等一系列准备后，因疫情取消。

2021 年，中棉行协网站共发布近 4000 条行业相关信息及会员企业动态；协会公众号累计推送微信约 700 条；编辑刊物《棉纺织工业》六期，按时邮寄给会员单位并在相关活动上发放，全年累计负责发放 5000 余册。

六、标准建设与信息统计

2021 年，中棉行协分别于 6 月、12 月召开两次标准审稿会，共完成 23 项团体标准立项，13 项行业标准和 14 项团体标准审稿工作，3 项团体标准的制定工作。

2021 年，统计工作从企业集群跟踪报数、景气问卷调查工作、细分市场大调查三大方向稳步推进。为企业、政府了解分析行业运行走势，明确自身定位提供了参考依据，也为协会进行建言献策和报告撰写的重要基础支撑。

2021 年，中棉行协按时完成并发布了 2020 年度棉纺织行业营业收入排名，"色织布" "牛仔布" "色纺纱" "非棉纱" 营业收入等分项排名以及优良发展型企业名单，获得了产业链相关企业及相关部门的高度关注。

七、践行社会责任

2021 年，中棉行协积极承担社会责任，将为行业、为社会办实事的服务精神融入可持续发展、人本责任、品牌建设等方面工作中。

可持续发展方面。在国家"双碳"目标的指引下，中棉行协积极推动行业环保浆纱绿色制造；组织编制《棉纺织行业绿色工厂评价要求》等绿色标准，发布第九批《中国棉纺织行业绿色制造技术暨创新应用目录》和"绿色制造创新型棉纺织企业"，强化行业绿色标准支撑，引导集群地建设绿色园区、企业建设绿色工厂等。

人本责任方面。2021 年，中棉行协开展了《棉纺织行业技能培训教材》编制工作，为提升行业整体技术水平提供支持。继续开展非棉纤维应用"火炬手"推荐活动、第六期全国纺织复合人才培养工程培训班、"2021 年全国棉纺织行业劳动技能竞赛活动"等行业人才培育及推优活动，加快了行业人才队伍建设的同时也打造了纺织接班人的交流圈。

品牌建设方面。2021 年，中棉行协通过开展纱线流行趋势征集及发布、基地共建、与媒体合作宣传等活动，引导企业树立品牌意识，并协助进行推广，塑造企业品牌竞争力，激发行业活力。

2021年度"福建新华源"非棉纤维应用"火炬手"推荐名单

（按单位拼音首字母排序）

序号	单位名称	姓名	职务
1	福建恒源纺织有限公司	张会建	主管
2	福建金源纺织有限公司	余初一	工程师
3	福建新华源纺织集团有限公司	刘柳芳	试验室主管
4	广东前进牛仔布有限公司	张世娟	采购部经理
5	河南平棉纺织集团股份有限公司	高春燕	新产品研发中心副主任
6	虹安纺织（淮安）有限公司	武刚	技术总监
7	江苏大生集团有限公司	赵瑞芝	主任
8	江苏悦达棉纺有限公司	卜启虎	研发工程师
9	鲁泰纺织股份有限公司	卢光明	经理助理
10	山东岱银纺织集团股份有限公司	于传文	开发工程师
11	山东宏儒纺织科技有限公司	陈忠	销售经理
12	山东联润新材料科技有限公司	李洋	技术开发部部长
13	山东阳谷顺达纺织有限公司	李征	保全队长
14	苏州震纶棉纺有限公司	汤超	设备工程师
15	汶上如意技术纺织有限公司	孔维春	工艺技术员
16	徐州市华晟纺织有限公司	李丹丹	技术部部长
17	宜宾恒丰丽雅纺织科技有限公司	周小美	原棉工段长
18	宜兴新乐祺纺织印染有限公司	徐小锋	总工程师
19	长乐恒申合纤纺织科技有限公司	袁志锋	生产副总
20	浙江鑫海纺织有限公司	包翔飞	研发总监

发布单位：中国棉纺织行业协会

2022/2023 中国纱线流行趋势推荐产品名单

序号	产品名称	代表企业	规格
1	聚乳酸棉赛络紧密纺混纺纱	江苏悦达棉纺有限公司	PLA/JC 60/40 40S
2	无盐碱染色色纺纱	百隆东方股份有限公司	EcoFRESH Yarn
3	再生纤维素纤维喷气涡流纺纱	德州华源生态科技有限公司	喷气涡流纺 100%ECOVERO 60S
4	循环再利用再生纤维素纤维赛络紧密纺纱	林茨(南京)粘胶丝线有限公司	赛络紧密纺纱 FINEX 粘胶 40S
5	再生棉纱	海安联发棉纺有限公司	棉/再生棉 70/30 21S
6	再生聚酯纤维混纺纱	杭州永昉纺织有限公司	再生涤纶/环保粘胶 67/33 65/35 50/50 32S
7	零碳莱赛尔纱线	苏州震纶棉纺有限公司	零碳天丝 21～60S
8	吸湿排汗混纺纱线	河南新野纺织股份有限公司	亚微米纤维/棉 32S
9	抑菌消臭聚酯纤维混纺纱线	南京禾素时代抑菌材料科技有限公司	赛络纺 JC/禾合 T 50/50 21～40S
10	壳聚糖多彩紧密纺色纺纱	江苏金天马纱业有限公司	竹纤维/莫代尔/壳聚糖 70/20/10 40～60S
11	差别化锦纶短纤维混纺纱线	山东联润新材料科技有限公司	莱赛尔/锦纶 60/40 50S
12	抑菌抗紫外混纺紧密纺纱	无锡一棉纺织集团有限公司	紧密纺 涤/竹/莱赛尔 40/40/20 100S
13	甘草再生纤维素纤维混纺纱	临邑恒丰纺织科技有限公司	莱赛尔/甘草粘胶/长绒棉 50/30/20 12S
14	聚酰亚胺混纺色纺纱	汶上如意技术纺织有限公司	赛络紧密纺 棉/聚酰亚胺 70/30 10～60S
15	生物基高效抑菌纱线	保山恒丰纺织科技有限公司	天竹/纳米铜纤维/圣麻 70/15/15 40S
16	腈纶保暖混纺纱	山东岱银纺织集团股份有限公司	赛络纺 德绒/莱赛尔 60/40 16～40S
17	莫代尔抑菌稀土粘胶泯菌纺混纺纱线	无锡四棉纺织有限公司	莫代尔/稀土抑菌粘胶 70/30 60S
18	芦荟蛋白纤维抑菌护肤混纺纱	忠华集团有限公司	棉/芦荟蛋白 70/30 5～21S
19	抑菌双包舒弹纱	山东岱银纺织集团股份有限公司	禾素抑菌涤/安泰贝/汉麻 50/30/20 12S 50D 抑菌长丝+40D 环保莱卡 3.5 倍 7～50S

（续表）

序号	产品名称	代表企业	规格
20	再生聚酯竹纤维混纺纱	咸阳纺织集团有限责任公司	竹纤维/涤纶 50/50 50S
21	火山岩纤维混纺纱	南通双弘纺织有限公司	赛络紧密纺 精梳棉/火山岩 60/40 40S
22	涡流纺莱赛尔纯纺纱	吴江京奕特种纤维有限公司	涡流纺 100%莱赛尔 10～80S
23	单组份 PTT 弹性短纤维纱线	魏桥纺织股份有限公司	100%sorona 30S (srio)
24	重聚纺纱线	安徽华茂纺织股份有限公司	100%棉 30～80S
25	细旦再生纤维素纤维纱线	吴江京奕特种纤维有限公司	BV 1.0dtex×38mm 细旦 80S
26	牛仔超柔纱	湖北德永盛纺织有限公司	100%棉 7～12S
27	高支莱赛尔紧密纺纱线	际华三五零九纺织有限公司	紧密纺 100%G100 天丝 60～100S
28	双丝异捻向纱线	魏桥纺织股份有限公司	长丝含量28%～52.5% 21～40S
29	中空再生纤维素纤维涡流纺纱	巴州金富特种纱业有限公司	涡流纺 中空粘胶 30S
30	羊绒蛋白纤维混纺纱	平原恒丰纺织科技有限公司	精梳棉/腈纶/粘胶/羊绒蛋白 30/30/20/20 40S
31	无捻纱线	魏桥纺织股份有限公司	水溶性聚酯纤维含量20%～37.6% 21～40S
32	锦纶短纤纯纺高支纱线	无锡四棉纺织有限公司	赛络紧密纺 100%锦纶 40S
33	超柔弹性纱	桐昆集团浙江恒盛化纤有限公司	DTY 涤氨包覆丝半消光重网 245dtex/288F
34	精细干纺纯亚麻低支纱	河南平棉纺织集团股份有限公司	气流纺 100%亚麻 1～5S
35	棉再生纤维素纤维/锦纶长丝混纺包芯纱	福建新华源纺织集团有限公司	赛代尔/精梳棉 50/50 30sAA+N30D/1F
36	有机棉精梳紧密纺本色纱	南通华强布业有限公司	紧密纺 100%精梳有机棉 50S
37	转杯纺亲肤纯棉竹节纱	利泰醒狮（太仓）控股有限公司	100%棉 10S、16S
38	纯棉精梳漂白超柔纱	扶沟县昌茂纺织有限责任公司	100%精梳棉 20～50S
39	纯棉竹节纱	河北圣源纺织有限公司	100%棉 10～40S
40	低捻柔软精梳棉赛络紧密纺纱线	浙江龙源纺织股份有限公司	100%棉 20～40S

备注：排序不分先后　　　　　　　　　　　　　　发布单位：中国棉纺织行业协会

"纺织之光" 2021 年度中国纺织工业联合会 科技进步奖棉纺织领域获奖项目

壹等奖		
序号	项目名称	主要完成单位
1	基于数据流的智能纺纱工厂关键技术及产业化	魏桥纺织股份有限公司、东华大学、经纬纺织机械股份有限公司、青岛环球集团股份有限公司
2	涡流纺经弹牛仔面料制备关键技术及产业化	东华大学、浙江鑫兰纺织有限公司、德州华源生态科技有限公司、百隆东方股份有限公司、浙江九舜纺织有限公司
贰等奖		
序号	项目名称	主要完成单位
1	智能化高产高质清梳联	青岛宏大纺织机械有限责任公司
2	HCP2025 智能组合式粗纱机	赛特环球机械（青岛）有限公司、徐州天虹时代纺织有限公司、青岛环球集团股份有限公司
3	纺纱生产数字化关键技术研究及其产业化应用	郑州轻工业大学、安徽华茂纺织股份有限公司、郑州天启自动化系统有限公司、山东华兴纺织集团有限公司、商丘市方舟棉业有限公司
4	植物染色纺产品关键技术及产业化	德州恒丰纺织有限公司、青岛大学、山东锦润嘉植物染色科技有限公司、华纺股份有限公司、青岛即发集团股份有限公司、山东恒丰新型纱线及面料创新中心有限公司
5	功能性纱线制备关键技术研发及产业化	德州华源生态科技有限公司、浙江锦峰纺织机械有限公司、德州富华生态科技有限公司
6	再生聚酯纤维高品质纱线高效制造加工关键技术及产业化	南通双弘纺织有限公司、东华大学
7	细旦再生纤维素纤维超高支纱加工关键技术及产业化	福建新华源纺织集团有限公司、东华大学、光山白鲨针布有限公司
8	喷气涡流纺 7.4 tex 纯粘胶纱纺制关键技术及产业化	吴江京奕特种纤维有限公司、江南大学、绍兴文理学院、江苏京正特种纤维有限公司
9	多色纬大提花织绣面料生产关键技术	江苏悦达纺织集团有限公司、江南大学、江苏工程职业技术学院
10	耐久抗菌彩色牛仔面料及服装的研发及推广	广东前进牛仔布有限公司、苏州中纺学面料产业研究院、武汉纺织大学、佛山市畅染科技有限公司

发布单位：中国纺织工业联合会

2021 年度中国纺织工业联合会产品开发贡献奖

（中棉行协会员，排名不分先后）

序号	单位
1	德州华源生态科技有限公司
2	广东前进牛仔布有限公司
3	华孚时尚股份有限公司
4	江苏悦达棉纺有限公司
5	南通双弘纺织有限公司
6	山东联润新材料科技有限公司
7	魏桥纺织股份有限公司
8	无锡一棉纺织集团有限公司

发布单位：中国纺织工业联合会

第 22、第 23 届中国专利优秀奖获奖名单

（棉纺织领域）

序号	专利号	专利名称	专利权人
1	ZL201310586642.X	一种纳米纤维混纺复合纱线的制备方法	东华大学
2	ZL201310647170.4	一种利用螺旋气流生产光洁纱的纺纱装置	德州恒丰纺织有限公司
3	ZL201510956318.1	一种适于低上浆率条件下，织造的浆料及其浆纱方法	西安工程大学

发布单位：国家知识产权局

2021 年度中国纺织工业联合会优秀专利授奖名单

（棉纺织领域）

金奖	
专利名称及专利号	专利权人
一种适于低上浆率条件下织造的浆料及其浆纱方法 ZL201510956318.1	西安工程大学
银奖	
改善纯棉色织面料穿着凉爽感的生产方法 ZL201810268715.3	鲁泰纺织股份有限公司
优秀奖	
基于图像分析技术的细纱机单锭断线检测系统及方法 ZL201710761665.8	安徽华茂纺织股份有限公司

发布单位：中国纺织工业联合会

全国五一劳动奖状及奖章

（中棉行协会员企业）

奖状：

经纬智能纺织机械有限公司

奖章：

吴宝平	江苏泰达纺织有限公司设备管理员，工程师
李亚新（女）	冠星纺织集团总公司纺纱八厂操作员
赵培培（女）	山东宏儒纺织科技有限公司职工，技师
苗静静（女）	舞钢市龙山纺织科技有限公司龙山一厂细纱车间操作教练，高级工
苗新苗	吐鲁番溢达纺织有限公司生产厂长

发布单位：中华全国总工会

全国工人先锋号

（中棉行协会员企业）

临邑恒丰纺织科技有限公司细纱车间保全工段

河南平棉纺织集团股份有限公司宝棉公司前纺车间乙班

宁夏如意科技时尚产业有限公司四分厂细纱工段丙班

新疆六孚纺织工业园有限公司一厂细纱车间保全工段

奎屯利泰丝路投资有限公司一厂乙班

发布单位：中华全国总工会

全国技术能手

（中棉行协会员企业）

张学明　福建金源纺织有限公司

赵培培　山东宏儒纺织科技有限公司

牛相双　山东宏杰纺织科技有限公司

张永连　广东前进牛仔布有限公司

发布单位：人力资源社会保障部

国家技能人才培育突出贡献单位

（中棉行协会员企业）

魏桥纺织股份有限公司

发布单位：人力资源社会保障部

全国纺织行业技术能手

（中棉行协会员企业）

吕治家　魏桥纺织股份有限公司

李　静　陵县恒丰纺织品有限公司

李然然　魏桥纺织股份有限公司

唐　艳　黑牡丹纺织有限公司

雷　捷　新疆中泰纺织集团有限公司

冯传军　江苏悦达棉纺有限公司

发布单位：中国纺织工业联合会

全国纺织行业技能人才培育突出贡献单位

（中棉行协会员企业）

黑牡丹纺织有限公司

发布单位：中国纺织工业联合会

第三批"中国纺织大工匠"

（中棉行协会员企业）

车社海　青岛宏大纺织机械有限责任公司总设计师
吴友胜　安徽华茂集团有限公司动力分厂弱电班长
张　辉　石家庄常山恒新纺织有限公司动力车间主任
张润明　广东溢达纺织有限公司首席工程师
陆育明　上海德福伦化纤有限公司首席质量官、技术总监
苟永福　西安纺织集团有限公司动力机修部经理
章美华　浙江金梭纺织有限公司织造厂厂长
裴宝林　经纬智能纺织机械有限公司修配班班组长

发布单位：中国纺织工业联合会、中国财贸轻纺烟草工会

2022 年即将实施的棉纺织标准名单

序号	标准号	标准名称
1	FZ/T 12068—2021	喷气涡流纺涤棉混纺本色纱
2	FZ/T 12069—2021	棉羊毛混纺涤纶弹力丝包芯本色纱
3	FZ/T 12070—2021	聚酰亚胺纤维本色纱线
4	FZ/T 12072—2021	棉聚酰胺酯纤维混纺本色纱线
5	FZ/T 12016—2021	棉与涤纶混纺色纺纱
6	FZ/T 52061—2021	染色粘胶短纤维
7	FZ/T 13052—2021	棉与莱赛尔纤维混纺本色布
8	FZ/T 13053—2021	棉与粘胶纤维纱线交织本色布
9	FZ/T 10024—2022	棉纱线异性纤维疵点感官检验方法
10	FZ/T 10025—2022	本色布技术要求规范
11	FZ/T 10026—2022	本色布单位面积无浆干燥质量试验方法
12	FZ/T 12073—2022	转杯纺涤纶本色纱
13	FZ/T 12074—2022	转杯纺涤纶与棉混纺本色纱
14	FZ/T 12075—2022	粘纤棉腈纶混纺色纺纱

中国棉纺织精品基地

（按申请时间排列）

安徽华茂集团

"中国棉纺织精品基地"

百隆东方有限公司

"中国色纺纱精品基地"

华孚时尚股份有限公司

"中国色纺纱精品基地"

三阳纺织有限公司

"中国纯棉高支漂白纱线精品基地"

德州华源生态科技有限公司

"中国差别化纱线精品基地"

青岛纺联控股集团有限公司

"中国多组份纱布精品基地"

南通双弘纺织有限公司

"中国化纤混纺纱精品基地"

福建省长乐市华源纺织有限公司

"中国粘胶差异化精品纱线生产基地"

舞钢市龙山纺织科技有限公司

"中国纯棉紧密纺纱线精品基地"

中国棉纺织特色产品生产基地

（按申请时间排列）

福建省长乐市新华源纺织有限公司

"中国莱赛尔纱线特色产品生产基地"

福建省长乐市恒源纺织有限公司

"中国粘胶功能性纱线特色产品生产基地"

浙江湖州威达集团股份有限公司

"中国色纺新型纺纱特色产品生产基地"

吴江京奕特种纤维有限公司

"中国喷气涡流纺纱特色产品生产基地"

南通纺织控股集团纺织染有限公司

"中国纯棉中粗支漂白纱特色产品生产基地"

杭州金丰纺织有限公司

"中国差别化纱线特色产品生产基地"

河南省舞钢市

河南省舞钢市

"中国紧密纺纱线生产基地"

江苏新金兰纺织制衣有限责任公司

"中国色纺纱特色产品生产基地"

湖北德永盛纺织有限公司

*"中国纯棉赛络纺竹节纱特色产品
生产基地"*

中国棉纺织行业产品品牌

纯棉本色纱					色纺纱	

纯棉本色纱

乘风 CHENG FENG
安徽华茂集团有限公司

TALAK 太湖
无锡一棉纺织集团有限公司

YU LONG 宇龙
舞钢市银河纺织有限公司

宇彤 YUTONG
河北圣源纺织有限公司

YDTEX
江苏悦达棉纺织有限公司

富福牌
江苏省华宝纺织有限公司

H
河南新野纺织股份有限公司

Q 魏桥
魏桥纺织股份有限公司

化纤及混纺本色纱

联润 longrun
山东联润新材料科技有限公司

F.J.H.Y
福建新华源发展集团

大吉牌
江苏大生集团有限公司

双弘 DOUBLE GREAT
南通双弘纺织有限公司

JF
巴州金富特种纱业有限公司

东信
湖南东信集团有限公司

正源 ZY
福建金源纺织有限公司

无锡四棉纺织有限公司

色纺纱

ESQUEL GROUP
广东溢达纺织有限公司

天容
汶上如意技术纺织有限公司

BROS
百隆东方股份有限公司

天华之星
江阴天华纱业有限公司

纯棉本色布

乘风 CHENG FENG
安徽华茂集团有限公司

TALAK 太湖
无锡一棉纺织集团有限公司

九连环
际华三五零九纺织有限公司

FULONG 福龙
际华三五四二纺织有限公司

H
河南新野纺织股份有限公司

Q 魏桥
魏桥纺织股份有限公司

牛仔布

金梭牛仔 JINSUO DENIM
浙江金梭纺织有限公司

RU YI
临邑澳泰纺织有限公司

BLACK PEONY 黑牡丹
黑牡丹纺织有限公司

ADVANCE DENIM
广东前进牛仔布有限公司

新大东纺织 XDD TEXTILE
河北新大东纺织有限公司

Q 魏桥
魏桥纺织股份有限公司

纯棉色织布

ESQUEL GROUP
广东溢达纺织有限公司

化纤及混纺本色布

FULONG 福龙
际华三五四二纺织有限公司

九连环
际华三五零九纺织有限公司

大吉牌
江苏大生集团有限公司

2021年中国棉纺织行业
"绿色制造创新型棉纺织企业"

(按企业名称排序)

序号	企业名称
1	阿克苏天翔家纺有限公司
2	百隆东方股份有限公司
3	黑牡丹纺织有限公司
4	湖南东信集团有限公司
5	际华三五零九纺织有限公司
6	江苏联发纺织股份有限公司
7	南通双弘纺织有限公司
8	宁夏如意科技时尚产业有限公司
9	三阳纺织有限公司
10	苏州震纶棉纺有限公司
11	汶上如意技术纺织有限公司
12	无锡四棉纺织有限公司
13	夏津仁和纺织科技有限公司
14	远纺工业（无锡）有限公司
15	枣庄海扬王朝纺织有限公司
16	忠华集团有限公司

中国棉纺织行业绿色制造技术
暨创新应用目录（第九批）

（按企业名称排序）

1．绿色制造创新应用项目

序号	项目名称	项目类型	企业名称
1	高档家纺机织坯布 6000 万米绿色生产项目	智能信息化管控系统	阿克苏天翔家纺有限公司
2	无浆面料生产工艺技术	纺织生产新工艺	安徽华茂纺织股份有限公司
3	基于废棉循环利用的点子纱开发	纺织生产新工艺	百隆东方股份有限公司
4	污水站空压机改造项目	空压系统能源优化	黑牡丹纺织有限公司
5	九华新纤维智能纺纱项目	智能信息化管控系统	湖南东信集团有限公司
6	节能气流纺纱机替换淘汰高能耗旧设备	新设备、备件	际华三五零九纺织有限公司
7	高效双级永磁变频空压机替换高能耗空压机	空压系统能源优化	际华三五零九纺织有限公司
8	印染废水深度处理及回用关键技术联合研究与示范	废水回用技术	江苏联发纺织股份有限公司
9	细纱长车断头吸棉风机改造	能源系统优化技术	南通双弘纺织有限公司
10	一种棉纺高节能滤尘系统的间隙、恒压、自控运行方法	能源系统优化技术	南通双弘纺织有限公司
11	高档多组分数字化智能纺纱项目	智能信息化管控系统	宁夏如意科技时尚产业有限公司
12	粗纱吹吸风改造	节能电机技术	三阳纺织有限公司
13	细纱回送风风机变频改造	节能电机技术	三阳纺织有限公司
14	细纱机节能改造	节能电机技术	苏州震纶棉纺有限公司
15	残雪纱关键工艺技术研究及应用	纺织生产新工艺	汶上如意技术纺织有限公司
16	一种新式仿牛仔色纺纱技术研究及应用	纺织生产新工艺	汶上如意技术纺织有限公司

序号	项目名称	项目类型	企业名称
17	空调送风节能降耗装置	节能电机技术	无锡四棉纺织有限公司
18	空压机节能降耗系统	空压系统能源优化	无锡四棉纺织有限公司
19	棉纺织电机变频节能技术改造	节能电机技术	夏津仁和纺织科技有限公司
20	永磁节能电机在细纱机上的应用	节能电机技术	夏津仁和纺织科技有限公司
21	空压机热风回用附房采暖项目	余热回用技术	夏津仁和纺织科技有限公司
22	细纱工艺热风回用项目	余热回用技术	夏津仁和纺织科技有限公司
23	精梳棉纱生产线节能改造	纺织生产新工艺	远纺工业（无锡）有限公司
24	细纱机巡回清洁器改造	纺织生产新工艺	枣庄海扬王朝纺织有限公司
25	烧毛机火口宽度调节改造	纺织生产新工艺	枣庄海扬王朝纺织有限公司
26	全自动清梳联一体化改造	新设备、备件	浙江湖州威达集团股份有限公司
27	牛仔面料生产废水回收处理技术	废水回用技术	浙江鑫兰纺织有限公司
28	多品种花式纱自动转杯纺纱改造	纺织生产新工艺	忠华集团有限公司

2. 绿色制造相关技术

序号	技术名称	技术类型	企业名称
1	空调智能控制技术	新设备、备件	山东金信空调集团股份有限公司
2	HAWK VISION 智能图像整花整纬机	新设备、备件	常州市宏大电气有限公司
3	HD-Z 预缩率智能在线测控系统	新设备、备件	常州市宏大电气有限公司
4	YXS-A 型高速自动穿经机	新设备、备件	永旭晟机电科技（常州）有限公司

2021年中国棉纺织行业协会活动照片

亲临中共一大会址

参观中国人民抗日战争纪念馆

2020年度党支部组织生活会及
党员民主测评

党支部专题组织生活会

"我的入党初心"主题党日活动

工信部有关司局领导讲党课

党员领导干部讲党课（一）

党员领导干部讲党课（二）

党员领导干部讲党课（三）

党史学习教育专题学习轮训班

党员集体学习

党史知识竞答活动

第六届会员大会暨常务理事会·无锡

中国棉纺织大会·无锡

原料产业链大会·泰安

中国棉纺织科技大会·济南

中国棉织产业发展大会暨
全国浆料和浆纱技术年会·合肥

全国纺织品标准化技术委员会棉纺织品分
技术委员会标准年会暨标准审稿会·南宁

棉花应用技术交流研讨会·北京

绿色工厂审稿会·北京

中国纱线流行趋势专家评审会·北京

中国纱线流行趋势发布会·上海

临清市纺织"十四五"规划评审会·临清

生物基抗菌纤维产业应用发展论坛·绍兴

纺织高训班开班仪式·北京

牛仔发布秀·上海

国际纱线展·上海

新疆调研

鄢陵调研

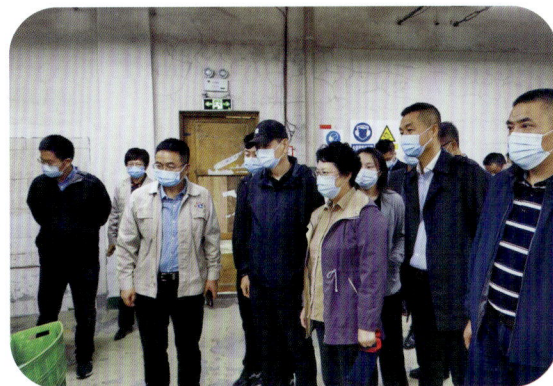

乐山调研

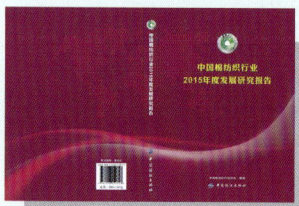

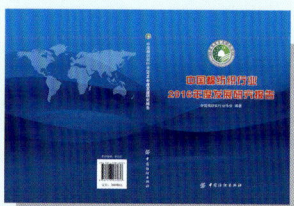

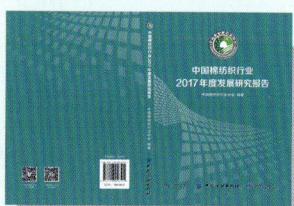

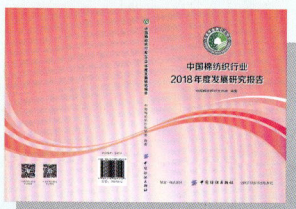

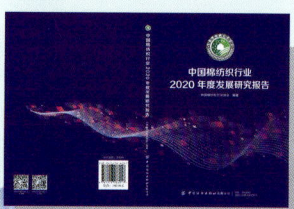